Wolfgang Eisert

Die Waldheimer Prozesse

Wolfgang Eisert

Die Waldheimer Prozesse

Der stalinistische Terror 1950

Ein dunkles Kapitel der DDR-Justiz

Bechtle

Schutzumschlag: Wolfgang Heinzel
Satz: Fotosatz Völkl, Puchheim
Druck: Jos. C. Huber KG, Dießen
Binden: Großbuchbinderei Monheim
Printed in Germany
ISBN 3-7628-0511-3

Inhalt

Vorwort

Im vorliegenden Buch stehen Ereignisse im Mittelpunkt, die in der offiziellen Geschichtsschreibung der ehemaligen DDR zu den Tabu-Themen gehörten. Die sogenannten Waldheimer Nazi- und Kriegsverbrecherprozesse von 1950 bekamen bestenfalls einen Platz in der Erfolgsbilanz der DDR bei der konsequenten Verfolgung und Bestrafung der Nazi- und Kriegsverbrecher. Was damals die SED als antifaschistisch-demokratische Politik zum Aufbau eines neuen deutschen Staates propagierte und welche Widersprüche und Deformationen es bei der Umsetzung dieses Kurses schon unmittelbar vor und nach der Gründung der DDR gab, gehört in den großen Komplex jener Fragen, ohne deren Beantwortung eine kritische und ehrliche Auseinandersetzung mit der Geschichte der SBZ/DDR als Bestandteil der deutschen Geschichte nicht denkbar ist.

Schon vor 1990 in der BRD erschienene Publikationen zu den Waldheimer Prozessen stützten sich vor allem auf Befragungen und Erinnerungen Betroffener[1], zeitgenössische Dokumentationen und Darstellungen[2] sowie die Auswertung einiger Dokumente und Materialien, die durch den mutigen Einsatz von Personen, die Einblick in das Prozeßgeschehen hatten, nach Westdeutschland gelangt waren.[3] Hervorzuheben sind dabei die Arbeiten von G. Finn und K. W. Fricke[4], an deren grundsätzlichen Einschätzungen und Bewertungen sich nichts geändert hat.

Demnach handelte es sich bei den Waldheimer Prozessen von 1950 um rechtswidrige Massenaburteilungen in Schnellverfahren vor unzulässigen Sondergerichten. Spitzenfunktionäre aus dem Parteivorstand der SED als führender politischer Kraft sorgten dafür, daß die Justiz der DDR mit diesen Prozessen durch Gerichtsurteile nachträglich die Internierung von etwa 3500 Personen rechtfertigte, welche die sowjetischen Besatzungsorgane meist schon seit den ersten Nachkriegsjahren aus den unterschiedlichsten Gründen in speziellen Lagern, ähnlich den KZ während der Herrschaft der NSDAP in Deutschland, gefangengehalten hatten. Zugleich nutzte die SED-Führung diese Aktion, um unter dem Vorwand der Aburteilung gefährlicher Nazi- und Kriegsverbrecher potentielle, dazu erklärte oder tatsächliche politische Gegner zu terrorisieren und in Gefängnisse oder Zuchthäuser einzusperren.

Nur wenige der Personen, die 1950 nach oft vier bis fünf Jahren Haft in einem der sowjetischen Speziallager in der SBZ dann in Waldheim vor Gericht standen, hatten sich tatsächlich für persönlich begangene Straftaten aus der Zeit zwischen 1933 und 1945 als Nazi- und Kriegsverbrecher zu verantworten. Aber auch bei diesen Ausnahmen sind die Urteile wegen der unzureichenden und meist oberflächlichen Art der Untersuchungen zur Erstellung der Anklageschriften und der wie am Fließband ablaufenden Gerichtsverhandlungen als rechtswidrig einzuschätzen.

Die Waldheimer Prozesse verdienen aber nicht nur deshalb Aufmerksamkeit, weil sie wahrscheinlich der größte Justizskandal in der Geschichte der DDR waren. Auf der Grundlage der nun nach und nach zugänglichen Dokumente und Materialien in den verschiedenen Archiven der ehemaligen DDR sowie gestützt auf die bisherigen Veröffentlichungen zu dieser Problematik[5], ist eine gründliche historische Untersuchung und Darstellung der damit verbundenen Ereignisse notwendig und möglich geworden. Die mit zahlreichen, bisher nicht veröffentlichten Dokumenten belegte Beschreibung des Geschehens macht nachvollziehbar, was damals im Vorfeld der Prozesse, vor und hinter den Kulissen des Prozeßgeschehens sowie nach dem Abschluß der Aktion ablief und wer dafür die Verantwortung trug. Die dabei gefundenen Ergebnisse sind zugleich ein kleiner Beitrag, um Antworten auf eine Reihe von offenen Fragen zur DDR-Geschichte zu finden.

Dazu gehören z. B. Einsichten, wie es der stalinistischen Führung der SED mit W. Ulbricht an der Spitze gelang, Justiz und Polizei zur Durchsetzung ihres autoritären Machtanspruchs auszunutzen. Durchschaubar wird, wie diese Kräfte Justiz und Polizei als staatliche Organe zu Hilfsinstrumenten der SED-Herrschaft umfunktionierten, um sie unter Verletzung rechtsstaatlicher Prinzipien zu wirksamen Repressivmaßnahmen gegen politisch Andersdenkende einzusetzen. Das Geschehen im Zusammenhang mit diesen Prozessen ist beispielhaft dafür, wie ehrliche Bemühungen zur Abrechnung mit den Verbrechen der nationalsozialistischen Diktatur in Deutschland und Ansätze zu einer antifaschistisch-demokratischen Politik zum staatlich verordneten Antifaschismus verkamen und sogar zur Rechtfertigung neuer Verbrechen gegen politische Gegner mißbraucht wurden. Die Vorbereitungen und die Durchführung der Aktion in Waldheim, um ein letztes Beispiel zu nennen, belegen auch anschaulich die negativen Auswirkungen des Stalinismus auf die Besatzungs- und Deutschlandpolitik der UdSSR und der mit ihr verbündeten politischen Kräfte in der SBZ/DDR.

Auf das historische Geschehen in Deutschland nach 1945, das Entstehen zweier deutscher Staaten im Gefolge der Auswirkungen des kalten Krieges, die Sicherung der Einflußsphären der ehemaligen Alliierten in Deutschland und die daraus resultierende unterschiedliche Entwicklung in Ost- und Westdeutschland sowie die beginnende Einbindung der beiden deutschen Staaten in die Politik der sie beeinflussenden Siegermächte wird nur so weit eingegangen, wie es zum Verständnis der Ereignisse um die Waldheimer Prozesse notwendig ist. Die Untersuchung und Bewertung der historischen Zusammenhänge in ihrer ganzen Widersprüchlichkeit und Wechselwirkung ist nur im Ergebnis weiterer Forschungsarbeiten denkbar, die es, anknüpfend an den erreichten Wissensstand, jedoch zu vielen Fragen und Problemen noch zu leisten gilt.

Ausgangspunkt für die Arbeiten an diesem Buch waren 1989 begonnene Untersuchungen zu den Anfängen der Militär- und Sicherheitspolitik in der SBZ/DDR 1945 bis Mitte der fünfziger Jahre. Fragen der Entnazifizierung und Entmilitarisierung in der SBZ sowie der Einfluß und das Wirken der Besatzungsmacht Sowjetunion führten zu den sogenannten Speziallagern und dem Schicksal der dort Internierten. Das nach Öffnung der Grenzen im November 1989 mögliche gründliche Literaturstudium der in der BRD erschienenen Publikationen zur Forschungsproblematik konfrontierte den Verfasser mit bis dahin unbekannten, verdrängten und negierten historischen Fakten, Ereignissen und Zusammenhängen. Bisher von ihm als richtig und unumstößlich anerkannte Wahrheiten gerieten in Widerspruch zu oft bitteren neuen Tatsachen, was altes Denken in Frage stellte. Es kam ein komplizierter und schmerzlicher persönlicher Lernprozeß in Gang, der nicht abgeschlossen ist.

Die ersten Kenntnisse aus der Literatur über die Waldheimer Prozesse machten neugierig. Im Mai 1990 ergab sich erstmals die Gelegenheit, im Zentralen Parteiarchiv (ZPA) der SED (heute Institut für Geschichte der Arbeiterbewegung, Zentrales Parteiarchiv) Findhilfsmittel selbst einzusehen, in denen zwei Akten zu diesen Prozessen verzeichnet waren. Nachdem der Verfasser diese Akten eingesehen hatte, ließ ihn das Thema nicht mehr los. Die erste kleine Veröffentlichung erfolgte im Juni 1990[6] und brachte auch erste Kontakte mit Betroffenen. Im Zusammenhang mit diesen Gesprächen reifte die Erkenntnis, daß es nicht nur darum ging, wissenschaftlichen Nachholbedarf aufzuarbeiten. Die Wahrheit über die Waldheimer Prozesse schonungslos aufzudecken ist vor allem auch eine moralische Verpflichtung gegenüber den vielen unschuldigen Opfern der politisch motivierten Strafjustiz der DDR.

Die Suche nach weiteren Akten in anderen Archiven war in der Zeit des politischen Umbruchs oft kompliziert und langwierig, aber bei entsprechender Geduld und Beharrlichkeit dennoch erfolgreich. Zu den besonderen Erlebnissen dabei gehörte das Auffinden der Prozeß- und Untersuchungsakten der in Waldheim zum Tode Verurteilten im Verwaltungsarchiv des MdI im November 1990.[7] Hinderlich bei der Arbeit war, daß Archive zeitweilig schlossen oder daß eine Verlagerung der Aktenbestände nach Auflösung der Dienststellen erfolgte, die ihre Nutzung um Wochen und Monate verzögerte. So konnten z. B. Akten aus dem ehemaligen Justizministerium lange Zeit nicht eingesehen werden. Nach und nach kam eine Sammlung von Dokumenten und Materialien zusammen, welche die vorliegende Publikation ermöglichte.

Viele Anregungen und Hinweise verdankt der Verfasser den Betroffenen oder deren Angehörigen, mit denen er brieflichen oder direkten Kontakt bekam. Bereitwillig stellten sie persönliche Briefe, Erinnerungen und alle möglichen Materialien zur Verfügung. Ohne eine vollständige Aufzählung bringen zu können, sollen an dieser Stelle wenigstens stellvertretend für alle einige namentlich genannt werden, denen der Verfasser besonderen Dank schuldet: Herman Ahlborn, Hanna Aschenberg, Günther Carl, Gebhard Falk, Sabine Krumwiede, Erika Mehr, Heinrich Menz, Georg Müller, Harry Niekrenz, Dr. Wilfried Reuter sowie Martin Schiele.

Bei den vielen Befragungen und Gesprächen mit ehemaligen Waldheim-Verurteilten vervollständigte sich das Wissen aus den Akten durch Fakten und Eindrücke, die dort nicht enthalten waren. Den Betroffenen und deren Angehörigen konnte mit Informationen aus den Archivakten geholfen werden. Nicht wenige erhielten eine Kurzfassung ihres Urteil oder das Urteil selbst, wenn die Gefangenenakten noch vorhanden war. Nicht jeder der heute schon oft hochbetagten Betroffenen kann sich noch selbst auf die Reise begeben, um nach ihn betreffenden Unterlagen zu suchen.

Die Arbeit am Buch schloß den Briefwechsel mit etwa 80 Personen – unter ihnen Betroffene, Angehörige sowie am Thema Interessierte – ein. Etwa 250, oft mehrseitige Briefe wurden geschrieben. Ohne das Wissen und die Informationen aus dieser Korrespondenz sowie die Gespräche wäre das Buch nicht denkbar. Die Beschäftigung mit den Waldheimer Prozessen und das persönliche Kennenlernen vieler Opfer hatten großen Einfluß auf die Veränderung von Ansichten und Einsichten des Verfassers. Allen, die ihm uneigennützig mit Material, Berichten, ihren Fragen und Antworten sowie Kritiken und Hinweisen in den vielen Gesprächen halfen, sei hier ausdrücklich gedankt, auch wenn es unmöglich ist, alle Namen zu nennen.

Ein herzliches Dankeschön allen, die ihre Erinnerungsberichte zur Verfügung stellten und die Verwendung der sie oder ihre Angehörigen betreffenden Akten in der Publikation gestatteten. Dabei konnte es nicht darum gehen, einzelne Fälle nachzuvollziehen. Alle aus diesem Bereich verwendeten Fakten und Dokumente belegen und illustrieren mit konkreten Beispielen die allgemeinen Aussagen zum Thema. Viele in den Erinnerungen und Gesprächen erwähnten Episoden und Eindrücke aus der Sicht der Betroffenen wiederholen sich oft. Die Aussagen der einzelnen können deshalb allgemein für viele stehen, die Gleiches erlebten und erlitten. Die Schilderungen der Betroffenen ließ der Verfasser unbearbeitet, um ihre Ursprünglichkeit zu bewahren. Aufnahme fanden vor allem solche Berichte, die bisher nicht veröffentlicht wurden. Auch hier ist es nicht möglich, alle namentlich zu nennen.

Dennoch möchte es der Verfasser nicht versäumen, einigen ehemaligen Waldheim-Verurteilten seinen persönlichen Dank auszusprechen, weil sie in besonderer Weise zum Gelingen des Buches beigetragen haben, wie Margret Bechler, Fritz Göhler, Rudolf Hinrichs, Helmut Klemke, Willi Köhler, Heinz Lindner, Karl Mackensen, Willy Mattiaschk, Günther Richter, Herbert Richter, Hans Techen und Willi Wunderlich.

Undenkbar ist die vorliegende Publikation natürlich auch ohne die Unterstützung der Archive, in denen der Verfasser gearbeitet hat. Ein herzliches Dankeschön deshalb an dieser Stelle an die Leiter und zuständigen Mitarbeiter des Zentralen Parteiarchivs des Instituts für die Geschichte der Arbeiterbewegung, des Zentralen Archivs und des Verwaltungsarchivs des ehemaligen Ministeriums des Innern der DDR, des Bundesarchivs, Abteilungen Potsdam sowie einschließlich seiner Außenstelle in Berlin in der Freienwalder Straße, und des Sächsischen Staatsarchivs in Dresden.

Hilfreiche Unterstützung bei seiner Arbeit bekam der Verfasser nicht zuletzt vom ehemaligen Leiter des Militärgeschichtlichen Instituts (MGI) in Potsdam, Prof. Dr. Peter Meißner, sowie dessen Nachfolger nach der Übernahme durch das Militärgeschichtliche Forschungsamt (MGFA) Freiburg,

Oberstleutnant i. G. Dr. Wedig Kolster, vom Chef des MGFA, Brigadegeneral Dr. Günter Roth, und von den Mitarbeitern der Arbeitsgruppe 2 des MGI. Nicht vergessen wurde die Anteilnahme und Förderung des Zustandekommens dieses Buches durch Karl Wilhelm Fricke sowie Gerhard C. Starck und seine Frau. Ganz besonderen Dank schuldet der Verfasser seiner Frau und den beiden Töchtern, die für gute Arbeitsbedingungen sorgten und großen Anteil daran haben, daß dieses Projekt zu einem Abschluß kam.

Anmerkungen

1 Siehe z. B.: M. Bechler/M. Stalmann, Warten auf Antwort. Ein deutsches Schicksal, München 1978. F. Göhler, Das Gesicht der Volkspolizei, in: Für Ordnung und Recht, Heft 7 und 8, Juli/August 1956. Derselbe, Die Zweihunderteinser, Bericht über den Schicksalsweg der in den Waldheimer Prozessen von April bis Juli 1950 verurteilten deutschen Frauen und Männer, Essen 1959. E. v. Hornstein, Staatsfeinde, Sieben Prozesse in der DDR, Köln, Berlin 1963. E. O. Mezger, Sieben Jahre hinter dem Vorhang, Berlin 1953. W. Natonek/K. Pförtner, Ihr aber steht im Licht, Tübingen 1962. J. R. Stern, Und der Westen schweigt, Erlebnisse – Berichte – Dokumente über Mitteldeutschland 1945–1975, Preußisch Oldendorf 1976.

2 Siehe z. B.: Die Waldheimer Kriegsverbrecherprozesse. Eine Denkschrift der Kampfgruppe gegen Unmenschlichkeit und des Untersuchungsausschusses freiheitlicher Juristen der Sowjetzone, Berlin Juli 1950. Unrecht als System. Dokumente über planmäßige Rechtsverletzungen im sowjetischen Besatzungsgebiet, hrsg. vom Bundesministerium für gesamtdeutsche Fragen, Bonn 1952. Zwischen Waldheim und Workuta, Erlebnisse politischer Häftlinge 1945–1965, gesammelt von S. Binski, mit einer Einleitung von K. W. Fricke, hrsg. von der Vereinigung der Opfer des Stalinismus, Bonn 1967.

3 Siehe z. B.: H. Brandt, Hinter den Kulissen der Waldheimer Prozesse des Jahres 1950, Brief des ehemaligen Staatssekretärs im sowjetzonalen Justizministerium Dr. Dr. Helmut Brandt, Rechtsanwalt und Notar in Bonn, mit einem Vorwort des Bundesbeauftragten des Waldheim-Kameradschaftskreises Fritz Göhler, Oberst a. D., Sonderdruck des Waldheim-Kameradschaftskreises, Fehmarn 1965. G. Milke, Herr Oberstaatsanwalt, der Sonderfall ..., in: Der Spiegel, 22. November 1950.

4 G. Finn, Die politischen Häftlinge der Sowjetzone 1945–1959, Pfaffenhofen 1960. K. W. Fricke, Politik und Justiz in der DDR, Zur Geschichte der politischen Verfolgung 1945–1968, Bericht und Dokumentation, Köln 1979. Derselbe, Geschichte und Legende der Waldheimer Prozesse, in: Deutschland Archiv, Heft 11/1980.

5 Dazu gehören inzwischen auch einige neue Veröffentlichungen von Historikern, Juristen und Publizisten zu den Waldheimer Prozessen von 1950, die sich ebenfalls auf das nun zugängliche Archivmaterial stützen. Dazu gehören z. B. solche Beiträge wie die von R. Beckert, Halbe Wahrheiten über Waldheimer Prozesse?, in: Neue Justiz, Heft 7/1991, S. 301 f; W. Otto, Die »Waldheimer Prozesse« – altes Erbe und neue Sichten, in: Neue Justiz, Heft 8/1991, S. 355–358; F. Werkentin, Scheinjustiz in der frühen DDR. Aus den Regieheften der »Waldheimer Prozesse« des Jahres 1950, in: Kritische Justiz, Heft 3/1991, S. 333–350.

6 W. Eisert, Licht bringen in die Waldheimer Prozesse, in: Märkische Volksstimme, 13. Juni 1990.

7 Nach dem Auffinden dieser Akten und damit im Zusammenhang aufgetauchten Hinweisen auf die übrigen Prozeß- und Untersuchungsakten informierte der Verfasser das Ministerium der Justiz des Landes Brandenburg. Eine Überprüfung ergab, daß sich die Akten nicht mehr an der bezeichneten Stelle befanden.* Sein Wissen über die Aktenbestände in den verschiedenen Archiven zu den Waldheimer Prozessen stellte der Verfasser im Oktober 1991 der Staatsanwaltschaft in Leipzig zur Verfügung, als man dort begann, gegen Staatsanwälte und Richter zu ermitteln, die 1950 in Waldheim tätig waren.

* Nach Abschluß der Arbeiten zu diesem Buch sind die Prozeß- und Untersuchungsakten in einem Archiv in Berlin gefunden worden.

Kapitel 1

Ein »Akt der Großmut« und der Weg nach Waldheim

Im Herbst 1949 kamen durch den kalten Krieg geprägte politische Entscheidungen zum Tragen, welche die Ergebnisse des Gerangels zwischen den Westmächten und der Sowjetunion zur Sicherung der jeweiligen Einflußsphären in Deutschland und Europa zementierten. Zwei deutsche Staaten mit unterschiedlichen Gesellschaftsordnungen entstanden, in denen sich die herrschenden politischen Kräfte darum bemühten, von den für sie zuständigen Siegermächten als Verbündete und Partner anerkannt zu werden. Dazu gehörte die Bereitschaft, einen Platz in den entsprechenden, sich feindlich gegenüberstehenden Paktsystemen einzunehmen.

Erklärte Ziele der Regierungen der BRD und der DDR waren, die Lehren aus der Geschichte zu ziehen und eine demokratische Republik zu errichten, in der Faschismus und Militarismus keinen Platz mehr finden sollten. Die von beiden Staaten dafür propagierten unterschiedlichen Wege dorthin leiteten sich aus den politischen Zielen und Grundsätzen der herrschenden Parteien ab. Unabhängig davon erwarteten die Menschen, daß trotz der Spaltung Deutschlands in zwei Staaten für sie positive Entwicklungen einsetzen und die Folgen des Zweiten Weltkrieges endlich überwunden würden.

Auch große Teile der Bevölkerung im Osten Deutschlands glaubten und hofften auf eine bessere Zukunft, für die sie bereit waren, etwas zu tun. Was allerdings in jenen Tagen in den Köpfen derer vorging, die sich aus den unterschiedlichsten Gründen in den Gefängnissen und »Speziallagern« der sowjetischen Besatzungsorgane befanden, wird schwer nachzuvollziehen sein. Wahrscheinlich ahnte niemand von den

Inhaftierten, daß im Zusammenhang mit den gravierenden politischen Veränderungen in Deutschland im Oktober 1949 erste Entscheidungen darüber fielen, die für sie von Bedeutung waren. Aber weshalb sollten sie auch? Vorerst blieb dies für sie ohne spürbare Auswirkungen.

Fest stand erst einmal nur, daß die Besatzungsmacht Sowjetunion ihre letzten drei sogenannten Speziallager, Nr. 7 Sachsenhausen, Nr. 6 Buchenwald und Nr. 4 Bautzen, auflösen wollte. Was in diesem Zusammenhang hinter verschlossenen Türen unter strengster Geheimhaltung geschah, verdient eine genauere Betrachtung, weil es den Schlüssel dafür liefert, den Ablauf der weiteren Ereignisse in ihrer Tragweite und Härte zu begreifen.

Über Einzelheiten dieses Vorhabens machten die zuständigen Organe der Sowjetischen Kontrollkommission (SKK) noch keine Angaben.[1] Die Führung der Deutschen Volkspolizei (DVP oder auch VP) erhielt lediglich erste Informationen darüber, daß die VP die Verantwortung für die Lagerinsassen übernehmen sollte, die nach Auffassung der sowjetischen Seite in Haft zu bleiben hatten. Um die dazu notwendigen Schritte einzuleiten, führte der Präsident der DVP, Dr. K. Fischer, am 31. Oktober 1949 eine erste Besprechung mit einigen ausgewählten Offizieren durch, die über Erfahrungen mit dem Strafvollzug verfügten und für entsprechende Aufgaben in der VP-Führung vorgesehen waren.[2]

Die Teilnehmer verständigten sich darüber, daß für die Erfüllung dieser Aufgabe organisatorische und personelle Voraussetzungen zu schaffen seien. Um die bevorstehende Aktion vorzubereiten und durchzuführen, sollte in der DVP eine neue Hauptabteilung (HA) für diese besondere Art des Strafvollzuges aufgebaut werden.[3] Ihr wollte man erst einmal die Leitung aller Arbeiten übertragen, die für die VP bei der Liquidierung der sowjetischen Lager anfielen.

Zu konkreten Festlegungen über die Struktur und die Personalstärke dieser HA im Präsidium der DVP kam es in dieser Beratung noch nicht. Zu viele Fragen blieben offen. Über das ganze Ausmaß der vorgesehenen Lagerauflösung und die sich daraus ergebenden Konsequenzen für die Polizei und die Justiz der gerade gebildeten DDR bestanden sehr unklare Vorstellungen. Man wußte z. B. nicht, wie viele Objekte zu übernehmen waren, wo sie sich genau befanden und um wie viele Häftlinge es sich handelte. Auch über exakte Angaben, ob alle schon ein Urteil durch Sowjetische Militärtribunale (SMT) erhalten hatten oder wie viele ohne Urteile in den Lagern festgehalten wurden, verfügte man zu diesem Zeitpunkt nicht. Offizielle Verhandlungen oder Mitteilungen der Besatzungsmacht über ihre sogenannten »Speziallager« gab es bis dahin nicht.[4]

Die Beratungsteilnehmer einigten sich erst einmal darauf, vorsichtig Erkundigungen einzuholen. Sie rechneten mit 20 000 bis 30 000 Gefangenen, von denen etwa 2000 ohne Urteil sein konnten. Um deren Gerichtsverfahren vorzubereiten, war ein Untersuchungsorgan aus Kräften der VP zu bilden. Das entsprach den Erfahrungen bei der Durchführung des Befehls Nr. 201 der Sowjetischen Militäradministration in Deutschland (SMAD) vom 16. August 1947.[5] Genauere Aufschlüsse und Angaben erwarteten die Teilnehmer dieser Besprechung von einer für den 11. November 1949 einberufenen Beratung beim Staatssekretär H. Warnke im Ministerium des Innern (MdI).[6]

An diesem Tag informierte der Staatssekretär die eingeladenen Vertreter des Zentralsekretariats (ZS) der SED, Chefinspekteur G. Röbelen (Abteilung zum Schutz des Volkseigentums, später Abteilung Sicherheit im Zentralkomitee der SED), des Ministeriums der Justiz (MdJ), Dr. W. Genz (Hauptabteilungsleiter HA Strafvollzug und Anstaltsverwaltung) und einen weiteren Mitarbeiter der gleichen HA, sowie der VP, VP-Oberrat K. Gertich (später Leiter der HA Haftsachen – HS –, aus der die HA Strafvollzug hervorging), offiziell über die Absicht der Besatzungsmacht, ihre letzten drei Lager aufzulösen.

Er gab die Vorstellungen der Besatzungsorgane weiter, wie mit einzelnen Gruppen von Gefangenen zu verfahren sei. In sowjetischem Gewahrsam verblieben jene, die direkt gegen die Sowjetunion oder Sowjetbürger tätig gewesen waren. Wer in diese Kategorie gehörte, legte die zuständige Stelle der SKK fest. Es handelte sich wahrscheinlich um solche Personen, die am Krieg gegen die UdSSR teilgenommen hatten und unter Verdacht standen, Kriegsverbrechen sowie Verbrechen gegen die Menschlichkeit begangen zu haben. Inhaftierte mit SMT-Urteilen für Verstöße gegen Bestimmungen der Besatzungsmacht oder auch nur wegen des Verdachts auf solche Handlungen sollten in den zu schaffenden Strafvollzug der VP überführt werden, um dort ihre Reststrafen weiter zu verbüßen.

Für alle, die die Besatzungsmacht seit dem Ende des Zweiten Weltkrieges »vorsorglich« wegen unterschiedlicher Verdachtsmomente oder Beschuldigungen und mit dem Recht des Siegers ohne Urteil in den verschiedenen sowjetischen Lagern festgehalten hatte, war die Aburteilung durch deutsche Gerichte vorbestimmt. Dies sollte auf der Grundlage der Direktive Nr. 38 des Alliierten Kontrollrats vom 12. Oktober 1946 über die »Verhaftung und Bestrafung von Kriegsverbrechern, Nationalsozialisten und Militaristen und Internierung, Kontrolle und Überwachung von möglicherweise gefährlichen Deutschen«[7] geschehen.

In Frage kam nach Ansicht der Beratungsteilnehmer insbesondere der Artikel III, der festlegte, wer in die Kategorie »Belastete« (Verbrecher) gehörte, also als Naziaktivist (Abschnitt A), Militarist (Abschnitt B) oder Nutznießer (Abschnitt C) zählte.[8] Die Beratungsteilnehmer verschwendeten offensichtlich keinen Gedanken daran, daß auch Unschuldige bei den nichtverurteilten Personen sein könnten. Auch darüber, wie die bis dahin in sowjetischer Haft verbrachten Jahre bei der Bestrafung zu berücksichtigen seien, fand sich in den Protokollen kein Hinweis.[9] Fest stand am Ende der Information erst einmal, daß auf jeden Fall eine gerichtliche Bestrafung zu erfolgen hatte, wo dies bisher nicht geschehen war.

Um diese zu gewährleisten, mußten Untersuchungen zu den Vergehen der Nichtverurteilten stattfinden. Man beschloß deshalb, ein entsprechendes Untersuchungsorgan nach Befehl Nr. 201 der SMAD vom 16. August 1947 durch die VP zu bilden.[10] 30 bis 40 Angehörige der Polizei, die über Erfahrungen bei der Ausführung dieses Befehls aus der Zeit bis Ende 1949 verfügten, sollten dafür in den fünf Ländern der DDR sorgfältig ausgesucht werden. Weiterhin hatte die VP das Personal für den neu aufzubauenden Strafvollzug zu stellen und dafür zu sorgen, daß die Auflösung der Lager in Zusammenarbeit mit den zuständigen Organen der Besatzungsmacht zügig erfolgte.

Wörtlich vermerkte VP-Oberrat K. Gertich in seinen Notizen über das Vorgehen gegen diejenigen, die von sowjetischer Seite ohne Urteil festgehalten worden waren: »Betreffs der noch nicht Abgeurteilten ist beabsichtigt, dieselben entweder in einem Lager oder in einer Strafanstalt zusammenzuziehen und dort die anhängigen Verfahren schnellstens zur Aburteilung zu bringen.«[11] Er hatte verstanden, worauf es nun bei der weiteren Vorbereitung und Durchführung der Prozesse ankam, und begann in diesem Sinne aktiv zu werden. Entscheidend war, die ganze Aktion möglichst schnell durchzuziehen. Dabei spielte keine Rolle, daß die Verantwortlichen zu diesem Zeitpunkt noch über keine genauen Vorstellungen verfügten, welche Dimensionen diese annehmen würde. Die Gründe für diese Hast werden erkennbar, wenn man den weiteren Verlauf der Ereignisse vor ihrem gesellschaftlichen Hintergrund verfolgt.

Der Stellvertreter Kriminalpolizei (K) des Chefs der DVP, Chefinspekteur A. Mayer, setzte am 12. November 1949 ein Blitzfernschreiben an die Leiter der Abteilungen K in den Landesbehörden der DVP ab mit dem Auftrag, »umgehend die besten der bisherigen Sachbearbeiter aus dem Sachgebiet Befehl Nr. 201 namentlich«[12] nach Berlin zu melden. Gefragt waren besonders Fähigkeiten bei der Erstellung von Anklageschriften, in der Vernehmungstaktik gegenüber Naziverbrechern und bei der Leitung von Ermittlungen.[13] Damit erfolgte der erste Schritt zur Zusammenstellung eines besonderen Untersuchungsorgans.

Aus einem Akenvermerk von VP-Oberrat K. Gertich vom 18. November 1949 geht hervor, daß man sich auch im MdJ schon Gedanken machte, um die erforderliche Anzahl von

Staatsanwälten und Richtern für die zu bildenden Strafkammern nach Befehl 201 auszuwählen.[14] Neben den Bemühungen zur personellen Absicherung der Untersuchungen für die geplanten Gerichtsverfahren gegen die Nichtverurteilten aus den sowjetischen Speziallagern mußte man sich in der neu zu bildenden Hauptabteilung der VP für den Strafvollzug nach Möglichkeiten umsehen, wo die zu übernehmenden Gefangenen unterzubringen seien. (Dok. 1/1, die Dokumente befinden sich jeweils im Anschluß an das Kapitel)

Die personelle Besetzung des Untersuchungsorgans bereitete der VP-Führung keine Schwierigkeiten. 32 in Frage kommende VP-Angehörige standen schon am 6. Januar 1950 namentlich fest.[15] Als viel problematischer erwies sich die Unterbringung der zu übernehmenden Häftlinge. Staatssekretär H. Warnke aus dem MdI hatte sich inzwischen dafür entschieden, entgegen ersten Überlegungen die Lager Buchenwald und Sachsenhausen nicht zur weiteren Strafverbüßung von der VP zu nutzen. Mitarbeiter der im Aufbau befindlichen Hauptabteilung für den Strafvollzug in der VP informierten sich Ende Dezember 1949 auf einer Inspektionsreise erst einmal über die Belegung und den Zustand der zehn größten Strafvollzugsanstalten des Justizministeriums.[16]

Mitte Januar 1950 fanden dann Besprechungen zwischen Vertretern des MdI und des MdJ statt, um die praktischen Fragen der Übergabe einiger Strafvollzugsanstalten von der Justiz an die VP zu regeln. (Dok. 1/2) Die Unterhändler des Justizministeriums wehrten sich dagegen, ihre größten Strafanstalten abzugeben, da sich dann die ohnehin katastrophalen räumlichen und sanitären Bedingungen im Strafvollzug der Justiz noch weiter verschlechtern würden.[17] Aber die beträchtliche Anzahl der zu übernehmenden ehemaligen Lagerinsassen ließ letztlich keine andere Lösung zu. Zugleich fielen damit erste Entscheidungen, die später dazu führten, den gesamten Strafvollzug in der DDR der VP zu übertragen.[18]

Weitere Probleme bei der Vorbereitung der Übernahme der Gefangenen entstanden daraus, daß die Räumung der Justizvollzugsanstalten schnellstens erfolgen mußte. Erschwerend wirkte, daß es Anfang Januar 1950 noch viele ungeklärte Dinge gab, die eine zügige Durchführung der Aktion behinderten. Dazu gehörten Fragen des Transports, der Verpflegung, der Heizung der Anstalten sowie beim Transport mit Eisenbahnwaggons, des Inventars der zu räumenden Objekte und der Bereitstellung des notwendigen Bewachungspersonals durch die VP.[19]

Am 12. Januar 1950, unmittelbar vor der Bekanntgabe der Auflösung der letzten drei sowjetischen Speziallager in der Presse, fielen im MdI und im MdJ in Berlin die ersten konkreten Entscheidungen über die Absicherung dieses Vorhabens durch die VP und die Justiz. Eine entsprechende Aktennotiz von VP-Oberrat K. Gertich enthielt erste Zahlenangaben. Als Nichtverurteilte notierte er 3432 Gefangene.[20] Sie sollten in die Strafvollzugsanstalt Waldheim überführt werden.

Damit kam erstmals der Name des Ortes ins Spiel, mit dem sich jene Gerichtsprozesse verbinden, die als größter Justizskandal in die Geschichte der gerade gegründeten DDR eingehen sollten. Die Wahl fiel auf diese sächsische Kleinstadt, weil es dort eine geeignete Strafvollzugsanstalt gab.Sie befand sich auf dem Gelände einer ehemaligen Burg, deren Gebäude seit 1716 abwechselnd als Zucht-, Armen- und Waisenhaus genutzt worden war. Mit Beginn des 19. Jahrhunderts hielt man in diesem mächtigen Gebäudekomplex dann ausschließlich Strafgefangene fest.[21] Noch ahnten weder die Opfer noch ihre Richter und erst recht nicht die Waldheimer oder andere Bürger im Lande, was hinter den dicken Zuchthausmauern geschehen würde.

Für die Übernahme der bis dahin verurteilten und nichtverurteilten Häftlinge und die Durchführung der Transporte in den Strafvollzug der VP vermerkte K. Gertich den Zeitraum zwischen dem 25. Januar und dem 1. März 1950. Im Zusammenhang mit den nun zu lösenden Aufgaben hielt er am 13. Januar 1950 in einem Arbeitsplan fest, daß die Richtlinien für die Untersuchungsführung und die Anklageerhebung von Kapitän Korschunow aus der zuständigen Abteilung der SKK in Karlshorst erteilt werden.[22] Es handelt sich damit um einen der wenigen Hinweise darauf, daß die Besatzungsmacht nach wie vor über alles wachte, was ihre ehemaligen Lagerinsassen betraf, auch wenn sie dafür dem Anschein nach nicht mehr zuständig war.

Inwieweit die SKK im Auftrag der Regierung der UdSSR direkt oder indirekt Einfluß auf das Geschehen in Waldheim nahm, kann erst untersucht werden, wenn das in Frage kommende Archivmaterial zugänglich sein wird. Auch wenn es in den bisher einsehbaren Archivalien nur spärliche Belege für das Wirken der sowjetischen Organe in der DDR bei der Vorbereitung und Durchführung der Prozesse gegen ihre ehemaligen Internierten gibt, so steht für den Verfasser aus der Kenntnis der damaligen Verhältnisse und der eingesehenen Akten fest, daß die SKK die Aktion kontrollierte, ohne vordergründig in Erscheinung zu treten.[23]

Die Bevölkerung der DDR erfuhr am 17. Januar 1950 erstmalig von der Auflösung der Lager aus dem in der Presse veröffentlichten Briefwechsel zwischen dem Vorsitzenden der SKK, Armeegeneral W. Tschujkow, und dem Stellvertretenden Ministerpräsidenten der DDR, W. Ulbricht, vom 14. Januar 1950. Der Brief von Armeegeneral W. Tschujkow enthielt folgende konkrete Angaben:

»Aus den Lagern werden 15 038 Personen entlassen, einschließlich der 5504 Personen, die früher von Kriegstribunalen zu verschiedenen Strafen verurteilt wurden.

Dem Ministerium des Innern werden 3432 Internierte übergeben zur Untersuchung ihrer verbrecherischen Tätigkeit und Aburteilung durch das Gericht der Deutschen Demokratischen Republik. Ebenso werden dem Innenministerium der Deutschen Demokratischen Republik 10 513 Verhaftete zur Verbüßung ihrer Strafen übergeben, die für die von ihnen begangenen Verbrechen von Kriegstribunalen ausgesprochen worden sind.

In den Händen der sowjetischen Behörden verbleiben 649 Verbrecher, die besonders große, gegen die Sowjetunion gerichtete Verbrechen begangen haben.«[24]

Ein dazugehöriger Kommentar machte dem Leser klar, wie

er diese Maßnahme zu bewerten hatte. Auf die Tatsache, warum so viele Menschen in bisher verschwiegenen sowjetischen Lagern eingesperrt waren, ging der Kommentator allerdings nicht ein. Dafür wurde die nun endlich vorgesehene und längst überfällige Auflösung der letzten drei sowjetischen Speziallager als »Akt der Großmut, des Vertrauens und der Stärke der Sowjetregierung«[25] gewürdigt. Über das ganze Ausmaß der sowjetischen Internierungspraxis, über die nach der Verurteilung durch SMT in die UdSSR deportierten Personen, die oft nur wegen geringer Vergehen oder bloß wegen eines Verdachtes mit hohen Strafen belegt worden waren, und über die in den Lagern ums Leben gekommenen Menschen verlor der Kommentator kein Wort. Das konnte auch nicht sein, denn Kritik an der sozialistischen Besatzungsmacht, den »Freunden«, wie es im offiziellen Sprachgebrauch schon damals hieß, war nicht vorgesehen und außerdem sehr gefährlich.

Die Art des Kommentars machte deutlich, daß die Verantwortlichen in der SED und in den zuständigen Staatsorganen gewillt waren, weiterhin mit den zu übernehmenden Gefangenen so zu verfahren, wie es die Besatzungsmacht bis dahin getan hatte. Nach ihrem Selbstverständnis befanden sich nur Nazi- und Kriegsverbrecher in sowjetischer Obhut, mit oder ohne Urteil. Daraus resultierte die Bereitschaft, im Sinne des propagierten Antifaschismus und Antimilitarismus nun auch praktisch mit diesen »Verbrechern« abzurechnen. Auf diese Weise konnten die Repräsentanten der neuen Macht zugleich der sowjetischen Seite signalisieren, daß sie deren Vertrauen verdienten. Im Zusammenhang mit der soeben erfolgten Gründung der DDR sahen die Regierungen der UdSSR und der DDR, hier besonders die Führung der SED, in der Aktion weiterhin eine willkommene Möglichkeit, ihr politisches Ansehen in der Bevölkerung und im Ausland aufzubessern.

Für die mit der Durchführung der Aktion betrauten Mitarbeiter des MdI und des MdJ gab es wahrscheinlich anfänglich kaum Zweifel daran, daß alle zu übernehmenden Gefangenen wegen »nazistischer Tätigkeit« in Haft gekommen wären und weiterhin bleiben müßten. Und wer nicht zu dieser Kategorie zählte, der war zumindest ein Feind der Sowjetmacht und der neuen Entwicklung im Osten Deutschlands. Für die verantwortlichen Funktionäre in der SED sowie in der Polizei und in der Justiz war klar, wie mit solchen gefährlichen Gegnern umzugehen ist. Dabei spielte keine Rolle, daß zumindest in 3442 Fällen erst nach den bevorstehenden Untersuchungen über Schuld oder Unschuld entschieden werden mußte. Auch diese Personen galten schon ohne Gerichtsurteil durchweg als schwere Nazi- und Kriegsverbrecher. Ob diese Einstufung tatsächlich für alle zutraf, interessierte niemanden. Alle Aktivitäten richteten sich von vornherein darauf, Prozesse vorzubereiten, in denen schuldige Verbrecher nur noch ein strenges Urteil zugeteilt bekommen sollten.

Angesichts der Notwendigkeit, die Existenz der jungen DDR als zweiten deutschen Staat zu begründen und zugleich nachzuweisen, daß Antifaschismus und Antimilitarismus hier konsequenter durchgesetzt wurden als in der BRD, sahen die führenden Vertreter der SED und der Regierung in den durchzuführenden Prozessen gegen angeblich gefährliche Nazi- und Kriegsverbrecher eine gute Gelegenheit, antifaschistisch-demokratische Politik zu demonstrieren. Der Anteil der DDR bei der Abrechnung mit den Verbrechen aus der Zeit der Herrschaft der Nationalsozialisten sollte sichtbar zum Ausdruck kommen. Es gab ernsthafte Erwartungen und Überlegungen, daß die geplanten Prozesse die gleiche Bedeutung bekämen wie die von 1945/46 in Nürnberg gegen die Hauptkriegsverbrecher. Der konsequente Antifaschismus, den der junge Staat auf seine Fahnen geschrieben hatte, lief Gefahr, als Rechtfertigung und Alibi zur Sicherung der entstandenen Machtverhältnisse mißbraucht zu werden.

Die Führungsspitze der SED war bereit, den von der Besatzungsmacht praktizierten Umgang mit den Lagerinsassen fortzusetzen. Eine sichere Bewachung der SMT-Verurteilten und eine strenge Bestrafung der Nichtverurteilten standen außerhalb jeglicher Diskussion. Und auch die aus den Lagern entlassenen Personen konnten sicher sein, daß die neue Staatsmacht sie nicht aus den Augen verlor. Diese Sicht des Verfassers auf die Auflösung der Lager Sachsenhausen, Buchenwald und Bautzen resultiert auch aus den Kenntnissen über das weitere Schicksal der 3442 Häftlinge, die den Weg in die Strafanstalt Waldheim antreten mußten.

Dabei geht es nicht um eine pauschale Negierung und Abwertung aller Maßnahmen und Absichten der Besatzungsmacht UdSSR und der agierenden politischen Kräfte in der SBZ/DDR zu jener Zeit. Um hier zu Ansichten und Einsichten in die komplizierten und widersprüchlichen historischen Vorgänge zu kommen, bedarf es weiterer gründlicher und kritischer Untersuchungen. Diese Arbeit soll dazu beitragen, einen Bereich der sowjetischen Besatzungspolitik und deren Folgen auszuleuchten, der in den offiziellen Geschichtsbetrachtungen der ehemaligen DDR verschwiegen wurde. Daß dabei manche bittere Wahrheiten über das Wirken der Besatzungsmacht Sowjetunion und der führenden politischen Kraft in der SBZ/DDR, der SED, ins Blickfeld rücken, ist unausbleiblich. Deshalb zurück zu den tatsächlichen historischen Ereignissen in der DDR im Jahre 1950, die als sogenannte Waldheimer Nazi- und Kriegsverbrecherprozesse zu den unrühmlichen Kapiteln der Geschichte dieses Teils Deutschlands gehören.

Auf einer Pressekonferenz des Amtes für Information am 17. Januar 1950 zur Auflösung der sowjetischen Lager äußerte sich Staatssekretär H. Warnke vom MdI unter anderem dazu, was mit jenen Personen geschehen solle, die ohne Urteil von der Besatzungsmacht festgehalten worden waren. Ihnen versprach er »normale deutsche Untersuchungsverfahren«. Wörtlich hieß es in der Pressemitteilung: »Wenn sich die Beschuldigungen nicht bewahrheiten, würden sie nach Abschluß der Untersuchung entlassen, anderenfalls würde vor den zuständigen ordentlichen deutschen Gerichten Anklage erhoben werden.«[26]

Diese Ankündigung und andere Aussagen auf der Pressekonferenz hatten wohl kaum mehr als einen propagandistischen Wert. »Es sei niemand wegen seiner politischen Ansichten oder seiner Gesinnung interniert worden«[27], stellte G. Eisler fest, der als Chef des Informationsamtes die Pressekonferenz leitete. Den Abtransport von internierten Deutschen aus sowjetischen Lagern in der SBZ in die UdSSR bezeichnete er als »hundertprozentigen amerikanischen Schwindel«. Diejenigen, die nach dem 8. Mai 1945 den Weg in die Lager im Gebiet von Workuta oder anderswo in der Sowjetunion gegangen waren, konnten diese Lüge nicht hören und ihr nicht widersprechen. Auch viele von diesen Gefangenen, die sowjetische Militärgerichte vor allem auf der Grundlage des Artikels 58 des Strafgesetzbuches der Russischen Sozialistischen Föderativen Sowjetrepublik zu hohen Freiheitsstrafen verurteilt hatten, gehörten nicht in die Kategorie der gefährlichen Nazi- und Kriegsverbrecher.[28]

Bis es allerdings zu den angekündigten »normalen deutschen Untersuchungsverfahren« und den Verhandlungen vor »ordentlichen deutschen Gerichten« kam, sollte einige Zeit vergehen, da noch weitere Vorbereitungen erfolgen mußten. Erst einmal ging das Gerangel zwischen dem MdJ und dem MdI um die Übernahme der in Frage kommenden Strafvollzugsanstalten durch die VP weiter. Insbesondere die Objekte in Brandenburg/Görden und in Waldheim wollte man seitens der Justiz nicht abtreten. Da auf einer Besprechung am 16. Januar keine Einigung erzielt werden konnte, wandte man sich an die zuständigen Organe der SKK in Karlshorst. Oberstleutnant Wlassow, Ansprechpartner für die Verantwortlichen aus dem MdI, bestärkte diese, auf ihren Forderungen zu beharren. Auch die Vertreter der Justiz versuchten, für ihre Auffassungen die notwendige Unterstützung in Karlshorst zu bekommen. Über die einflußreicheren Kontakte verfügte letztlich die VP, was dazu führte, daß die Räumungen der Vollzugsanstalten Fort Zinna, Untermaßfeld, Hoheneck und Luckau begannen.[29]

Allerdings blieb damit die Unterbringung von 3300 Häftlingen weiterhin offen. Die zuständige HA in MdJ ließ nichts unversucht, wenigstens die Strafanstalt in Waldheim zu behalten. Als Ausweichobjekte brachte man entsprechende Einrichtungen in Halle und Dresden ins Spiel, die jedoch zu dieser Zeit noch der Besatzungsmacht unterstanden. Um die fehlende Platzkapazität zu decken und die damit verbundenen

Fragen zu lösen, sprachen die Verantwortlichen des MdI und des MdJ erneut bei der SKK in Karlshorst vor. Am 19. Januar durften sie General A. Kabanow, dem Stellvertretenden Obersten Chef der SKK für Zivilverwaltung, ihre Wünsche und Vorstellungen unterbreiten. Erstmals machte die sowjetische Seite bei dieser Gelegenheit detaillierte Zahlenangaben über die Belegung ihrer Speziallager Sachsenhausen, Buchenwald und Bautzen.

Zur Sprache kamen weiterhin Fragen der Transportsicherung bei der Verlegung der Gefangenen aus den Justizvollzugsanstalten und der Insassen aus den Lagern in die von der VP zu übernehmenden Gefängnisse. Die Vertreter der SKK sicherten die Bereitstellung eines Spezialzuges, der in Sachsenhausen abgestellt war, für die großen Transporte aus den Lagern zu. Zwischen dem 1. und 6. Februar erfolgten die Verlegungen der 1430 Justizgefangenen aus Waldheim nach Bützow/Dreibergen, Brandenburg/Görden, Naumburg, Zwickau und Leipzig.[30]

Die insgesamt acht Transporte zur Räumung von Buchenwald und Sachsenhausen verliefen nicht ohne Schwierigkeiten. Sie fanden am 25. und 28. Januar sowie am 2., 7., 9., 11., 13. und 16. Februar 1950 statt.[31] Die sowjetischen Lagerkommandanturen hatten die Aktionen organisatorisch nicht genügend vorbereitet, wodurch sich die Übernahme der Gefangenen verzögerte. Auch das von der VP zu stellende Sicherungspersonal für die Transporte erschien anfangs nicht rechtzeitig an den Abgangsorten des Spezialzuges, was in einzelnen Fällen dazu führte, dessen pünktliche Abfahrt zu verhindern.[32] Während der Fahrt entstanden teilweise weitere erhebliche Verspätungen, die auf das Konto der Deutschen Reichsbahn gingen.

Erst nach mehrmaligen Aussprachen mit der verantwortlichen Reichsbahndirektion konnte nach und nach gewährleistet werden, daß der Spezialzug einigermaßen pünktlich ans Ziel kam. Die größte Verspätung gab es beim zweiten Transport von SMT-Verurteilten von Oranienburg nach Luckau und Fort Zinna. Das Heizmaterial in den Waggons reichte nicht.

Wegen der Kälte und der sonstigen zusätzlichen Belastungen erhielten die VP-Angehörigen der Wachmannschaft eine Schachtel Zigaretten pro Mann extra. Wie es den Gefangenen in den kalten Waggons erging, verschweigt der Bericht.[33]

In einem Zwischenbericht der Hauptabteilung Haftsachen vom 16. Februar 1950 über die Räumungs- und Verlegungsmaßnahmen war zu den aufgetretenen Problemen vermerkt: »Eine der größten Schwierigkeiten – auch für die Zukunft – wird für die Verwaltung die hohe Anzahl der Tbc-Kranken sein. Nach grober Schätzung muß mit ca. 30 % Tbc-Kranken gerechnet werden, wovon ein hoher Prozentsatz schwere Fälle sind, die einer ständigen Behandlung bedürfen.«[34] Und an anderer Stelle hieß es: »Eine ebenfalls besonders schwierige Situation entstand bei dem Transport vom 11. Februar 1950, da sich bei den übernommenen 1119 Frauen ca. 30 Klein- und Kleinstkinder befanden. Diese Kinder wurden ohne vorherige Bekanntgabe durch die Kommandantur Sachsenhausen der Volkspolizei übergeben.«[35]

Ab 7. Februar 1950 kamen die ersten 245 nichtverurteilten Personen von Bautzen nach Waldheim. Diese Überführung erfolgte mit Gefangenentransportwagen der Deutschen Reichsbahn. Mit dem von der Besatzungsmacht zur Verfügung gestellten Spezialzug trafen am 10. Februar rund 1200 Häftlinge aus Buchenwald ein. Ein zweiter Transport aus Buchenwald, in dem sich auch 111 Frauen befanden, erfolgte am 13. Februar. (Dok. 1/3) Weitere etwa 900 Gefangene, darunter 62 Frauen und ca. 70 Kranke, erreichten das Zuchthaus Waldheim am 16. Februar nach ihrem Abtransport aus dem Lager Sachsenhausen.[36]

Weder die Bewacher der Transporte noch ihre Vorgesetzten werden sich damals gefragt haben, wen sie da tatsächlich nach Waldheim brachten. Wozu auch? Die Besatzungsmacht hatte die Gefangenen als gefährliche Nazi- und Kriegsverbrecher eingesperrt. Diese vermeintlichen Verbrecher galt es auf dem Weg in eine neue Haftanstalt zu beaufsichtigen. Dabei spielte für die VP-Angehörigen keine Rolle, daß diese Gefangenen meist vier bis fünf Jahre ohne Gerichtsurteil nur auf der Grundlage des Kontrollratsgesetzes Nr. 10 vom 20. Dezember 1945 festgehalten worden waren. Die Begleitkommandos erfüllten nur eine Aufgabe, und mehr forderte niemand von ihnen.

Aber auch die Verantwortlichen für die Aktion machten sich wohl kaum Gedanken über das, was sich da abspielte. Kritische Fragen oder Zweifel tauchten in keinem Schriftstück auf, das sich auf die Vorbereitungen der Untersuchungen und Prozesse bezog. Es schien niemanden zu stören, daß Menschen jahrelang ohne Gerichtsurteil gefangengehalten wurden und ohne ihnen konkrete Straftaten nachgewiesen zu haben.[37] Sollten die Untersuchungen der sowjetischen Organe so langwierig und kompliziert gewesen sein, daß erst jetzt die Verurteilung erfolgen konnte? Welchen Sinn machten dann neue Untersuchungen? Fragen über Fragen, die im Januar/Februar 1950 jedoch keiner stellte.

Die Meinung der Verantwortlichen über die zu übernehmenden Gefangenen stand fest. Es handelte sich um Nazi- und Kriegsverbrecher oder Gegner der neuen Ordnung. Als Beweis ihrer Schuld genügte die Verhaftung und Internierung durch die Organe der SMAD. Niemand kam auf die Idee, die Rechtmäßigkeit dieser Maßnahmen anzuzweifeln. Folglich brauchte auch keiner in den nun zuständigen deutschen Organen darüber nachzudenken, wer warum abgeurteilt werden sollte. Es hatte so zu geschehen!

Von den 3442 Häftlingen, die man nach Waldheim brachte, gehörten etwa 20 Prozent in die Kategorie der Funktionäre der NSDAP oder einer ihrer Gliederungen.[38] Unter ihnen befanden sich Ortsgruppenleiter, Ortsbauernführer, einige Kreisleiter, Blockwarte, einige Träger des goldenen Parteiabzeichens sowie auch viele einfache Mitglieder der NSDAP, kleine Funktionäre der Volkswohlfahrt, der Arbeitsfront usw. Leute mit Funktionen auf Gau- oder Reichsebene gab es kaum unter ihnen. Gehörte jede der fast 700 Personen tatsächlich in die Kategorie der Schwerverbrecher? Welche Straftaten konnten ihnen vorgeworfen werden, die gerichtliche Verurteilungen erforderten und rechtfertigten?

Etwa zwölf Prozent der Überstellten hatten in der Zeit von

1933 bis 1945 in unterschiedlichsten Dienststellungen der Polizei angehört. Unter ihnen befanden sich der stellvertretende Polizeichef von Paris sowie einige höhere Polizeioffiziere. Die meisten jedoch dienten bis zum Ende des Krieges als einfache Schutzpolizisten, Kriminalbeamte oder Gendarmen. Sollte jeder der etwa 400 Polizeiangehörigen in dieser Zeit zum gefährlichen Verbrecher geworden sein?

Bei etwa 280 Personen kam als Internierungsgrund ihre Mitgliedschaft in der SA oder der SS in Frage. Auch hier dominierten die einfachen Mitglieder und unteren Chargen. Nur etwa 30 von ihnen mußten sich wahrscheinlich als Bewacher von Konzentrationslagern verantworten. Konnte man einfach davon ausgehen, daß jeder von ihnen automatisch in die Kategorie der schweren Nazi- und Kriegsverbrecher gehörte, die Urteile verdienten wie die in Nürnberg gefällten? Waren auch die rund 400 Angehörigen der Gestapo und des Sicherheitsdienstes ohne Nachweis konkreter Vergehen von vornherein als Schwerverbrecher abzuurteilen? Die meisten von ihnen gehörten in die Kategorie der Mitarbeiter und Informanten, der Sicherheitsbeauftragten in Betrieben, oder manchmal handelte es sich auch nur um Kraftfahrer, Schreibkräfte, Köche u. ä. Genügte die Zugehörigkeit zu einer solchen Organisation oder Dienststelle und die Internierung durch die Besatzungsmacht, um sie als gefährliche Verbrecher einzustufen?

Unter den in Waldheim ankommenden Gefangenen befanden sich weiterhin etwas über 200 Beamte aus den unterschiedlichsten Bereichen des Staatsapparates des ehemaligen Deutschen Reiches. Unter ihnen befanden sich z. B. der stellvertretende Forstminister, einige Konsuln, Vizekonsuln, Regierungs- und Ministerialräte. Aber auch hier rekrutierte sich die Mehrheit aus den Beamten und Angestellten der unteren Ebenen. Für welche Verbrechen sollten sie nun nach der langjährigen Lagerhaft angeklagt werden? Welche Straftaten mußte man ihnen zur Last legen?

Neben diesen zahlenmäßig starken Personengruppen, die zusammen etwas mehr als 50 Prozent der Überstellten ausmachten, gab es weitere kleinere Personenkreise, die den sowjetischen Besatzungsorganen ebenfalls verdächtig oder gefährlich erschienen sein mußten, was für eine Einlieferung in eines der Speziallager ausreichte. Dazu gehörten ungefähr 170 Personen aus der Wirtschaft, Fabrikanten, Kaufleute, Betriebsleiter, Bankdirektoren, Buchhalter und Angestellte. Weitere etwa 170 Personen hatten mit der Bewachung von Kriegsgefangenen und Zwangsarbeitern zu tun gehabt. Rund 170 Gefangenen warf man die schlechte Behandlung von ausländischen Zwangsarbeitern vor, darunter viele Landwirte, Gutsbesitzer und -pächter. Fast 140 Personen sollten sich für begangene Denunziationen in der Zeit von 1933 bis 1945 verantworten, durch die andere Menschen ins Konzentrationslager gekommen oder sogar hingerichtet worden waren. Jetzt drohte ihnen eine Aburteilung als gefährliche Nazi- und Kriegsverbrecher. Welche Chancen gab es, den tatsächlichen Grad ihrer persönlichen Schuld oder vielleicht sogar auch ihrer Unschuld nachzuweisen?

Gegen mehr als 160 Personen erhob man den Vorwurf, nach 1945 Sabotage gegen die Besatzungsmacht und die neue Ordnung begangen zu haben. Ihre Straftaten bestanden z. B. im Abreißen von Wahlplakaten, im Verteilen von Flugblättern oder in der Verbreitung »tendenziöser Gerüchte«. Auch mancher unbequeme Landrat, Informanten des Ostbüros der SPD oder aufsässige Wismutkumpel gehörten dazu. Sie alle behandelte man ohne Unterschiede wie gefährliche Verbrecher, und ihnen drohte ebenfalls eine hohe Zuchthaus- oder Gefängnisstrafe.

Bei den in Waldheim Angekommenen gab es eine Gruppe von etwa 130 Richtern, Staats- und Rechtsanwälten. Unter ihnen befanden sich ein Senatspräsident des Reichsgerichts, ein Reichskriegsgerichtsrat und der erste Generalstaatsanwalt von Prag. Den meisten konnte man nur ihre Tätigkeit als Amtsrichter, Landgerichtsdirektoren, Richter in der Wehrmacht, Richter und Staatsanwälte an verschiedenen Gerichten oder einfach nur als Rechtsanwälte vorwerfen. Handelte es sich bei allen um Straftäter, die sich gleichermaßen schuldig gemacht hatten?

Zu den restlichen rund 460 Personen gehörten ungefähr 90 Verleger und Redakteure, meist von Orts- oder Kreiszeitungen, fast 70 Jugendliche, denen Zugehörigkeit zur Hitlerjugend oder zum sogenannten Werwolf vorgeworfen wurde, etwa 65 Justizbeamte und Gefängnisaufseher, mehr als 60 Angehörige der Wehrmacht und nicht zuletzt etwa 50 Lehrer sowie über 30 Ärzte. Die anderen Personen kamen aus den unterschiedlichsten Berufen. Welche Straftaten mochten sie begangen haben, die ihre Einordnung in die Kategorie der schweren Nazi- und Kriegsverbrecher rechtfertigte?

Die Mehrzahl hoffte auf das Ende der Haftzeit, weil sie davon ausgingen, daß ihnen keine strafbaren Handlungen vorgeworfen werden konnten. Das galt insbesondere für diejenigen unter ihnen, die unschuldig oder durch einen unglücklichen Zufall sowie falsche Anschuldigungen in die sowjetischen Lager geraten waren und nun das Ende ihrer Haftzeit herbeisehnten.

Es gab natürlich Personen unter ihnen, die als SS-Bewacher in Konzentrationslagern, als Aufseher in Zivil- oder Kriegsgefangenenlagern, als Gutsverwalter oder in ihrer beruflichen Tätigkeit sowie im Privatleben für Dinge verantwortlich gemacht werden mußten, die eine strafrechtliche Verfolgung als Verbrecher rechtfertigten. Aber welche Chancen gab es für ordentliche Untersuchungen und gerechte Urteilsfindungen? Der weitere Verlauf der Ereignisse sollte es zeigen.

Mitte Februar 1950 fand jedoch erst einmal die Überstellung der Nichtverurteilten nach Waldheim ihren Abschluß. Was sich in den entsprechenden Berichten der Verantwortlichen der Hauptabteilung HS an die SED-Führung, insbesondere auch direkt an W. Ulbricht[39], und ihre Vorgesetzten im MdI als nüchterner organistorischer Vorgang widerspiegelte, erlebten die unmittelbar Betroffenen ganz anders. Helmut Klemke (im Oktober 1945 verhaftet als angeblicher »Organisator einer Diversantengruppe« und zu zwölf Jahren Zuchthaus verurteilt) erinnerte sich an die Übernahme der Lagerinsassen durch die VP in Sachsenhausen:[40]

»Ich selbst wurde im Februar 1950 den deutschen Behörden

übergeben. In meiner Gegenwart, nach Vergleich der Personendaten durch russische Offiziere, wurde aus meiner Akte ein etwa zweifingerbreiter Papierstreifen dem nebensitzenden deutschen Zivilisten übergeben. Damit waren alle Formalitäten erledigt, und die Akte wurde von einem russischen Soldaten zurück in die Vorzone des Lagers gebracht.«[41]

Zu dem, was die Menschen bewegte, die man wie Vieh verladen hatte und die nun eine Reise mit unbekanntem Ziel antraten, schrieb er im Band II seiner Erlebnisse aus jenen Tagen: »Im Halbdunkel hockten oder standen wir herum, und uns kamen die Fragen: Wohin geht es, und was geschieht mit uns. Eines war klar, nach Rußland kamen wir nicht, die uniformierten Deutschen schienen uns das zu garantieren. Aber dem Aufwand nach war das auch nicht gerade eine freundliche Aufnahme. Das einzige, was vielleicht positiv erschien, war die Möglichkeit, daß wir eventuell eine Gelegenheit bekamen, uns zu rechtfertigen.

Und wenn man uns jetzt vor ein deutsches Gericht stellt, wäre eine Beweisführung, die zu einer Verurteilung ausreichte, mit Sicherheit nicht möglich. Wir wären also in ›Null Komma nichts‹ ebenfalls zu Hause. Wir waren davon überzeugt, daß bei den eigenen Landsleuten das Recht immer noch Recht bleiben würde.«[42]

Wie schnell sich solche Hoffnungen als trügerisch herausstellten, bekamen die der VP übergebenen Gefangenen schon bei der Ankunft in Waldheim zu spüren. Günther Richter (im Juli 1945 als 16jähriger wegen »Werwolftätigkeit« verhaftet und zu acht Jahren Gefängnis verurteilt) erinnerte sich: »Wir wurden in Buchenwald von der sowjetischen Lagerleitung an die Deutsche Volkspolizei übergeben. Wir wurden in Viehwaggons verladen und nach Waldheim gebracht. Vom dortigen Bahnhof wurden wir in der Nacht mit LKW zur Strafvollzugsanstalt gefahren. Am Haupttor wurden wir ausgeladen und von einem starken Aufgebot von Volkspolizisten, die dort in der Anstalt Dienst taten, in Empfang genommen. Sie standen an beiden Seiten Spalier, und wir wurden dort hindurch unter vielen Beschimpfungen, wie ›Ihr Nazis, wir werden es euch schon zeigen‹, in die einzelnen Zellenhäuser gebracht.«[43]

Zum physischen und psychischen Zustand der in Waldheim angekommenen Häftlinge berichtete Hans Techen (zu 15 Jahren Zuchthaus verurteilt, weil er »als Lehrer die nationalsozialistische Gewaltherrschaft wesentlich gefördert hat«): »Der Zug der vom Schicksal schwer getroffenen Internierten über die verschiedenen Höfe des Zuchthauses glich einem Heer von Kranken, Siechen und dem Tode geweihten Menschen, auf deren Gesichtern Hilflosigkeit und tiefe Verzweiflung geschrieben standen. Fünf Jahre Hunger hatten auch bei mir die letzten Reserven meiner Körperkräfte aufgezehrt. Nur mühsam, zum Teil von den Wachhabenden vorwärts gestoßen, schleppten wir uns nach den Zellen, in die wir nun geworfen wurden. Die letzte Hoffnung auf Freiheit war uns nun genommen worden.«[44]

Während in Waldheim die dort Angekommenen sich »einlebten« und weitere unerfreuliche Erfahrungen mit den neuen Bewachern sammelten, erfolgte ab Mitte Februar die endgültige materielle Auflösung der Lager Sachsenhausen und Buchenwald. Dabei ging es vor allem darum, die Übergabe des gesamten Inventars durch die SKK an die VP abzuwickeln.[45] Praktisch begann die Aktion mit einer gründlichen Bestandsaufnahme. Zwischen dem 24. und 27. Februar 1950 transportierte man eisenbahnwaggonweise Kleidungsstücke, Stoffballen, Leder- und Textillumpen sowie andere Materialien von Sachsenhausen in die von der Justiz durch die VP übernommenen Strafanstalten Torgau, Untermaßfeld und Hoheneck. Alle zur Übernahme durch die VP vorgesehenen Güter wurden dazu von Vertretern der SKK und der VP listenmäßig erfaßt. Das Protokoll enthielt eine Aufstellung sämtlicher Gegenstände und Materialien mit den Vermerken zu Stückzahl, Gewicht und Preis. Der Grund für diesen Aufwand bestand nicht einfach darin, eine genaue Übergabe zu ermöglichen. Vielmehr ging es darum, der VP eine ordentliche Rechnung zu präsentieren.

Ein solches Protokoll vom 6. März 1950 verzeichnete z. B.

103 Posten von der Feldmütze (1457 Stück zu je 0,50 DM) über Pergamentpapier (6,6 kg zu je 1,00 DM) bis hin zu vier Emailledeckeln (0,05 DM je Stück). Insgesamt überwies die VP 367.378,80 DM an den mit der Übergabe betrauten Truppenteil der Besatzungsmacht mit der Feldpostnummer 96900 – A auf ein Konto bei der Bank in Oranienburg. Die restlichen Lebensmittel und das Lazarettinventar des Lagers Sachsenhausen hatte die VP schon am 10. Februar zur Verfügung gestellt bekommen und bezahlt. Für die Übernahme von einigen PKW, LKW, Traktoren usw., darunter teilweise stark reparaturbedürftige Exemplare, bezahlte die VP weitere 51.180,00 DM an den schon genannten Truppenteil.[46]

Mit der Übergabe des Inventars und der Bezahlung durch die VP hörten die letzten drei sogenannten Speziallager der sowjetischen Besatzungsmacht auf zu existieren. Sachsenhausen und Buchenwald, die bis zu ihrer Befreiung bei Kriegsende 1945 den nationalsozialistischen Machthabern als Konzentrationslager gedient hatten, wurden später als Nationale Mahn- und Gedenkstätten für die Opfer des Faschismus eingerichtet. Allerdings mußte ihre erneute Nutzung bis 1950 durch die Besatzungsmacht als Lager für deren Gegner oder Personen, die man dafür hielt, schamhaft verschwiegen werden.

Es paßte nicht in die antifaschistisch-demokratische Traditionslinie der DDR und die verklärte Darstellung der UdSSR als Helfer und Freund beim Aufbau des besseren deutschen Nachkriegsstaates. Damit soll keineswegs alles, was die Besatzungsmacht Sowjetunion in ihrer Zone für den Neubeginn nach dem furchtbaren Krieg getan hat, negiert werden. Auch ihre Opfer und das Leid, das dieses Volk durch deutsche Eroberer im Verlaufe des Zweiten Weltkrieges erdulden mußte, dürfen nicht vergessen werden. Und es soll niemand die Augen davor verschließen, daß sie das Recht und die Pflicht hatte, die Verantwortlichen für diesen barbarischen Krieg und seine verheerenden Folgen zu bestrafen.

Zugleich gibt es keinen Grund dafür, einfach all jene Handlungen der Besatzungsmacht Sowjetunion zu ignorieren oder sogar noch zu rechtfertigen, wo sie Unrecht begangen hat.

Dazu gehört auf alle Fälle die ausgeübte Praxis im Umgang mit jenen Deutschen, die man für Feinde hielt oder vorsichtshalber erst einmal als solche betrachtete. Für geringfügige Vergehen, aufgrund eines Verdachtes, einer Denunziation oder auch durch die Verkettung unglücklicher Umstände mußten viele in die Lager und Gefängnisse, und nicht wenige ließen dort ihr Leben. Über all das Unbequeme und Unschöne einfach den Mantel des Schweigens auszubreiten, wie man das fast 40 Jahre lang in der Geschichtsbetrachtung der DDR getan hat, nicht zuletzt, um die Verantwortung und die Schuld führender Politiker aus der SED zu verdecken, nützt niemandem.

Aus dem Speziallager Bautzen der SMAD ging nahtlos die Strafvollzugsanstalt Bautzen hervor, mit der noch viele Bekanntschaft machen sollten, die aus ihrer politischen Gegnerschaft zur DDR und der dort herrschenden Gesellschaftsordnung keinen Hehl machten. Ein mit Tabu belegtes Kapitel der DDR-Geschichte nahm so seinen Anfang. Für die SMT-Verurteilten und die nach Waldheim gebrachten Nichtverurteilten änderten sich in den Januar- und Februartagen 1950 der Aufenthaltsort und die Wachmannschaften, aber sonst kaum etwas.

Von den Hoffnungen aller, die nun faire Prozesse erwarteten, in denen der Nachweis ihrer konkreten Schuld oder Unschuld im Zusammenhang mit strafbaren Handlungen erfolgte, blieb nicht viel. Kaum jemand glaubte daran, daß sich nun alles noch zum Guten wenden würde. Allerdings ahnte wohl zu diesem Zeitpunkt keiner der Waldheimer Häftlinge, daß ihre Verurteilung schon beschlossene Sache war und nur noch die Höhe der Strafe festgelegt werden mußte.

Die Auswertung der Archivmaterialien der HA HS bei der HVDVP belegt, daß es bei den Verantwortlichen für die Vorbereitung und Durchführung der Prozesse in Waldheim über das Ausmaß dieses Vorhabens zum Zeitpunkt der Lagerauflösung keine klaren Vorstellungen gab. Man hielt zwei Drittel der zu Verurteilenden bestenfalls für Personen, die in die Kategorie der »Naziaktivisten« gehörten, wie im »Abschlußbericht über Entlassungs- und Übernahmeaktion aus den Internierungslagern der Besatzungsmacht« vermerkt.[47]

Als Grundlage für die Ermittlungen und Vernehmungen sowie die Anklageschriften sollte der Artikel III A III der Kontrollratsdirektive Nr. 38 vom 12. Oktober 1946 zur Anwendung kommen. Er beinhaltete, wer als »Belasteter« einzustufen war. Wörtlich hieß es in diesem Absatz: »Aktivist ist auch, wer nach dem 8. Mai 1945 durch Propaganda für den Nationalsozialismus oder Militarismus oder durch Erfindung und Verbreitung tendenziöser Gerüchte den Frieden des deutschen Volkes gefährdet hat oder möglicherweise noch gefährdet.«[48] Davon, daß es sich vor allem um Hauptschuldige (Hauptverbrecher) handelte, war zu diesem Zeitpunkt noch nicht die Rede.

Andere Abschnitte und Artikel der KD 38 blieben dafür unberücksichtigt wie z. B. der Absatz D. Darin war klar formuliert: »In Abschnitt II des Anhangs A ist ein Verzeichnis der Personengruppen enthalten, welche in Anbetracht der ihnen zur Last gelegten Verbrechen, wie sie in den Absätzen A, B und C dieses Artikels näher bezeichnet sind, sorgfältig zu prüfen und, falls die Ergebnisse der Untersuchung eine Anklage notwendig machen, als Mitschuldige vor ein Gericht zu stellen und im Falle der Schuld zu bestrafen sind.«[49] Der Artikel IX regelte, welche Sühnemaßnahmen im Falle einer nachgewiesenen Schuld zur Anwendung kommen konnten. Entsprechend dieser Orientierung hätten sich die Hoffnungen auf eine baldige Entlassung der Mehrheit der nach Waldheim gebrachten Gefangenen erfüllen können.

Aber die Verantwortlichen begnügten sich mit einer Auslegung der Direktive 38, die auf eine Verurteilung um jeden Preis hinauslief. In einem Aktenvermerk der HA HS vom 20. Februar 1950 heißt es dazu, daß die Verurteilungen »zügig vorangetrieben« werden müßten und zu berücksichtigen sei, »daß in den Urteilen der Militärtribunale für Vergehen wahrscheinlich gleicher Art Strafen von 10 Jahren und mehr verhängt wurden«.[50] Das blieb bestimmend für alle weiteren Schritte bei der Vorbereitung und Durchführung der geplanten Prozesse in Waldheim.

Anmerkungen

1 Die SKK wurde nach der Auflösung der Sowjetischen Militäradministration in Deutschland (SMAD) am 10. Oktober 1949 als Kontrollorgan der Regierung der UdSSR auf dem Territorium der DDR gebildet.

2 Vgl. Zentralarchiv des Ministerium des Innern (im folgenden ZAMdI), Bestand 11/Band 1587 (im folgenden 11/1587). Diese Akten wurden nach der Auflösung des MdI vom Bundesarchiv, Abteilungen Potsdam (im folgenden BAP), übernommen. Die Signatur blieb gleich. Da der Verfasser die Akten noch im ZAMdI eingesehen hat, wird die alte Signatur beibehalten. Für weitere Nachforschungen können die gesuchten Akten im Bundesarchiv ohne Schwierigkeiten aufgefunden werden. Die Bestände des ehemaligen MdI sind zu finden unter »0–1«.

3 Siehe dazu B. Schönefeld, Die Struktur des Strafvollzuges auf dem Territorium der DDR (1945–1950), in: Beiträge zur Geschichte der Arbeiterbewegung, Heft 6, 1990, S. 808–816

4 Vgl. ZAMdI, 11/1587

5 Vgl. ebenda, 7/420. Der Befehl Nr. 201 vom 16. August 1947 beinhaltete die »Richtlinien zur Anwendung der Direktiven Nr. 24 und Nr. 38 des Kontrollrats über die Entnazifizierung« in der SBZ. Er enthielt Richtlinien zur Einstufung der Nazi- und Kriegsverbrecher und verpflichtete die deutschen Organe, Kriegsverbrecher, Mitglieder der verbrecherischen Naziorganisationen und führende Persönlichkeiten des Hitlerregimes zur gerichtlichen Verantwortung zu ziehen. Die Direktive Nr. 24 des Alliierten Kontrollrates vom 12. Januar 1946 enthielt die Maßnahmen zur »Entfernung von Nationalsozialisten und Personen, die den Bestrebungen der Alliierten feindlich gegenüberstehen, aus Ämtern und verantwortlichen Stellungen«. Die Direktive Nr. 38 des Alliierten Kontollrates vom 12. Oktober 1946 enthielt die Richtlinien zur »Verhaftung und Bestrafung von Kriegsverbrechern, Nationalsozialisten und Militaristen und Internierung, Kontrolle und Überwachung von möglicherweise gefährlichen Deutschen«. Punkt 9 des Befehls Nr. 201 der SMAD legte fest, daß »alle Fälle von Verbrechen, die in den Direktiven 24 und 38 des Kontrollrats aufgeführt werden«, den »deutschen Untersuchungsorganen zur Bearbeitung zu übergeben« sind. In den Ausführungsbestimmungen Nr. 3 zum Befehl 201 der SMAD vom 21. August 1947 wurde geregelt, daß die Organe der Innenminister der Länder die Untersuchungen einzuleiten haben (Punkt 4). Weitere Festlegungen über die Durchführung der Untersuchungen, die Erstellung der Anklageschriften und die Gerichtsverfahren enthalten die Punkte 5, 9, 12, 15 und 16.

6 Vgl. ebenda, 11/1586 u. 11/1589

7 Vgl. ebenda, 7/420

8 Vgl. ebenda

9 Vgl. ebenda, 11/1586 u. 11/1589

10 Entsprechend dem Befehl 201 und seinen Durchführungsbestimmungen fiel den Abteilungen »K 5« der Polizei die Aufgabe zu, das Untersuchungsverfahren einzuleiten. Sie entschieden eigenverantwortlich über den Erlaß der Haftbefehle und erstellten die Anklageschriften. Letztere

brauchte der Staatsanwalt nur noch zu bestätigen. K. W. Fricke stellte dazu in seinem Buch »Politik und Justiz in der DDR ...«, a.a.O., S. 202, fest: »Auf die politische Strafjustiz der SBZ/DDR sollten die Verfahren nach Befehl Nr. 201 einen um so negativeren Einfluß nehmen, als sie nicht auf die Ahndung von Nazi- und Kriegsverbrechen beschränkt blieben, sondern zunehmend auch politische Delikte erfaßten – Delikte, die sich in der Gegnerschaft zur SED motivierten, die also keineswegs Straftaten vor dem 8. Mai 1945 betrafen.« Dieser Einschätzung ist nichts hinzuzufügen, und sie wird durch die Waldheimer Prozesse bekräftigt. Obwohl die Entnazifizierung im politischen Sinne mit dem Befehl Nr. 35 der SMAD vom 26. Februar 1948 in der SBZ abgeschlossen war, blieb der Befehl Nr. 201 Grundlage für Strafverfolgungen und Strafverfahren in der SBZ/DDR bis Mitte 1950.

11 ZAMdI, 11/1589

12 Verwaltungsarchiv des MdI (im folgenden VAMdI), Band 39740 (im folgenden nur Nr. des Bandes).
Dieser Bestand des Verwaltungsarchives des aufgelösten MdI wurde vom Bundesarchiv, Abteilungen Potsdam, übernommen. Die Signatur blieb gleich. Da der Verfasser die Akten noch im VAMdI eingesehen hat, wird die alte Signatur beibehalten. Für weitere Nachforschungen können die in Frage kommenden Akten ohne Schwierigkeiten im Bundesarchiv, Abteilungen Potsdam, aufgefunden werden.

13 Vgl. ebenda

14 Vgl. ZAMdI, 11/1586 und 11/1587

15 Vgl. VAMdI, 39740

16 Vgl. ZAMdI, 11/1586 und 11/1587

17 Vgl. ebenda. Siehe dazu auch B. Schönefeld, Die Struktur ..., a.a.O.

18 Siehe dazu u. a. G. Finn, Die politischen Häftlinge ..., a.a.O.; K. W. Fricke, Politik und Justiz in der DDR ..., a.a.O.

19 Vgl. VAMdI, 39740

20 Vgl. ZAMdI, 11/1587. Diese Zahl stand dann auch in der offiziellen Pressemitteilung vom 17. Januar 1950 über die Auflösung der sowjetischen Lager. In den Archivunterlagen war dann stets von 3442 Häftlingen die Rede. In der vorliegenden Arbeit verwendete der Verfasser Zahlenangaben immer so, wie sie in den Akten enthalten sind. Wenn es notwendig erschien, wurde auf Widersprüche und Unstimmigkeiten aufmerksam gemacht. Manche der gefundenen Zahlenangaben erscheinen problematisch und unreal, aber sie sind oft nicht mehr zu überprüfen. Es trat jedoch kein Fall auf, wo generelle Einschätzungen oder Wertungen von Vorgängen allein von der Exaktheit der gefundenen Zahlen abhängig waren.

21 Vgl. u. a.: Historischer Führer. Stätten und Denkmale der Geschichte in den Bezirken Leipzig, Karl-Marx-Stadt, Berlin 1981, S. 133

22 Vgl. ZAMdI, 11/1587

23 Es besteht kein Zweifel daran, daß die deutschen Verwaltungsorgane auch nach der Gründung der DDR bei allen Entscheidungen in innenpolitischen Fragen die Zustimmung der SKK in Karlshorst brauchten. Aus den bisher zugänglichen Akten geht hervor, daß die Organe der

SKK nicht direkt in Waldheim mitwirkten, aber dennoch über alle Vorgänge informiert wurden. Alle deutschen Verwaltungsorgane waren gegenüber der SKK informations- und auskunftspflichtig. In der VP wirkten sowjetische Berater. Alle wichtigen Entscheidungen zur Entwicklung in der SBZ/DDR wurden der SED-Führung in Moskau mitgeteilt oder über die entsprechenden Organe der SMAD und dann der SKK. Alle Verfahren auf der Grundlage des Befehls Nr. 201 der SMAD waren für die deutschen Organe gegenüber den sowjetischen Stellen meldepflichtig. Hinweise dazu fanden sich u. a. in BAP, P–1 Sicherheitserschließung sowie P–1, 609. Die aus den Akten ersichtlichen Hinweise lassen den Schluß zu, daß es zwischen den verantwortlichen deutschen Stellen und den zuständigen sowjetischen Organen in Karlshorst über den Verlauf und die Ergebnisse übereinstimmende Auffassungen gab. Wie die Einflußnahme durch die SKK erfolgte, muß weiteren Untersuchungen vorbehalten bleiben, wenn sich die Archive der ehemaligen UdSSR öffnen.

24 Neues Deutschland (im folgenden ND), 17. Januar 1950

25 Ebenda

26 ND, 18. Januar 1950

27 Ebenda

28 Siehe dazu u. a. K. W. Fricke, Politik und Justiz in der DDR ..., a.a.O., S. 106 ff.

29 Vgl. VAMdI, 39740. Siehe auch Staatsarchiv Dresden, Bestand Landesregierung Sachsen, Ministerium der Justiz, Nr. 54 (im folgenden SAD, LRS, MdJ, Nr. ...)

30 Vgl. ZAMdI, 11/1587

31 Vgl. ZAMdI, 11/1577

32 Vgl. VAMdI, 39740

33 Vgl. ZAMdI, 11/1587

34 VAMdI, 39740

35 Ebenda. Weitere Nachforschungen über das Schicksal dieser Kinder waren im Rahmen der Arbeiten zu diesem Buch nicht möglich. Aus einem »Abschlußbericht über Entlassungs- und Übernahmeaktion aus den Internierungslagern der Besatzungsmacht« vom 26. Februar 1950 (ZAMdI, 11/1577) ging hervor, daß sie in ein Kinderheim gebracht werden sollten.

36 Vgl. ZAMdI, 11/1577

37 Siehe dazu u. a. P. Erler, W. Otto, L. Prieß, Sowjetische Internierungslager in der SBZ/DDR 1945 bis 1950, in: BZG, 6/1990, S. 723–734

38 Diese Angaben zu den nach Waldheim überführten Personen stützen sich auf die Auswertung einer Kartei der ehemaligen Generalstaatsanwaltschaft der DDR zu den Waldheimprozessen. Sie befindet sich heute im Bundesarchiv, Abteilungen Potsdam. Sie enthält 3417 Blätter mit Angaben zu 3304 Urteilen in einer Kurzfassung sowie einschließlich der Angaben zu den betreffenden Personen und der gegen sie erhobenen Anschuldigungen. Bei der Zuordnung zu den einzelnen Personengruppen richtete sich der Verfasser nach dem hauptsächlichen Vorwurf, dem Beruf und der Zugehörigkeit zur NSDAP oder einer ihrer Gliederungen.

Eine eindeutige Zuordnung aller Personen in eine bestimmte Gruppe war nicht in jedem Fall möglich. Die vorgenommene Einteilung soll nur veranschaulichen helfen, welche Personen aus den Lagern als Nichtverurteilte nach Waldheim kamen und hier als »gefährliche Nazi- und Kriegsverbrecher« abzuurteilen waren. Dazu reichen nach Meinung des Verfassers die ungefähren Zahlenangaben aus.

39 Vgl. VAMdI, 39740. Auf zahlreichen Berichten über die Vorbereitung und Durchführung der Waldheimer Prozesse befanden sich Vermerke wie »Original mit entsprechendem Anschreiben an den stellvtr. Min.Präs. Walter Ulbricht«. Bei ihm liefen offensichtlich alle Fäden zusammen. Auf der Grundlage der heute zugänglichen Akten läßt sich eindeutig belegen, daß alles, was in Waldheim geschah, auf Weisungen der SED-Führung erfolgte und W. Ulbricht dabei die Hauptverantwortung trug.

40 Vgl. VAMdI, 39740. H. Klemke stand als Nr. 242 auf einer Liste des Protokolls zur Übergabe der Insassen des Lagers Sachsenhausen an die VP. Sie enthielt 667 Namen von Personen, die als »Spezialkontingent« bezeichnet wurden, und war gekennzeichnet mit dem Vermerk »Streng vertraulich. Waldheim«.

41 Erinnerungen Helmut Klemke. Quelle beim Autor. Ähnliche Aussagen zur Übernahme durch die VP enthalten auch die Erinnerungen von Willi Köhler, Karl Mackensen, Willy Mattiaschk, Herbert Richter, Willi Wunderlich, die dem Verfasser freundlicherweise zur Verfügung gestellt wurden.

42 Erinnerungen Helmut Klemke. Quelle beim Autor.

43 Erinnerungen Günther Richter. Quelle beim Autor.

44 Erinnerungen Hans Techen. Quelle beim Autor.

45 Vgl. VAMdI, 39740

46 Vgl. ZAMdI, 11/1571

47 Vgl. ZAMdI, 11/1577

48 ZAMdI, 7/420

49 Ebenda

50 VAMdI, 39740

Dokumente

Verzeichnis der Dokumente

1/1

Hauptabteilung I
Haus 6, Zimmer 22, App. 170

Berlin, den 14.12.49
G/Ka.

Stellungnahme der Hauptabteilung Haftanstalten zu nachstehendem Betreff.

Betr.: Übernahme von Häftlingen aus dem Gewahrsam der Besatzungsmacht.

Sollte Seitens der Besatzungsmacht die Absicht bestehen, bei der Übergabe der Häftlinge die Objekte, in denen die Häftlinge bisher untergebracht waren, nicht mit zu übergeben, steht die Hauptverwaltung der Deutschen Volkspolizei vor der Frage, ca. 14.000 Häftlinge in die zur Zeit benutzten Haftanstalten im Gebiet der Deutschen Demokratischen Republik unterzubringen.

Eine solche Unterbingung wäre nur möglich, wenn die Justiz einen Teil ihrer Haftanstalten ohne Rücksicht auf die Zuständigkeit des jeweiligen Landes räumt.
Eine Aufstellung über die 10 größten Haftanstalten (siehe Anlage 1).

Als nicht tragbar erscheint es, daß übernommene Häftlinge aus dem Gewahrsam der Besatzungsmacht in ein und demselben Haus, in denen sich noch Justizhäftlinge befinden, untergebracht werden. Bei einer solchen gemeinsamen Unterbringung wäre es nicht zu verhindern, daß die übernommenen Häftlinge mit denen noch darin befindlichen Justizhäftlingen in einen engen Kontakt kommen. Desweiteren würde die Frage der Zuständigkeit für beide Arten von Häftlingen ein kaum zu lösendes Problem darstellen. Die seinerzeit gemachten Erfahrungen, wo Untersuchungshäftlinge nach Befehl 201 in U-Haft der Justiz untergebracht waren, haben immer wieder bewiesen, daß die Sondervorschriften für diese Häftlinge nie eingehalten werden konnten.

Bei den Erwägungen über die Unterbringung der zu übernehmenden Häftlingen müssen auch die Möglichkeiten der Justiz in Betracht gezogen werden. Nach den hier vorliegenden Unterlagen der Justiz besitzen die von ihr bisher benutzten Haftanstalten eine Gesamtkapazität von

15.566

Werden die in der Anlage aufgeführten Anstalten mit einer Gesamtkapazität von 8.232 und einer Belegung von 7.794 herausgezogen, würde die Justiz vor die Aufgabe gestellt sein, die verbleibende Kapazität 7.334 Plätzen mit einer Anzahl von 15.037 Gefangenen zu belegen.
Außer der vorgenannten Kapazität stehen der Justiz noch 30 nicht benutzte Gerichtsgefängnisse mit einer Gesamtkapazität von 580 Plätzen zur Verfügung.
In Erwägung muß außerdem gezogen werden, daß ca. 80% der Justizstrafgefangenen im Arbeitsprozeß stehen, zu einem großen Teil in Außenarbeit wie landwirtschaftlichen Betrieben und Fabriken. Dabei muß berücksichtigt werden, daß man die übernommenen Häftlinge aus Sicherheitsgründen, da es sich zum Teil um hohe Strafen handelt, nicht in solche Arbeiten einweisen kann. Inwieweit die Produktionsstätten und Betriebe, in denen bisher Häftlinge tätig waren auf diese Arbeitskräfte verzichten können, kann von hier aus nicht festgestellt werden.

Von größter Wichtigkeit wäre es in Erfahrung zu bringen, ob Seitens der Besatzungsmacht beabsichtigt ist, einen Teil der von ihren bisher benutzten Strafanstalten für unsere Zwecke zur Verfügung zu stellen. Die Aufstellung der von der Besatzungsmacht zur Zeit noch benutzten größeren Anstalten siehe Anlage.

Sollte unter den gegebenen Umständen kein anderer Ausweg bleiben, als die übernommenen Häftlingen in den Justizanstalten unterzubringen, wäre es die dringenste Aufgabe, die zuständigen Verwaltungen zu beauftragen, daß die ca. 10.000 freiwerdenden Arbeitskräfte in größere Arbeitsobjekte eingeplant werden, um so die Möglichkeit zu schaffen, in kürzester Zeit die einstweilig untergebrachten Häftlinge in Haftlagern für diese größeren Arbeitsobjekte unterzubringen.

(Gertig)
VP. Oberrat

1/2

Hauptabteilung II
Haus 6, Zimmer 22, App. 170

Berlin, den 11. Januar 1950
Gt
4 Exemplare
2. Ausfertigung

Erste Erfordernisse für die Übernahme von Häftlingen aus den Händen der Besatzung.

1. Welche Strafanstalten werden von der Justiz der Volkspolizei übergeben? (Reglung mit dem Justizministerium).
2. Wenn die von der Hauptverwaltung Deutsche Volkspolizei vorgesehenen Strafanstalten übergeben würden, dann müßte von dem Justizministerium geklärt werden,
   1. bis wann diese Strafanstalten von den z. Zt. einsitzenden Justizgefangenen geräumt werden können und
   2. was für Inventar in diesen geräumten Anstalten zurückbleibt.
   Die Beantwortung dieses Punktes gibt Klarheit darüber, welche Menge von Betten, Strohsäcken, Stroh, Schlafdecken, Essgeschirr durch die Volkspolizei zu beschaffen sind.
3. Ein Teil der Strafanstalten ist in ungenügender Weise mit Kohlenvorräten versorgt. Es muß daher ein großes Kontingent Braunkohlenbrikett zur Verfügung gestellt werden.
4. Die Strafgefangenen müssen überführt werden. Zur Reglung der Transportfrage muß geklärt werden:
a) Wer führt den Transport durch?
b) Wird die Reichsbahn in Anspruch genommen oder stehen LKW zur Verfügung?
Wenn LKW zur Verfügung stehen, wer stellt diese und den erforderlichen Kraftstoff einschl. der Fahrer.
Wenn die Reichsbahn in Anspruch genommen werden soll, macht sich notwendig zu klären
a) Wer liefert die Öfen zur Beheizung der Wagen?
b) Wer das Feuerungsmaterial und Stroh?
5. Außerordentlich wichtig ist die Reglung der Verpflegungsfrage während des Transportes und die Weiterverpflegung in den Strafanstalten.
Es müssen Kraftfahrzeuge für die laufende Versorgung dieser Strafanstalten zur Verfügung stehen.
6. Wie ist die sanitäre Behandlung in den Strafanstalten und auch während des Transportes gewährleistet?

7. Für das Bewachungs- und Verwaltungspersonal der Volkspolizei ist die Schaffung von wohnlichen Unterkünften notwendig. (Auf 9 Häftlinge kommt 1 Volkspolizist).
Es wird die Aufstellung von Wohnbaracken vorgeschlagen. Wer liefert diese Baracken und das Inventar?
8. Verpflegung für das Verwaltungs- und Wachpersonal
9. Reglung der Bewaffnung mit Karabiner und Pistole sowie Munition.
10. Aufstellung einer Hauptabteilung in der HVdVP sowie deren räumliche Unterbringung. Lieferung von Inventar.
Zuteilung von Mitarbeitern, Gestellung von ständigen Kraftfahrzeugen und Kraftfahrern.

1/3

Hauptverwaltung Deutsche Volkspolizei
Objekt 5

Waldheim, den 14.2.50

Empfangsbestätigung

Am 14.2.50 wurden von dem Transportleiter Kommissar Grünberg vom VPP-Potsdam, als Beauftragter der LBdVP Brandenburg nachstehende Effekten von 1212 Häftlingen aus Buchenwalde ordnungsgemäß übernommen:

1209 Urteilsauszüge
diverse Personalpapiere (ungeprüft)
1553,60 DM lt. Aufstellung
70 Umschläge mit diversen Wertinhalt

übergeben durch:

geprüft u. übernommen:

Kapitel 2

Prozeßvorbereitungen durch »normale deutsche Untersuchungsverfahren«

Nach der Ankunft in Waldheim begann die Registrierung der an die VP übergebenen nichtverurteilten Häftlinge aus den sowjetischen Speziallagern. Vorerst begnügte man sich damit, die Personalien festzuhalten. Die übernommenen Gefangenen brachte man erst einmal provisorisch unter, wie es die beengten räumlichen Verhältnisse zuließen. Die Strafvollzugsanstalt war für eine Belegung mit 1980 Personen vorgesehen.[1] Untergebracht werden mußten 3442 Frauen und Männer. Zur Verfügung standen der Schloßbau mit Tagessälen und Zellentrakt, das Hinterhofgebäude, das Mittelgebäude, das Westgebäude, das alte Zellenhaus, das Frauenzellenhaus, das Krankenhaus sowie das neue Zellenhaus.[2] (S. Lageplan)

Anschaulich und eindrucksvoll schildert Helmut Klemke die damaligen Zustände in der Strafvollzugsanstalt Waldheim in einem Brief an den Verfasser: »Unsere Unterbringung in Waldheim war sehr unterschiedlich, und ich habe fast alle Möglichkeiten kennengelernt. Zuerst war ich im Schloßbau, wo wir nachts in Einmannzellen zu fünft eingepfercht waren. In der Zelle standen zwei hölzerne Doppelstockpritschen, mit einfachen Strohsäcken belegt, die meist sehr infernalisch stanken und auf die eine schmuddlige Decke gelegt wurde als Lakenersatz. Mit einer weiteren Decke ohne Bezug deckte sich der Schläfer zu. Der fünfte Zellenbeleger mußte seinen Strohsack auf den Steinfußboden legen, lag dann mit dem Kopf unter dem kleinen Tisch, damit er nachts nicht durch Kübelbenutzer – es gab in allen Zellen nur Toilettenkübel – auf den Kopf getreten werden konnte. Die Schläfer lagen in ihrer Unterwäsche auf den Strohsäcken, da die Oberbekleidung

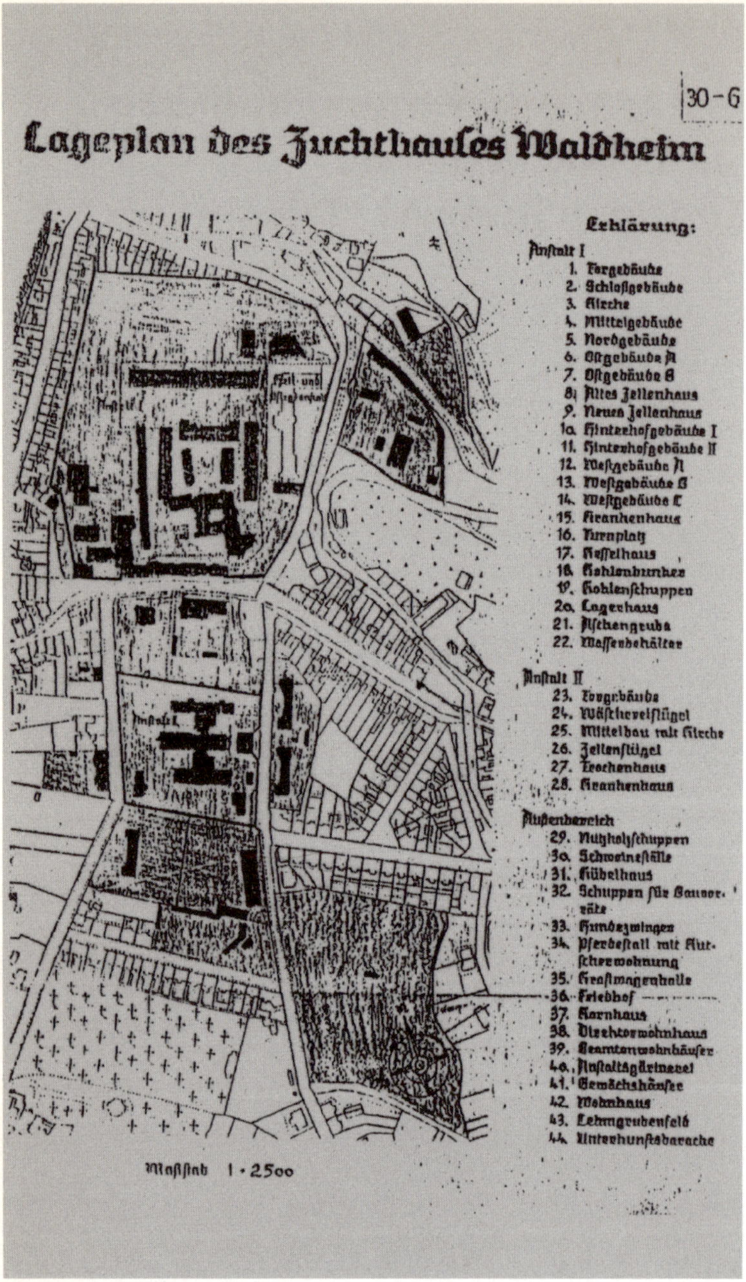
30-6
Lageplan des Zuchthauses Waldheim
Erklärung:
Anstalt I
1. Torgebäude
2. Schloßgebäude
3. Kirche
4. Mittelgebäude
5. Nordgebäude
6. Ostgebäude A
7. Ostgebäude B
8. Altes Zellenhaus
9. Neues Zellenhaus
10. Hinterhofgebäude I
11. Hinterhofgebäude II
12. Westgebäude A
13. Westgebäude B
14. Westgebäude C
15. Krankenhaus
16. Turnplatz
17. Kesselhaus
18. Kohlenbunker
19. Kohlenschuppen
20. Lagerhaus
21. Aschengrube
22. Wasserbehälter
Anstalt II
23. Torgebäude
24. Wäschereiflügel
25. Mittelbau mit Kirche
26. Zellenflügel
27. Kochenhaus
28. Krankenhaus
Außenbereich
29. Nutzholzschuppen
30. Schweineställe
31. Kübelhaus
32. Schuppen für Bauvorräte
33. Hundezwinger
34. Pferdestall mit Kutscherwohnung
35. Kraftwagenhalle
36. Friedhof
37. Kornhaus
38. Direktorwohnhaus
39. Beamtenwohnhäuser
40. Anstaltsgärtnerei
41. Gewächshäuser
42. Wohnhaus
43. Lehmgrubenfeld
44. Unterkunftsbaracke
Maßstab 1:2500

zusammengefaltet auf einem Hocker vor dem Einschluß in den Zellengang gestellt werden mußte.

Die Körperreinigung am Morgen wurde in einer Waschschüssel vorgenommen, das Wasser wurde am Vorabend mit einem Zehnliter-Wassereimer pro Zelle aus der sogenannten Kübelzelle, in der morgens auch die Kübel entleert wurden, genommen. Tagsüber waren wir in großen Gemeinschaftssälen untergebracht, saßen fast ununterbrochen an unseren Plätzen auf Bänken, die beiderseits neben langen Tischen standen. Weiterhin lag ich vor der Verurteilung im neuen Zellenhaus auf dem Dachboden mit noch 150 Mann zusammen. Hier war unsere Bewegungsfreiheit weniger eingeschränkt, denn wir konnten uns tagsüber ungehindert in einem Großraum bewegen, der mittels Lattenverschlag eingegrenzt war. Nachts lagen wir ebenfalls auf hölzernen Doppelstockpritschen, unter den gleichen Verhältnissen wie vorher, aber in einem nebenliegenden, ebenfalls lattenverschlagenen Raum.«[3]

Ähnliche Schilderungen finden sich auch in den persönlichen Erinnerungen anderer ehemaliger Insassen von Waldheim aus den Märztagen des Jahres 1950. Stellvertretend für alle soll noch Hermann Ahlborn (im Januar 1946 aus englischer Gefangenschaft an die Sowjetunion übergeben, nach Sachsenhausen eingeliefert und als Anhänger der Schutzpolizei in Waldheim zu 14 Jahren Zuchthaus verurteilt) zitiert werden: »Die Unterbringung für uns im neuen Zellenhaus spottete jeder Beschreibung. Der gesamte Bau war gerammelt voll. In jeder Zelle sechs Mann. Die Zellen hatten folgende Größe: 4 Meter lang und 2,20 Meter breit. Es befanden sich ein Klappbett an der Wand und ein Eisengestell unter dem Fenster, auf dem die Strohsäcke lagen. In einer Ecke stand der berühmte Kübel unter einem Kasten. Jeder von uns mußte täglich ein großes Geschäft und mindestens drei- bis viermal ein kleines Geschäft verrichten. Der Kübel wurde jeden Tag zweimal geleert und mit etwas Chlor versehen.«[4]

Während sich die nichtverurteilten Insassen der ehemaligen sowjetischen Lager in der Vollzugsanstalt Waldheim als Untersuchungshäftlinge im Strafvollzug der VP »einlebten«, liefen in Berlin die nächsten Schritte zur Vorbereitung der geplanten Prozesse. Den Auftakt machte eine Beratung im ZS der SED am 4. März 1950. (Dok. 2/1) Ihre Leitung lag in den Händen von Chefinspekteur G. Röbelen. Neben den Verantwortlichen der VP nahm als Vertreterin des Justizministeriums H. Benjamin, Vizepräsidentin des Obersten Gerichts, teil. Im Mittelpunkt der Besprechung standen die nun zu lösenden Aufgaben durch VP und Justiz bei der zügigen Vorbereitung der Gerichtsverfahren gegen die nach Waldheim überstellten Gefangenen.

Dabei drängten die Teilnehmer erneut auf eine schnelle Arbeit der Gerichte und auf Urteilssprüche, die »nicht in einem zu grossen Kontrast zu den von den sowjetischen Tribunalen gefällten Urteilen«[5] stehen durften. Weiterhin erfolgte ein erster Meinungsaustausch über die Vorschläge und die Auswahl der Richter und Staatsanwälte. Bei den Kandidaten, die als Richter in Frage kamen, einigten die Anwesenden sich erst einmal auf zehn Personen, über deren endgültigen Einsatz dann ein Eignungsgespräch im ZS der SED entscheiden würde. In den Strafkammern war der Einsatz von 24 Schöffen vorgesehen, deren sorgfältige Auswahl ebenfalls bevorstand. »Die Oberaufsicht über die Strafkammern, die in Waldheim und Döbeln tagen sollen« – so heißt es im Protokoll der Beratung –, »obliegt dem Justizministerium in Berlin, nicht dem Justizministerium in Sachsen.«[6] Damit sicherten die Verantwortlichen von vornherein ab, daß so wenige wie möglich Einsicht in diese Angelegenheit bekamen.

In der Strafvollzugsanstalt Waldheim ging indessen der triste Gefängnisalltag weiter. Alle Insassen mußten inzwischen einen vierseitigen Fragebogen ausfüllen. Er enthielt außer Angaben zur Person noch Fragen nach der Schulbildung, dem beruflichen Werdegang, den Eltern und Geschwistern, der Tätigkeit in einem KZ oder anderen Gefangenenlagern, der Zugehörigkeit zur Wehrmacht sowie der Mitgliedschaft in der NSDAP und einer ihrer Gliederungen. Ergänzt wurden diese Angaben durch einen Lebenslauf. Ausgenommen von dieser

Aktion blieben etwa 80 Personen. Sie waren so schwer erkrankt, daß sie weder schreiben noch mündlich Auskunft geben konnten. Über ihr Schicksal wird an anderer Stelle noch gesondert zu berichten sein.

Zur »Einvernahme« durch die VP gehörte in den Märztagen 1950 in Waldheim, daß ein Teil schon die entsprechende Sträflingskleidung erhielt. Für die betroffenen Gefangenen verband sich damit sogar eine angenehme Sache. Sie konnten sich nach langer Zeit wieder einmal gründlicher waschen, als es sonst in den beengten Zellen und bei der geringen Wasserzuteilung möglich war. Wer Glück hatte, bekam bei dieser Gelegenheit neue Unterwäsche. Etwa zur gleichen Zeit geschah etwas, woran sich jeder ehemalige Waldheimer erinnert: das Kahlscheren der Köpfe: Nicht einmal bei den Frauen schreckte die Anstaltsleitung vor dieser Maßnahme zurück.[7] Ohne daß ein gerichtliches Urteil vorlag, bekamen alle schon das Aussehen von verurteilten Zuchthäuslern. Damit machten die Verantwortlichen der VP den Untersuchungsgefangenen unmißverständlich klar, wofür man sie hielt. Die meisten Betroffenen begriffen oder ahnten zumindest, daß damit ihr weiterer Weg als Häftling vorgezeichnet war.

Günther Richter schrieb in seinen Erinnerungen über diese Vorgänge: »Im Gegensatz zu den Lagern war der Umgangston in Waldheim gehässiger den Häftlingen gegenüber. Man ließ uns täglich spüren, daß wir in ihren Augen keine Menschen sind, die ein Recht auf ein menschliches Dasein hätten. In den letzten Jahren wurden wir in den Lagern nicht mehr kahlgeschoren. In den ersten Jahren war das wegen der katastrophalen sanitären Bedingungen notwendig, da wir total verlaust waren mit Kleider- und Filzläusen. In Waldheim dagegen wurden wir regelmäßig alle vier Wochen kahlgeschoren, ohne daß eine Notwendigkeit dafür vorhanden gewesen wäre. Man tat es aus Gehässigkeit und um uns die Menschenwürde zu nehmen. Sie haben sogar die Frauen kahlscheren lassen, was in den Lagern nie getan wurde.«[8]

Um den 20. März 1950 erhielten alle Gefangenen das erstemal seit ihrer Internierung Gelegenheit, ihre Familien über den

Aufenthaltsort zu informieren. In den ersten vier bis fünf Jahren im Lager durften weder Briefe noch Karten an die Angehörigen geschickt werden, die demnach auch oft nicht wußten, wo der Verhaftete war und ob er überhaupt noch lebte. Der Text für die Postkarte aus der Strafvollzugsanstalt sah entsprechend der kontrollierten Vorgabe bei allen gleich aus. (Dok. 2/2) Jeder schrieb, daß er »gesund und munter« war, egal ob es stimmte oder nicht. Es wurde mitgeteilt, daß nun alle acht Wochen ein Brief geschrieben und empfangen werden durfte. Pakete und Besuche blieben verboten. Dennoch gab diese Möglichkeit der Kontaktaufnahme zur Familie, der Ehefrau oder dem Ehemann, den Eltern oder Geschwistern, vielen etwas neuen Lebensmut, auch wenn die Nachricht kaum eigene Worte enthielt.

Für die Insassen der Zellen flossen die Tage zähflüssig dahin. Vor allem in den überbelegten Einmannzellen mangelte es an Bewegungsmöglichkeiten. Die einzige Form der Beschäftigung bestand für die meisten darin, Gespräche mit den anderen Zellengenossen zu führen. Wer Interessantes aus seinem Beruf, zu Themen aus der Geschichte, Literatur usw. berichten konnte, fand wißbegierige Zuhörer. In den großen Aufenthaltssälen bildeten sich Diskussionsrunden und Vortragskreise. Angesichts der eingeengten Beschäftigungsmöglichkeiten erschien der erste »Rundgang« an der frischen Luft als willkommene Abwechslung. Aber auch diese Gelegenheit nutzten die Bewacher, um den Gefangenen zu zeigen, wofür man sie hielt. Helmut Klemke beschrieb das Ereignis folgendermaßen:

»Also hoch von den Plätzen und in Zweierreihe die Treppe nach unten, auf den Vorplatz des Schloßgebäudes und der Kirche.

Aber dann waren wir draußen – und uns fielen beinahe die Augen aus, so überrascht waren wir von dem ›Bild‹, das sich uns bot:

Entlang der Gebäudewand des Seitenflügels vom Schloßbau vor der Buche, die sich vor der Kirche befand, und auf der Mauer im ›Starkasten‹ standen die ›Volkspolizisten‹ dicht beieinander und hielten ihre ›Gewehre‹ im Arm, auf uns gerichtet, die wir nun unter diesem ›Peleton‹ unseren Rundgang machen mußten.

Und einige Posten hatten zur zusätzlichen Sicherheit auch noch scharfe Hunde an der Leine, deren Knurren auf uns nicht gerade aufmunternd wirkte. Was für ein Aufwand gegen uns!

Gegen zumeist verhungerte, abgehärmte Gestalten, die in der Mehrzahl froh waren, wenn sie sich selbst noch auf den Beinen halten konnten.«[9]

Außerhalb der Zuchthausmauern von Waldheim nahmen die Prozeßvorbereitungen weiter konkrete Formen an. Am 11. März 1950 fand eine Beratung zwischen Beauftragten des Justizministeriums in Berlin, vertreten durch Dr. W. Genz und Frau Kaiser, des Justizministeriums des Landes Sachsen, vertreten durch Dr. Grafe und Herrn Schaudt, sowie des MdI in Berlin, vertreten durch VP-Inspekteur K. Gertich, statt. Hier fiel die Entscheidung, daß auch das Justizhaftkrankenhaus in Waldheim zu räumen und der VP zu übergeben ist. Die 276 Insassen sollten nach Klein-Meusdorf verlegt werden. Mit dem Transport beauftragte man die VP. Die Räumung mußte bis zum 31. März erfolgen, da man in der Vollzugsanstalt zusätzliche Räume brauchte, um die Vernehmungen und die Verhandlungen durchzuführen sowie die VP-Angehörigen und die Justizangestellten unterzubringen.[10]

Am 31. März 1950 beorderte die HA HS der HVDVP durch Fernschreiben alle VP-Angehörigen nach Waldheim, die als Mitarbeiter des Untersuchungsorgans (U-Organ) vorgesehen waren. Bis spätestens 4. April hatten sie sich beim Leiter der Strafanstalt, VP-Oberrat S. Walke, zu melden.[11] Das betraf 41 Polizisten der verschiedenen VP-Dienststellen aus der ganzen DDR.

Zur gleichen Zeit begannen im ZS der SED die ersten Gespräche mit den Richtern und Staatsanwälten, die auf Vorschlag des MdJ für die nach Befehl Nr. 201 der SMAD zu bildenden Strafkammern[12] in Frage kamen. Mit der Durchführung beauftragte man im ZS der SED Chefinspekteur G. Röbelen, Abteilung zum Schutz des Volkseigentums, und A. Plenikowski, Abteilung staatliche Verwaltung. Mit einer Nominierung durften nur diejenigen rechnen, die als politisch zuverlässig galten und ihre Bereitschaft erkennen ließen, die von der Parteiführung vorgegebene Linie für die Prozesse durchzusetzen.

Bei den Richtern beschäftigte man sich mit 15 Kandidaten, die für einen Einsatz in Waldheim als brauchbar erschienen. Bei einigen hatten die Vertreter des ZS der SED dann auch ihre Bedenken, ob sie sich tatsächlich für diese Aufgabe eigneten, wie aus dem Kurzprotokoll der Gespräche hervorgeht. Über Heinz D., später Vorsitzender einer Großen Strafkammer, notierte man: »Bei D. macht sich der Hang zum Objektivismus bemerkbar. So erklärte er: ›Wenn Beweise nicht da sind, gebe ich die Sache zurück, bis die Staatsanwaltschaft die Beweise gefunden hat.‹ Andererseits brachte er in der weiteren Diskussion aber doch zum Ausdruck, dass seine Arbeit Ausübung einer ihm von der Partei übertragenen Funktion sei. Anweisungen der Partei betrachte er deshalb natürlich nicht als ein ›Eindringen in mein Recht‹, aber so schwerwiegende Anweisungen, wie sie vielleicht jetzt in Frage kommen, müssten doch begründet werden und er müsse dann eben die Begründung finden.«[13]

Vier der in die engere Wahl gekommenen Richter weigerten sich, nur auf Weisung der Partei Urteile zu sprechen. Zu ihnen gehörte Irmgard E. Über das Gespräch mit ihr ist im Protokoll registriert: »Auf die Frage des Genossen Röbelen, wie sie sich verhalten würde, wenn die Partei ihr eine Anweisung gebe bezüglich des Strafmasses, erklärte sie: ›Die Partei kann das doch gar nicht tun, das ist doch unmöglich.‹ Diese Auffassung vertrat sie bei einer weiteren Diskussion, wenn auch mit Einschränkungen.« Der Richter Paul S. erklärte auf eine ähnliche Frage: »Der Richter bin ich, nicht die Partei.«[14] Mit einer solchen Einstellung eigneten sie sich nicht für die anstehenden Prozesse. Das ZS der SED verzichtete auf ihre Mitwirkung, um Störungen für den schnellen und reibungslosen Ablauf der Aktion von vornherein auszuschalten.

Ähnliche Zweifel meldeten auch andere Richter vorsichtig

an, ohne letztendlich ihren Einsatz konsequent abzulehnen. Ihnen bescheinigten die Gesprächsführer nicht »genügend klare Parteiverbundenheit«, »ungenügendes Klassenbewußtsein« oder »Tendenz zum Objektivismus«. Die Ursachen für solche »verschwommenen politischen Positionen« sahen sie in der mangelnden politisch-ideologischen Schulung. Da für die Aktion entsprechende Führung durch die Partei als gesichert galt, stufte man diese »unsicheren« Kandidaten dann doch erst einmal als »brauchbar« ein.

In keinem Fall fanden sich in den Gesprächsprotokollen Hinweise darauf, ob und welche juristischen Fähigkeiten und Kenntnisse für die Auswahl eine Rolle spielten. Als entscheidendes Kriterium galt die Mitgliedschaft in der SED. Im Gegensatz zu den bis dahin in den Ländern gebildeten Strafkammern nach Befehl Nr. 201 der SMAD, in denen auch Richter und Staatsanwälte wirkten, die der CDU und der LDP angehörten oder parteilos waren, kamen in Waldheim nur linientreue Kommunisten zum Einsatz. Bei den meisten der vorgeschlagenen Richter gab es weder politische noch andere Vorbehalte. Sie selbst äußerten kaum irgendwelche Einwände gegen den bevorstehenden Einsatz und waren bereit, ihn im Auftrag der Partei zu erfüllen. Aber es hatte wohl auch niemand von ihnen zu diesem Zeitpunkt eine klare Vorstellung davon, worauf er sich einließ.

Bei einer Beratung im ZS der SED am 6. April 1950, zu der A. Plenikowski einlud, stand neben anderen Punkten die Bildung der Strafkammern in Waldheim auf der Tagesordnung. An ihr nahmen Vertreter des MdI und des MdJ teil. Unter ihnen K. Gertich, inzwischen zum VP-Inspekteur befördert und kommissarischer Leiter der HA HS im MdI, und Dr. H. Heinze, Hauptabteilungsleiterin der HA Rechtsprechung/Revision/Statistik im MdJ, die von den genannten Ministerien mit der Kontrolle der Vorbereitung und der Durchführung der Prozesse in Waldheim beauftragt waren. Die Teilnehmer der Beratung diskutierten zuerst die Frage, wer in Zukunft für den Strafvollzug der DDR verantwortlich sein soll, die VP oder die Justiz. Man einigte sich vorerst darauf, eine Entscheidung darüber zu vertagen und sie später dem Politbüro des ZV der SED zu überlassen.[15]

Im weiteren Verlauf dieser Besprechung ging es um den Stand der Bildung der Strafkammern in Waldheim. Die Bestätigungen der ersten Richter und Staatsanwälte durch das ZS der SED lagen vor. Diese sollten in acht Strafkammern und einem Revisionsgericht in Aktion treten. Ihre Berufung und Anleitung erfolgte, wie bereits festgelegt, durch das MdJ in Berlin. Aus den Notizen von K. Gertich ist ersichtlich, daß es in diesem Punkt Kompetenzstreitigkeiten zwischen den Justizministerien in Berlin und des Landes Sachsen gab. Um die Sache zu klären, beorderte der Abteilungsleiter des ZV, A. Plenikowski, den Minister der Justiz der DDR, M. Fechner, zu sich. Er bekam den Auftrag, den Justizminister in Sachsen, J. Dieckmann, unmißverständlich darauf hinzuweisen, wer tatsächlich für die zu bildenden Strafkammern beim Landgericht Chemnitz zuständig ist.[16]

Weiterhin machte man sich im Verlauf der Beratung Gedanken darüber, was geschehen müßte, wenn von den Richtern zu niedrige Strafen ausgesprochen würden, wie z. B. drei bis fünf Jahre. Könnte das Untersuchungsorgan dann eventuell das Verfahren einstellen, wenn der Betreffende schon so lange im Lager war? Entscheidungen zu diesen und anderen Fragen fielen an diesem Tage noch nicht. Mit dem Hinweis darauf, daß das U-Organ der VP schon mit seiner Tätigkeit in Waldheim begonnen hat, sollten nun ebenfalls die inzwischen im ZS der SED bestätigten 14 Richter und zehn Staatsanwälte so schnell wie möglich ihre Arbeit aufnehmen.[17] Der ursprünglich geplante Beginn der Verhandlungen für Mitte April war nach Ansicht der Beratungsteilnehmer kaum noch zu realisieren. Die ganze Aktion mußte deshalb unbedingt beschleunigt werden.

In der Strafvollzugsanstalt Waldheim trafen in den ersten Apriltagen die VP-Angehörigen des U-Organs ein, um mit der Arbeit zu beginnen.[18] Damit das geschehen konnte, galt es noch eine Reihe von Fragen zu klären und organisatorische Vorbereitungen zu treffen. Dazu gehörte, alle Häftlinge karteimäßig zu erfassen. Als Grundlage nutzte man die Angaben des sowjetischen Protokollauszuges, des Fragebogens und des Lebenslaufes. Alle Gefangenen bekamen auf dieser Karteikarte ihr spezielles Kennzeichen. Es bestand aus der Abkürzung der Ortsangabe Waldheim, der laufenden Aktennummer der Untersuchung, der Jahreszahl 1950, der Gefangenennummer und der Zahl 201 als Hinweis darauf, daß der entsprechende Befehl der SMAD die Grundlage für die Untersuchung und Aburteilung war. Es entstand das charakteristische Aktenzeichen für alle, die als Nichtverurteilte nach Waldheim gekommen waren und nun auf ihre Aburteilung warteten, die »Waldheimer 201er«, wie sie sich später selbst nannten.[19]

Zu den noch nicht entschiedenen Problemen gehörte, ob Ermittlungen durchgeführt werden sollten, um jedem seine persönliche Schuld nachzuweisen. Dies verband sich mit Überlegungen, daß dann ein schneller Abschluß der Aktion unmöglich schien. Schwierigkeiten mit der Justiz erwarteten die Verantwortlichen des U-Organs, wenn die Vorgänge ohne Ermittlungen nach einer persönlichen Schuld des einzelnen abgeschlossen würden. Nach ihren bisherigen Erfahrungen bei der Vorbereitung von Prozessen auf der Grundlage des Befehls Nr. 201 gaben sich manche Juristen nicht so einfach mit dem Kollektivschuldprinzip zufrieden. Weitere Schwierigkeiten befürchtete die Leitung des U-Organs für den Fall, daß für alle zu Verurteilenden eine entsprechend große Zahl von Verteidigern zum Einsatz kommen. Diese würden wahrscheinlich nicht alle so durch Festlegungen der SED-Führung oder der Regierung zu disziplinieren sein wie die Richter und Staatsanwälte. Zu klären blieb weiter, ob man die Verhandlungen öffentlich durchführen kann. Fest stand noch nicht, wie die Strafkammern zu benennen sind und wie der Angeklagte anzusprechen ist – Beschuldigter oder Angeschuldigter. Keinerlei Zweifel gab es allerdings darüber, daß sich die Untersuchungen und Gerichtsverfahren gegen gefährliche Verbrecher richten werden.[20]

Auf solche und andere Fragen galt es so schnell wie möglich Antworten zu finden. Dabei wurde den Verantwortlichen nach und nach klar, welche Art von Untersuchungen und Gerichtsverfahren bevorstanden. Man ging davon aus, daß es sich um gefährliche Nazi- und Kriegsverbrecher handeln mußte. Diese Einstufung bestimmte das weitere Geschehen. Zwar erschien eine Verurteilung auf der Grundlage eines persönlichen Schuldnachweises in den meisten Fällen von vornherein als äußerst zweifelhaft, aber das änderte nichts an der Tatsache, daß eine strenge Bestrafung auf jeden Fall erfolgen sollte. Deshalb einigten sich die Leiter der Aktion schnell darüber, die Öffentlichkeit bei den Verhandlungen auszuschließen. Auch der Einsatz von Verteidigern mußte verhindert werden, weil die Gefahr bestand, daß sie sich nicht so einfach durch die SED-Führung lenken ließen. Die Entscheidungen im Vorfeld der Prozesse trugen dazu bei, von vornherein den tatsächlichen Verlauf der Aktion zu verschleiern. Die Legende, daß die geplanten Prozesse zur konsequenten Abrechnung mit allen Verbrechern gehörten, die in der Zeit der nationalsozialistischen Herrschaft in Deutschland durch persönlich begangene Straftaten große Schuld auf sich geladen hatten, wäre unhaltbar gewesen, weil nur wenige tatsächlich in diese Kategorie gehörten.

Viele der anstehenden Probleme waren Gegenstand einer Besprechung des U-Organs Waldheim am 12. April 1950 unter Leitung von VP-Inspekteur K. Gertich. Daran nahmen teil VP-Rat H. Löhnig und VP-Oberkommissar K. Hoberg von der Landesbehörde (LB) der DVP Sachsen, der Leiter der Strafvollzugsanstalt, VP-Oberrat S. Walke, und sein Politkulturleiter (PK – Stellvertreter für politische Fragen), VP-Kommandeur Kalb, sowie Oberstaatsanwalt R. Krügelstein als verantwortlicher Vertreter der Staatsanwaltschaft. Entscheidungen traf man zu insgesamt 27 Punkten, auf die nicht im einzelnen eingegangen werden muß.[21]

Zu den wichtigsten Festlegungen gehörte z. B. der Ausschluß der Öffentlichkeit bei den Verhandlungen. Untersuchungen zu Einzelpersonen sollten nur in Ausnahmefällen erfolgen. Zur organisatorischen Absicherung standen ein PKW und eventuell zwei Kräder zur Verfügung. Bei all den Fällen, in denen ein persönlicher Schuldbeweis von vornherein für unmöglich gehalten wurde, galt es, das Kollektivschuldprinzip in aller Härte anzuwenden. Besuche von Angehörigen der Gefangenen ließ man nicht zu. Darüber hinaus entschieden die Beratungsteilnehmer weitere Einzelfragen zum Ablauf der bevorstehenden Untersuchungen, in deren Ergebnis dann die Anklageschrift zu erstellen war.[22]

Nach dem Kollektivschuldprinzip galt jeder Deutsche als schuldig und mitverantwortlich für die Nazi- und Kriegsverbrechen, der nicht von 1933 bis 1945 aktiv am Widerstandskampf teilgenommen hatte. Der unterschiedliche Grad der moralischen oder tatsächlichen Mitschuld der Mitläufer, Dulder oder Aktivisten an den im Namen Deutschlands begangenen Verbrechen wurde generell zur Straftat erklärt. Die Richtigkeit eines solchen Herangehens ließ sich sogar durch die entsprechende Interpretation von Direktiven und Gesetzen der Siegermächte belegen. Als besonders konsequent in dieser Beziehung erwiesen sich führende Vertreter der SED, was sich in den Festlegungen für die Waldheimer Prozesse widerspiegelt. Sie waren bereit, alle nach Waldheim Überstellten exemplarisch zu bestrafen, unabhängig davon, ob die betreffende Person wirklich kriminelle oder Kriegsverbrechen begangen hatte.

Am 13. April faßte VP-Inspekteur K. Gertich den Stand der Arbeit des U-Organs Waldheim in einem Aktenvermerk zusammen. Er notierte, daß es sich erst einmal aus 30 Sachbearbeitern und zehn Schreibkräften zusammensetzte. Als Leiter fungierte der schon genannte VP-Rat H. Löhnig. Zu seinen Stellvertretern machte man VP-Rat K. Beyer und VP-Oberkommissar K. Hoberg. Die Diensträume für das U-Organ standen bereit. Mit Dr. H. Heinze vom MdJ war der baldige Beginn der Arbeit der Strafkammern bereits am 11. April besprochen worden. Als möglichen Termin dafür hielt er in seinen Notizen den 2. Mai fest. Bis dahin konnten nach Ansicht Gertichs genügend Anklageschriften vorliegen. Die Verhandlungen sollten in einem Gebäude gegenüber der Anstalt stattfinden, in dem sich ebenfalls die Arbeitsräume des U-Organs befanden. Damit die bettlägerigen Kranken nicht zur Verhandlung über die Straße gebracht zu werden brauchten, waren geeignete Räume im Verwaltungsgebäude der Anstalt bereitzustellen.[23]

Über die Einweisung des U-Organs heißt es wörtlich im Aktenvermerk: »Dem versammelten U-Organ wurden von dem Unterzeichneten die ihnen gestellten Aufgaben kurz aufgezeigt und darauf hingewiesen, dass die früher schleppende Methode aus dem Verfahren 201 hier keinesfalls einreissen dürfe. Da die vorhandenen Unterlagen mitunter sehr dürftig sind, wurden die Versammelten darauf hingewiesen, dass eine gute Vernehmungstaktik für die Belastungen der Beschuldigten die beste Voraussetzung sei.«[24]

Am 13. April 1950 erhielt VP-Inspekteur K. Gertich einen Anruf von Chefinspekteur G. Röbelen aus dem ZS der SED. Dieser teilte ihm mit, daß W. Ulbricht, Stellvertretender Vorsitzender der SED, angewiesen habe, daß die Prozesse in den nächsten sechs Wochen »durchgezogen« werden müßten.[25] Offensichtlich ging es den Verantwortlichen in der Parteispitze viel zu schleppend mit dem Abschluß der Entnazifizierungskampagne voran, die seit dem Erlaß des Befehls Nr. 201 der SMAD im August 1947 lief.

Auch für die in den einzelnen Ländern der DDR noch laufenden Verfahren nach Befehl Nr. 201 der SMAD drängte man auf den Abschluß der Entnazifizierungsaktion. Entsprechend der Dienstanweisung 13/50 vom 17. Februar 1950 hätte die »Bearbeitung der Vorgänge bezüglich des Befehls 201« bis zum 15. März schon erledigt sein müssen. Es sollten nur noch die wichtigsten Fäle bearbeitet werden. Alle anderen waren lediglich noch zu registrieren und zur Ablage zu bringen. Diese Vorgabe konnte nicht realisiert werden, was die Verantwortlichen in der SED-Führung, in der VP und in der Justiz dazu veranlaßte, wenigstens in Waldheim keine weiteren zeitlichen Verzögerungen zuzulassen.[26]

Im Vorfeld des III. Parteitages der SED im Juli und der Volkskammerwahlen im Herbst 1950 wollte die SED-Führung alle Möglichkeiten nutzen, um die Bevölkerung der DDR auf die

Ziele der SED einzustimmen und sie dafür zu gewinnen. In die weitere gesellschaftliche Entwicklung sollten nun selbst solche Personen stärker einbezogen werden, die sich in der Zeit der nationalsozialistischen Herrschaft aus den unterschiedlichsten Gründen mit dem Regime liiert und es durch ihr politisches Engagement, ihre berufliche Tätigkeit oder ihre abwartende Haltung mehr oder weniger unterstützt hatten. Ihnen wollte man zu verstehen geben, daß sie von der neuen Macht nichts mehr befürchten mußten. Es galt ein Signal zu setzen, das den ehemaligen Mitläufern und nominellen Mitgliedern der NSDAP zu verstehen gab, daß weitere Verfolgungen und Anschuldigungen auf der Grundlage des Befehls 201 von der Staatsmacht nicht zu befürchten waren. Daß es dann in der Realität doch anders aussah und dieser Befehl für die Ausschaltung politischer Gegner weiterhin eine wichtige Rolle spielte, kann hier nur erwähnt werden.[27]

Eine großangelegte öffentliche Prozeßserie gegen Nazi- und Kriegsverbrecher, die es in der Mehrzahl noch nicht einmal waren, konnte man in dieser politischen Situation nicht brauchen. Das hätte insbesondere diejenigen abgeschreckt, um deren Gunst die SED-Führung im Interesse einer möglichst breiten Unterstützung ihrer Politik gerade warb. Auch mußten die führenden Leute in der SED damit rechnen, daß eine undifferenzierte und pauschale Massenaburteilung der bis dahin ohne Urteil in den sowjetischen Lagern festgehaltenen Personen bei einem großen Teil der Bevölkerung auf Unverständnis und Ablehnung stoßen würde. Und nicht zuletzt fürchtete man die Kritik der internationalen Öffentlichkeit, der sich die DDR als konsequenter antifaschistisch-demokratischer Staat im Osten Deutschlands präsentierte.

Dazu kam, daß zur gleichen Zeit in Berlin ein Prozeß gegen 57 ehemalige SA-Männer in Vorbereitung war. Hier stand fest, daß Personen auf die Anklagebank des Landgerichts Berlin kamen, die Straftaten begangen hatten. Ihnen konnte die aktive Beteiligung an der Köpenicker Blutwoche vom Juni 1933 nachgewiesen werden, bei der Nazigegner verschleppt, gefoltert und ermordet worden sind. Die gerechtfertigte strenge

Bestrafung der Täter von Köpenick, die dann am 19. Juni 1950 erfolgte, hätte wohl bei einem möglichen Vergleich mit den Bestrafungen der in Waldheim Verurteilten viele Fragen in der Bevölkerung und den Medien provoziert. Offensichtlich erkannten die führenden Leute in der SED, daß die gleiche Öffentlichkeit wie für die Verhandlung gegen die Täter von Köpenick nicht für die Waldheimer Prozesse in Frage kam.

Angesichts dieser Situation erklärt sich das Bemühen der Verantwortlichen, schnell und ohne großes Aufsehen zu handeln. Daß dies nicht ohne weiteres ging, zeigte der weitere Gang der Ereignisse. Vorerst richteten sich alle Bemühungen darauf, der Anordnung W. Ulbrichts nachzukommen. Bei VP-Inspekteur K. Gertich war die Sache in den richtigen Händen. Er setzte sich sofort mit Dr. H. Heinze aus dem Justizministerium in Verbindung, damit die Strafkammern nicht erst am 2. Mai mit ihrer Tätigkeit begännen. Um die notwendigen Schritte in die Wege zu leiten, verabredeten sich die drei zuständigen Vertreter der SED, des MdI und des MdJ für den 18. April zu einem Treffen in Waldheim.[28]

Der Leiter des U-Organs Waldheim sah sich nicht in der Lage, ohne personelle Verstärkung die Aufgabenstellung durch den ZV der SED zu realisieren. Er forderte weitere VP-Angehörige an, die über Erfahrungen bei der Durchführung des Befehls 201 verfügten.[29] Daraufhin beorderte man etwa 20 Mitarbeiter der K aus Sachsen und Thüringen zusätzlich nach Waldheim. Alle bis zum 18. April angekommenen Polizisten, Richter, Staatsanwälte und technischen Kräfte versammelten sich am nächsten Tag in der Kirche des Zuchthauses. Dort begrüßte Chefinspekteur G. Röbelen die Anwesenden im Namen des ZS der SED und übermittelte die besonderen Grüße von W. Ulbricht. »Jeder von uns war überzeugt«, schrieb E. Reisler, Referent im MdJ und rechte Hand von H. Heinze in Waldheim, später in einem Bericht, »daß diese vom Genossen Röbelen ausgegebene Linie von den höchsten Partei- und Regierungsstellen beschlossen war.«[30]

Wie die »Linie« aussah, geht aus einem Protokoll hervor, das der Leiter des U-Organs über diese Einweisung anfertigte.

Röbelen unterstrich einleitend, daß die Anwesenden ihren Einsatz in Waldheim als politische Aufgabe zu verstehen hätten. Formaljuristische Bedenken sollten keinen Einfluß haben. Und damit es keine Mißverständnisse gab, erteilte er klare Anweisungen für die bevorstehende Arbeit: »Die Urteile müssen gerecht, jedoch hart sein. Sie dürfen keinesfalls niedriger ausfallen als die Urteile, die unsere Freunde bei gleichen Tatbeständen ausgeworfen haben. Es gilt, die Menschen, die von unseren Freunden bisher festgehalten wurden, auch weiterhin in Haft zu behalten, da sie unbedingte Feinde unseres Aufbaues sind. Würden die noch in Haft befindlichen, den deutschen Behörden zur Aburteilung übergebenen Menschen von unseren Freunden nicht als Feinde angesehen, wären sie mit entlassen worden. Es gilt also, sie unter allen Umständen hoch zu verurteilen.«[31]

Um auszuschließen, daß sie doch jemand fragen könnte, wie das zu begründen und zu beweisen sei, führte G. Röbelen weiter aus: »Dabei darf keine Rücksicht genommen werden, welches Material vorhanden ist, sondern man muß die zu verurteilende Person ansehen. Urteile unter 10 Jahren dürfen nicht gefällt werden, wobei es heute unwichtig ist, ob diese Strafen auch verbüßt werden. Formale Gesichtspunkte dürfen dabei keine Rolle spielen. Wichtig ist, daß infolge der bevorstehenden Wahlen der gestellte Termin von 6 Wochen unbedingt eingehalten wird. Um diese Arbeit durchzuführen, darf es keinesfalls zu einer Trennung zwischen Justiz und Polizeiorganen kommen. Die Aufgabe, die beiden Teilen gemeinsam gestellt wurde, muß auch gemeinsam durchgeführt werden.«[32]

Bei einigen der anwesenden Richter und Staatsanwälte gab es dennoch Zweifel an der vorgesehenen Verfahrensweise, aber letztendlich waren sie bereit, sich an die gegebenen Richtlinien zu halten. Um so schnell wie möglich mit den Prozessen beginnen zu können, unterstützten sie erst einmal die Mitarbeiter des U-Organs bei der Erstellung von Anklageschriften. Dabei legte man besonderen Wert darauf, daß sie einfach und kurz abgefaßt wurden, um möglichst schnell voranzukommen.

Um überhaupt Anklagen formulieren zu können, brauchte man wenigstens für jeden einige konkrete Anhaltspunkte. Im Bemühen darum, diese zu finden, sahen sich die Mitarbeiter des U-Organs mit der Tatsache konfrontiert, daß kaum einem der übernommenen Gefangenen konkrete persönlich begangene Straftaten aus der Zeit zwischen 1933 und 1945 nachzuweisen waren. Also hielt man sich an die Festlegung, bei jedem in der Vernehmung unbedingt etwas zu finden, was sich für die Anklageschrift verwenden ließ. Als Ansatzpunkt für die »Vernehmung zur Person und Sache« verfügten die Angehörigen des U-Organs in den meisten Fällen lediglich über die dürftigen Angaben aus dem sogenannten sowjetischen Protokollauszug.

Vermerkt waren darin in der Regel die Parteizugehörigkeit und die Tätigkeit des Beschuldigten während der Herrschaft der NSDAP in Deutschland. Manchmal gab es zugleich Hinweise darauf, welches Vergehen oder welche Straftat man dem einzelnen zur Last legte. Wo das zutraf, reichte es den Besatzungsorganen offensichtlich dann doch nicht zu einer Verurteilung durch ein sowjetisches Militärtribunal, wie sie es sonst in Tausenden anderen Fällen praktiziert hatten. Viele Anschuldigungen konnten nicht mehr nachgeprüft werden, schienen von vornherein unsinnig oder verleumderisch. Trotzdem behielten die Besatzungsmacht die betreffenden Personen weiter in Haft. Sie waren erst einmal verdächtig, und Hinweise oder Beweise für eine Tat konnten sich noch finden.

Nichts deutete in den von der sowjetischen Seite übergebenen Angaben darauf hin, daß Untersuchungen zu den Anschuldigungen stattgefunden hätten. Was sollte da die Vernehmung in Waldheim an neuen Erkenntnissen oder Beweisen für eine Straftat bringen, die von den meisten Inhaftierten niemals begangen worden war? Wie sollte man in den Fällen verfahren, bei denen es einen Hinweis auf eine strafbare Handlung gab, ohne daß jedoch die notwendigen Beweise vorlagen?

In der Leitung des U-Organs setzte sich schnell die Auffassung durch, daß gründliche Ermittlungen vor Ort zu allen 3442 übernommenen Gefangenen in der zur Verfügung stehenden Zeit nicht möglich seien. Schließlich ging es nicht darum, Schuld oder Unschuld zu beweisen, sondern darum, die Verurteilung vorzubereiten. Dazu genügten Anklageschriften und Gerichte, die sie ohne große Vorbehalte als Grundlage für ein Urteil akzeptierten. Dafür bot die sorgfältige Auswahl der mit der Vorbereitung und Durchführung der Prozesse in Waldheim beauftragten Personen die erforderliche Gewähr.

Die Arbeit des U-Organs konzentrierte sich auf das Erstellen der Anklageschriften. Als erster und wichtigster Anhaltspunkt diente dazu der erwähnte kurze Auszug aus den sowjetischen Unterlagen. In der Untersuchungsakte des Gendarmeriemeisters Paul Müller stand z. B. als Sachverhalt: »M. war seit 1933 Mitglied der NSDAP und führte aktiv die Politik der Partei durch. Von 1920 bis 1945 arbeitete er in der Gendarmerie im Range eines Meisters. Durch Beauftragung der Gestapo führte er Inhaftierungen und Haussuchungen durch, wobei die Willkür zugelassen wurde, dass M. 1944 2 Polen erschoss, nur weil sie seine Befehle nicht ausführten.«[33] Bei der Vernehmung stellte sich in diesem Fall heraus, daß Müller tatsächlich im November 1944 bei der Ausübung seines Dienstes einen Fremdarbeiter erschossen hatte. In der Sache selbst gab es keine weiteren Untersuchungen, obwohl der Ort des Geschehens in diesem Fall nur wenige Kilometer von Waldheim entfernt lag. Man verfügte über genügend Material, um eine Anklageschrift aufzusetzen. (Dok. 2/3)

Der sowjetische Protokollauszug galt als durch nichts zu widerlegende Tatsache und diente immer als »Hauptstütze« der Anklage. Zwei weitere Beispiele sollen noch zitiert werden. Bei zwei Staatsanwälten standen als Sachverhalt folgende Bemerkungen in der Akte: »H. war aktives Mitglied der Nazipartei und verantwortlicher Angestellter von Gerichtsorganen des faschistischen Deutschlands, er hatte die Stellung eines Generalstaatsanwaltes von Sachsen inne und kontrollierte das Gerichtssystem der Provinz.«[34] »Seit 1939 bis 1945, als Jourist (Fehler im Original; der Verfasser) bei der Staatsanwaltschaft in Dresden.«[35] Auch in diesen Fällen gab es, wie in der Mehrzahl der Untersuchungen, keine Ermittlungen vor Ort. Man gab sich für die Anklageerhebung mit dem zufrieden, was im sowjetischen Protokollauszug stand und was sich in der Vernehmung ergab. Ohne hier auf Einzelheiten der genannten Beispiele eingehen zu können, was den tatsächlichen Grad der Schuld dieser Personen betrifft, kann erst einmal festgehalten werden, daß diese sehr allgemeinen Anschuldigungen ausreichten als Hauptanklagepunkte für die Todesstrafe.

Daß dieses oberflächliche Vorgehen in der Arbeit des U-Organs kein Ausrutscher oder keine Ausnahme war, läßt sich aus den Archivmaterialien eindeutig belegen und mit Aussagen ehemaliger Waldheimer illustrieren. Fritz Göhler (im Februar 1946 verhaftet und als Polizeioffizier zu 20 Jahren Zuchthaus verurteilt), der stellvertretend für viele zu Wort kommen soll, schrieb dazu unmittelbar nach seiner Entlassung 1956:

»In meiner ›Urkunde‹ stand, ich sei nach dem Balkan gegangen und hätte dort ein motorisiertes Panzerregiment aufgestellt. Die Volkspolizei hatte die Aufgabe, das unsinnige sowjetische Dokument zu erhärten und gerichtsfähig zu machen. Ein Vopo-Kommissar verhörte mich. Er versuchte, mir Geständnisse zu entlocken. Als ich sagte, ich sei mir keiner Schuld bewußt, drohte er mir damit, er werde mich eine Nacht in der Vernehmungszelle einsperren, um mir Zeit zum Überlegen zu geben. Ich erklärte, seine Drohung schrecke mich nicht. Wenn er wüßte, unter welchen Verhältnissen ich die mehr als vier Jahre in sowjetischen Lagern verbracht hatte, würde er verstehen, daß ich es nur freudig begrüßen würde, eine Nacht allein und warm in einer Zelle zu liegen. Den Hinweis, ich hätte keinen Strohsack, lehnte ich mit dem Bemerken ab, daß ich diesen Luxus jahrelang nicht gekannt hätte. Da war er hilflos und sagte: ›Sie müssen mir doch endlich etwas erzählen, damit ich was schreiben kann.‹ Ich ließ ihn weiter fragen. Er hielt mir vor, ich hätte doch den Eid auf Adolf Hitler geleistet, obwohl ich früher auf die Weimarer Verfassung vereidigt gewesen sei. Damit hätte ich das nationalsozialistische System wesentlich unterstützt. Wenn das seine Auffassung sei, könnte ich nichts daran ändern. Nun hatte er endlich einen Anklagepunkt, den er niederschrieb. Wieviel Jugoslawen ich erschossen hätte? Ich sagte: ›Mit eigenem Bewußtsein keinen.‹ Ob ich Befehle zum Schießen gegeben hätte? Ich sagte, daß im Kriege geschossen wird. Ich hätte Angriffsbefehle gegeben, und beim Angriff sei natürlich geschossen worden. Wo das gewesen wäre? Ich nannte eine Stadt in Mittelserbien. Nun hatte er den zweiten Anklagepunkt und war zufrieden. Da er wahrscheinlich den Auftrag hatte, zwei Delikte zu finden, hatte er sein Soll erfüllt.«[36]

Über die Art der Vernehmung notierte Helmut Klemke in seinen Erinnerungen: »Die sogenannte Vernehmung fand im alten Zellenhaus statt, in den Einzelzellen. Vorn, neben der Eingangstür stand ein Holzschemel, auf dem der zu Vernehmende saß; hinten in der Fensterecke standen ein Schreibtisch und ein Lehnstuhl für den Vernehmer. Ich wurde durch einen Wachtmeister in die Zelle gebracht und mußte, auf dem lehnenlosen Hocker sitzend, sehr lange auf den Vernehmer warten, hatte mich deshalb aus Bequemlichkeitsgründen so gesetzt, daß ich die Arme über der Brust gekreuzt hielt. Das aber nahm der hereinkommende Vernehmer zum Anlaß, mich als unverbesserlichen Nazi, als Herrenmenschen zu bezeichnen, der durch seine Haltung diese Hochmütigkeit bewies. Eine eigentliche Vernehmung fand kaum statt, denn seine aus diesen Vorwürfen weiterführenden Anschuldigungen, ich hätte Kriegshetze und Propaganda gegen die russischen Befreier getrieben, lehnte ich ab.«[37]

Willy Mattiaschk erinnerte sich folgendermaßen an seine Vernehmung: »Ich wurde in Waldheim zweimal von einem VP-Meister Rehnert vernommen, der mir ein sowjetisches Übergabeprotokoll vorlas, nach dem ich zwei sowjetische Fallschirmjägerinnen erschossen haben soll. Diesen Vorwurf hörte ich zum erstenmal. Ich sagte dies auch dem Vernehmenden, der bei der zweiten Vernehmung bereits Unterkommissar war. Ich hatte in meinem Leben keine sowjetischen Fallschirmspringerinnen gesehen. Trotzdem lautete meine Anklageschrift darauf.«[38]

Die Protokolle der Vernehmungen zur Person und zur Sache wurden wichtige Bestandteile der Untersuchungs- und Gerichtsakten, die man nun von jedem anlegte, dem der Prozeß gemacht werden sollte. Um die zeitlichen Vorgaben aus dem ZS der SED einhalten zu können, erfolgte im Verlauf des Monats April 1950 eine weitere personelle Verstärkung des U-Organs in Waldheim. Sehr schnell erkannten die Verantwortlichen für die Aktion, daß mit den ursprünglich vorgesehenen etwa 40 VP-Angehörigen ein zügiger Verlauf der Vernehmungen und der Erstellung der Anklageschriften nicht zu realisieren war.

Aus dem Einsatzbefehl für das U-Organ vom 21. April 1950 ging hervor, daß es personelle Veränderungen in der Leitung des Organs gegeben hatte. An der Spitze standen nun nicht mehr Polizeioffiziere aus der LBDVP Sachsen. Als neuen Leiter setzte man VP-Inspekteur K. Mellmann, stellvertretenden Hauptabteilungsleiter K in der HVDVP, ein. Bei dessen Abwesenheit und als Vertretung lag die Führung in den Händen von VP-Inspekteur H. Marquardt aus der HA HS der HVDVP.[39] Damit sollte offensichtlich auch durch die personelle Besetzung betont werden, daß für die Vorbereitung und Durchführung der Waldheimer Prozesse die zentralen Organe in Berlin zuständig waren und nicht die des Landes Sachsen.

Mit Wirkung vom 24. April 1950 bestand das U-Organ aus 159 Mann. 97 von ihnen, 89 Hörer und acht Lehrer, kamen aus der VP-Schule für Kriminalistik in Arnsdorf.[40] Nach ihrem Eintreffen am 23. April erfolgte am Tag darauf gleich die Einweisung in die bevorstehenden Aufgaben durch VP-Inspekteur K. Mellmann im Speiseraum der Strafanstalt. Um den Einsatz und die Tätigkeit der VP-Schüler vorzubereiten, hatte noch an der Schule ein kurzer Spezialunterricht stattgefunden.[41] Er diente dazu, wie dann ähnliche Veranstaltungen in Waldheim, die VP-Schüler darauf einzustimmen, daß sie es mit gefährlichen Nazi- und Kriegsverbrechern zu tun haben, für die es keine mildernden Umstände geben dürfe.

Neben Hinweisen für die praktische Tätigkeit und den organisatorischen Ablauf ging es in diesen Schulungen vor allem um die »politische und ideologische Stählung« und die »Festigung des Klassen- und Staatsbewußtseins«. Dazu verlas man z. B. Abschiedsbriefe von antifaschistischen Widerstandskämpfern, die während der Herrschaftszeit der Nationalsozialisten hingerichtet worden waren. Auch geeignete Dokumentarfilme wurden gezeigt, um den Teilnehmern immer wieder bewußtzumachen, hier hat man es mit Verbrechern zu tun, die zu verurteilen sind.[42] Ab 2. Mai 1950 mußten sogar die Schöffen und die Angestellten der Justiz an solchen Veranstaltungen teilnehmen.

Warum die Leitung in Waldheim das für notwendig erachtete, geht aus dem bereits einmal zitierten Bericht von E. Reisler hervor: »Schon bei der Anklagefertigung stellte sich heraus, daß mit dem wenigen vorliegenden Beweismaterial, das in einem sogenannten Protokoll von den sowjetischen Organen übergeben war, die Prozesse nicht ordentlich durchgeführt werden konnten. Tausende von Vernehmungen waren erforderlich. Als die Häftlinge bei diesen Vernehmungen zum ersten Mal mit deutschen Genossen der VP oder der Staatsanwaltschaft in Berührung kamen, machten viele von ihnen geltend, daß sie seinerzeit das Protokoll bei den sowjetischen Organen nur unter dem Druck von Prügeln und anderen Mißhandlungen abgegeben hätten. Nach wenigen Tagen Tätigkeit der Gerichte machte sich in zunehmendem Maße bei den vernehmenden Polizeiangehörigen, noch mehr bei Richtern und Staatsanwälten eine defaitistische Stimmung bemerkbar.«[43]

Aber erst einmal begann im April 1950 das U-Organ mit seiner Tätigkeit, nachdem die politische Linie der Aktion gegeben und die personellen sowie materiellen Vorbereitungen im wesentlichen abgeschlossen waren. Dazu gehörte die Bereitstellung von 58 Räumen für die Vernehmer sowie von Unterkunftsräumen für die VP-Angehörigen in der Landeshaftkrankenanstalt Waldheim, dem Polizeirevier und in der Villa des Anstaltsleiters. Selbst die Schreibmaschinen, die Schreibmaschinentische, 60 000 Blatt Papier, 7500 Halbhefter, 150 Leitz-Ordner sowie diverses anderes Büromaterial lagen bereit.[44]

Die Einsatzanordnung regelte die Arbeit. Unter Führung der Leitung nahmen drei Arbeitsgruppen ihre Tätigkeit auf.

Neben den bereits genannten Personen bestand die Leitung noch aus sechs Mitarbeitern, die für den organisierten Ablauf und die zentrale Registratur aller anfallenden Protokolle und Akten sorgten. Weitere fünf VP-Angehörige fungierten als Kontrollgruppe. Sie unterstützten die Anfertigung der Anklagen, legten gegebenenfalls entsprechend den Unterlagen den Tatbestand für die Anklageschrift fest und überprüften sie vor der Abgabe an die Justiz. Die eigentlichen Aufgaben des U-Organs erledigten drei Arbeitsgruppen mit jeweils 47 Mitarbeitern. Neben dem Leiter gab es den Verantwortlichen für die Registrierung aller ein- und ausgehenden Vorgänge. Alle anderen wurden wiederum drei speziellen Arbeitsbereichen zugeteilt.

Mit der Erstellung der Anklageschriften beschäftigten sich 15 VP-Angehörige. Zu ihren Aufgaben gehörte die Durchsicht, Beurteilung und Auswertung der vorliegenden Ermittlungsunterlagen. Im Ergebnis dessen entstanden dann die Anklageschriften. Die Vernehmungen führten weitere 15 Mitarbeiter der Arbeitsgruppe durch. Dazu kamen noch 15 Kräfte, die die Schreibarbeiten erledigten, angefangen von den Abschriften der Protokollauszüge, Lebensläufe und Fragebogen bis hin zu den Protokollen der Vernehmungen sowie der Anklageschriften selbst. Bis spätestens zum 21. Mai 1950 sollten alle Anklageschriften an die Organe der Justiz übergeben werden.[45]

Vorerst lief aber die Arbeit des U-Organs ziemlich schleppend an. In ihrem ersten »Tätigkeits- und Erfahrungsbericht« informierte die Leitung die zuständige Abteilung des PV der SED und ihre Vorgesetzten in der HVDVP darüber, daß am 28. April 1950 erst 205 Anklageschriften vorlagen.[46] Mit diesem Tempo waren die rund 3400 »normalen deutschen Ermittlungsverfahren« in den für die Untersuchungen vorgesehenen vier Wochen nicht zu schaffen. Deshalb sah man vor, ab 2. Mai täglich etwa 150 Anklageschriften fertigzustellen.

Im Verlauf der Zeit bekamen die Mitarbeiter des U-Organs die dafür erforderliche Routine. Für die einfachen Fälle brauchte man nicht mehr als ein bis zwei Tage von der Vernehmung zur Sache und zur Person bis zur Ausfertigung der Anklage, die dann die Staatsanwaltschaft bekam. In der über diesen Vorgang angelegten Kartei zur Arbeit des U-Organs vermerkte man z. B. bei Ernst Z., W/2930/50/711/201, daß am 16. Mai die Untersuchung eingeleitet wurde. Am 17. Mai erfolgte die Übergabe der Ergebnisse an die Staatsanwaltschaft. Als ermittelter Sachverhalt ist festgehalten: »Z. hat sich als überzeugter Anhänger der nationals. Gewaltherrschaft offen bekannt und der nationals. Gewaltherrschaft ausserordentliche politische Unterstützung gewährt.« Das reichte aus für eine Einstufung als Hauptverbrecher gemäß KD 38, Abschn. II, Art. II, Ziff. 6 und Abschn. II, Art. III A I, Ziff. 3, in Verbindung mit dem KG 10, Art. II, Ziff. 1b, 1c, 2b–e.[47] Konkrete Straftaten konnte man ihm nicht zur Last legen.[48]

Das war kein Einzelfall und kein Versehen. Auch wenn vom Beginn der Untersuchung bis zur Abgabe der Anklageschrift an die Staatsanwaltschaft mehrere Tage vergingen, so hieß das nicht, daß gründlichere Ermittlungen stattgefunden hätten. Die längere Bearbeitungszeit ergab sich aus dem organisatorischen Arbeitsablauf in den einzelnen Gruppen. In den Fällen, wo man leicht etwas fand, was für die Anklage brauchbar war, schloß man die Untersuchung so schnell wie möglich ab. Es kam manchmal vor, daß weitere Vernehmungen erfolgen mußten, um belastende Aussagen zu erfragen oder nach und nach zu konstruieren. Durch die Forcierung der Arbeit des U-Organs gab es zunehmend Probleme bei der Bewältigung der anfallenden Schreibarbeiten.

Selbst bei Ermittlungsverfahren, bei denen auf der Grundlage der Anklage in den Strafkammern die Todesstrafe gefordert werden konnte, gingen die VP-Angehörigen nicht gründlicher vor. Von den 26 Todesurteilen, die nach Abschluß der Verfahren vollstreckt werden sollten, begnügte man sich in 17 Fällen ebenfalls mit Ermittlungen, die in ein bis zwei Tagen abgeschlossen waren.[49]

Exemplarisch für diese Art der Ermittlungen war der Fall des Lebensmittelhändlers Kuno Schneider. In seinem Protokollauszug war vermerkt, er habe 1944 drei deutsche Kommunisten der Gestapo gemeldet. In seiner Vernehmung am 5. Mai sagte er dazu aus: »Ich ging zu dem Buchdruckereibesitzer M. in einer geschäftlichen Angelegenheit. Nachdem wir den geschäftlichen Teil erledigt hatten, bot mir selbiger Lebensmittelmarken an. Ich ging ohne zu antworten nach Hause. Am gleichen Tag kam M. noch zweimal zu mir auf mein Grundstück mit dem Angebot, ihm Stammabschnitte zu liefern. Diese wollte er dann auf der Rückseite mit Lebensmittelmarken bedrucken und an mich zurückgeben. Ich lehnte dieses Angebot ab, doch ging ich anderentags zum Oberbürgermeister und stellte ihm die Sache vor.«[50]

Daraufhin untersuchte die Polizei die Angelegenheit, und drei Personen kamen vor Gericht. Zwei von ihnen erhielten die Todesstrafe, die man auch vollstreckte. Als zusätzliche Belastung wirkte sich für Kuno Schneider aus, daß er Mitglied der NSDAP gewesen war und die von ihm angezeigten Personen vor 1933 der KPD angehörten. Ohne nachträglich das Verhalten von Kuno Schneider werten zu wollen, muß festgestellt werden, daß in den Ermittlungen Fragen nach den Handlungsmotiven keine Rolle spielten. Mit welcher Strafe mußte er rechnen als Mitwisser von Lebensmittelkartenfälschung? Woher sollte er wissen, daß sie vielleicht für illegal lebende Kommunisten bestimmt waren?

Es war nicht vorgesehen, daß ein Vernehmer solchen oder anderen Fragen nachging. Seine Aufgabe bestand darin, Fakten oder Anhaltspunkte für die Anklageschrift zu finden. Bei der Einweisung in seine Tätigkeit in Waldheim hatte es keine Rolle gespielt, daß es entlastende Momente geben könnte bei der Beurteilung eines schuldhaften Verhaltens oder daß jemand sogar unschuldig sein könnte. Im Ergebnis seiner Vernehmungen sollte die Schuld von Nazi- und Kriegsverbrechern bestätigt werden und nichts anderes.

In der Anklageschrift von Kuno Schneider vom 6. Mai hieß es dann entsprechend: »Im Jahre 1944, wo es allgemein bekannt war, das von den Sondergerichten die schwersten Strafen verhängt wurden, musste es auch dem Beschuldigten bekannt sein, welche Strafen die damaligen Angeklagten zu erwarten hatten. Wenn er trotzdem seine Aussagen vor dem SS-Gericht wiederholte, so bezeugte er damit, dass er die harte Bestrafung seiner politischen Gegner gewollt hat. Durch die Verurteilung der drei Kommunisten wurden Verbrechen gegen die Menschlichkeit begangen, zu welchen der Beschuldigte durch seine Denunziation und Aussage Beihilfe geleistet hat.«[51] Als einzige Beweismittel für eine Anklage als Hauptverbrecher lagen vor das »Geständnis des Beschuldigten« und der »Auszug vom 22.7.1946 als Urkunde für die Zusammenfassung der bisherigen Aussagen des Beschuldigten und das Ergebnis der Ermittlungen«. (Dok. 2/4) Ein weiteres Beispiel für diese oberflächlichen Ermittlungen kann für den Fall Heinrich Koplewitz im Dokumententeil nachgelesen werden. (Dok. 2/5, s. auch Dok. 2/3)

Im fünften Tätigkeitsbericht des U-Organs vom 17. Mai stellte die Leitung fest, daß nun alles lief. Am 16. Mai gelang es, 236 Anklageschriften fertigzustellen, und am 17. Mai schaffte man 265.[52] Wie das möglich geworden war, verrät der Bericht auch: »Die Arbeitsgruppen befinden sich im Wettbewerb, wobei nicht nur die zahlenmäßige Erstellung, sondern die qualitative Bewertung der Anklageschrift im Vordergrund steht.« Man konnte zufrieden sein. »Neben den zu verzeichnenden Höchstleistungen in zahlenmäßiger und qualitativer Hinsicht verdient der Eifer und die Einsatzfreudigkeit sämtlicher Angehöriger des kriminalpolizeilichen Untersuchungsorgans besonders hervorgehoben zu werden.«[53] »Innerbetrieblicher Wettbewerb« und ständiger Leistungsdruck trugen dazu bei, die Vernehmungen und das Anfertigen der Anklageschriften termingerecht abzuschließen.

Ausnahmen von der üblichen, unter Zeitdruck recht oberflächlichen Arbeitsweise des U-Organs gab es nur für die Fälle, in denen ein öffentliches Gerichtsverfahren durchgeführt werden sollte. Diese fanden im Juni 1950 statt, und es wird an anderer Stelle darauf einzugehen sein. Für diese zehn Verfahren stellte man gründlichere Ermittlungen an, um die Anklagepunkte mit Fakten und Zeugenaussagen zu belegen.

Im sechsten Tätigkeits- und Erfahrungsbericht vom 20. Mai stellten dessen Verfasser nüchtern fest, daß bis zum Vortag 3109 Anklageschriften vorlagen. 125 Häftlinge mußten als vernehmungs- und verhandlungsunfähig eingestuft werden. Der Leiter der Abteilung Gesundheitswesen bei der LBDVP Sachsen hatte bei 52 Häftlingen gefährliche ansteckende Krankheiten und bei 73 Personen anderweitige schwere Erkrankungen diagnostiziert. Ihre Vernehmung und eine Verhandlung konnten damit vorerst nicht stattfinden. Über ihr Schicksal wird an anderer Stelle ausführlicher berichtet. Bis zum 21. Mai waren noch 183 Anklagen zu erstellen. Über diesen Termin hinaus erfolgten nur noch einige Nachermittlungen in Einzelfällen sowie für die erwähnten öffentlichen Verfahren.[54]

Die Angehörigen der VP-Schule für Kriminalistik in Arnsdorf beendeten ihren Einsatz in Waldheim am 22. Mai um 14.00 Uhr. Für sie war gemäß dem Befehl des Chefs der DVP ab 23. Mai ein Sondereinsatz beim Deutschlandtreffen der Freien Deutschen Jugend in Berlin vorgesehen. Der Abgang der VP-Schüler wirbelte in der Strafanstalt noch einigen Staub auf, da sie ihre Unterkünfte in einem äußerst schmutzigen Zustand hinterlassen hatten. »Schmutz, Papier, Essteller mit und ohne Speisereste, Kaffeetassen, Brot (Weiss- und Schwarzbrot) in großen Mengen, ganze Laibe, halbe und in Stücken, zum Teil mit Butter, Wurst oder Marmelade bestrichen, vertrocknet und verschimmelt (auch frisches Brot), Kuchen, Butter, Wurst, Speck, Marmelade, Käse, Mehl in Tüten, Traubenzucker, halbvolle Parfümflaschen und dergleichen mehr lag in den Unterkunftszellen unter den Betten und in den Schränken herum.«[55] Diese Dinge wären nicht erwähnenswert, wenn nicht zur gleichen Zeit die Häftlinge solche Eßwaren hätten entbehren müssen.

Nach dem Abzug der VP-Schüler erfolgten die ersten Rückversetzungen anderer Angehöriger des U-Organs an ihre alten Dienststellen. Ab 23. Mai verblieben nur noch 55 VP-Angehörige in Waldheim, um die abschließenden Arbeiten zu erledigen. Von der Leitung hielt sich nur VP-Inspekteur H. Marquardt noch ständig in Waldheim auf. Keine personellen Einschränkungen gab es im Wachkommando, das aus etwa 60 VP-Angehörigen bestand, die in der Zeit der Prozesse das Wachpersonal der Strafvollzugsanstalt verstärkten.[56]

Im Abschlußbericht der Abteilung Staatliche Verwaltung des PV der SED vom 5. Juli schätzte der für Waldheim zuständige Parteibeauftragte u. a. die Tätigkeit des U-Organs ein. »Die Genossen der Volkspolizei, denen die Aufgabe der Vernehmung oblag, erzielten im Verlauf ihrer Tätigkeit ein zufriedenstellendes Ergebnis. Einige Fälle, bei denen die Vernehmer nur den Abklatsch des von den Häftlingen geschilderten Lebenslaufes protokollierten, und nicht den Auszug des Protokolls der sowjetischen Organe als Ausgangspunkt ihrer Vernehmungen benutzten, waren nur bei Beginn der Tätigkeit festzustellen. Bei einigen der Genossen Volkspolizisten machte es sich bemerkbar, daß sie in ungenügendem Maße mit den konkreten Begebenheiten aus der Zeit von 1930 bis 1945 vertraut waren. Erfreulicherweise haben die Genossen Volkspolizisten, denen die Vernehmung der Häftlinge oblag, das erforderliche Maß an Klassenbewußtsein und Abstand gegenüber den Häftlingen bewahrt.«[57]

Ausdrücklich wurde noch einmal hervorgehoben, daß die Anklageschriften »grundsätzlich auf Grund des Protokoll-Auszuges der sowjetischen Organe« entstanden.[58] Auch der Abschlußbericht des U-Organs Waldheim vom 14. Juli enthielt eine lobende Bewertung des Geleisteten, die für sich spricht: »Um die gestellte Frist von 4 Wochen einzuhalten, d. h. für 3442 Kriegs- und Nazi-Verbrecher Vernehmungen durchzuführen und Anklage-Schriften zu erstellen, mussten täglich 142 Vorgänge zur Abgabe an die Justiz abgeschlossen werden. Diese Aufgabe konnte nur gelöst werden durch eine gute Einteilung und Organisation der Arbeit, welche einen reibungslosen Ablauf gewährleistete.«[59]

Und natürlich fehlte in diesem Bericht nicht die Würdigung der Vorarbeiten durch die sowjetischen Organe. »Von der SKK war bei der Überstellung dieser Kriegsverbrecher über jeden ein beglaubigter Auszug übergeben worden, der das bisherige Ermittlungsergebnis enthielt. Die sowjetischen Organe haben diese Ermittlungen mit größter Genauigkeit und Sorgfalt geführt und in mühevoller Kleinarbeit die Beweise für die Schuld der übergebenen Verbrecher erbracht. Dieser Auszug wurde zur Grundlage der Arbeit des U-Organs gemacht. Fast ausnahmslos konnten die Beschuldigten an Hand dieses Auszuges bei ihren Vernehmungen der ihnen zur Last gelegten Verbrechen überführt werden.«[60] Daß in der Realität alles ganz anders abgelaufen war, störte keinen der Berichterstatter. Sie hielten sich stets an die vorgegebene politische Version der Aktion. Eine Berichtspraxis, die im weiteren Verlauf der Geschichte zur DDR verhängnisvolle Blüten trieb. Das U-Organ Waldheim hatte seinen Zweck erfüllt und funktionierte so, wie es entsprechend der politischen Orientierung durch die Verantwortlichen unter Führung des stellvertretenden Vorsitzenden der SED, W. Ulbricht, vorgesehen war.

Nachdem die ersten Anklageschriften bei der Staatsanwaltschaft vorlagen, die von den Mitarbeitern des U-Organs seit der Aufnahme ihrer Tätigkeit im April 1950 fertiggestellt worden waren, begannen die berüchtigten Waldheimer Nazi- und Kriegsverbrecherprozesse. Obwohl sie zum »Nürnberger Tribunal der DDR« werden sollten, zog man sich dann doch lieber hinter die abschirmenden Zuchthausmauern zurück. Die Verantwortlichen hatten im Laufe der Vorbereitungen begriffen: Was bei dieser Aktion zu erwarten war, konnte man einer breiten Öffentlichkeit nicht zeigen.

Anmerkungen

1 Vgl. ZAMdI, 11/1571
2 Vgl. SAD, LRS, MdJ 1309
3 Erinnerungen Helmut Klemke. Quelle beim Autor.
4 Erinnerungen Herman Ahlborn. Quelle beim Autor. Ähnliche Aussagen enthalten auch die Erinnerungsberichte von Günther Richter, Herbert Richter, Hans Techen. In zahlreichen Gesprächen mit ehemaligen Waldheimern wurden diese Eindrücke bestätigt.
5 VAMdI, 39740. Siehe auch ZAMdI, 11/1586
6 Ebenda
7 Vgl. Erinnerungen von Erich Lehmann, Helmut Klemke, Hans Techen u. a. Material beim Autor.
8 Erinnerungen Günther Richter. Quelle beim Autor.
9 Erinnerungen Helmut Klemke. Quelle beim Autor.
10 Vgl. SAD, LRS, MdJ 1309
11 Vgl. VAMdI, 39740
12 In den Ausführungsbestimmungen Nr. 3 vom 21. August 1947 zum Befehl des Obersten Chefs der SMAD Nr. 201 vom 16. August 1947 hieß es dazu:
»16. a) Die Verfahren gegen Hauptverbrecher werden vor den Strafkammern der Landgerichte durchgeführt, die sich aus zwei Berufsrichtern und drei Schöffen zusammensetzen. Die Prozesse gegen die übrigen Verbrecher werden vor den Kleinen Strafkammern der Landgerichte verhandelt, die sich aus einem Berufsrichter und zwei Schöffen zusammensetzen. Die Schöffen zur Verhandlung der bezeichneten Fälle werden von den demokratischen Parteien und Organisationen benannt und sind von den Regierungen der Länder zu bestätigen. Als Berufsrichter und Schöffen können nur solche Personen zugelassen werden, die der NSDAP oder ihren Gliederungen nicht angehört haben und die gemäß ihrer politischen und moralischen Qualitäten geeignet erscheinen, eine demokratische Rechtsprechung zu verwirklichen.«
ZAMdI, 7/420
13 VAMdI, 39740. Siehe auch ZPA IV 2/13/432
14 Ebenda
15 Vgl. ZAMdI, 11/1586
16 Ebenda
17 Vgl. VAMdI, 39740
18 Unter ihnen befand sich auch Gertrud Milke, für drei Monate als Protokollantin von der Landesregierung Sachsen für den Sondereinsatz nach Waldheim abgeordnet. (VAMdI, 39740) Sie flüchtete unmittelbar nach den Prozessen in die BRD. Ihre Schilderungen und das mitgebrachte Material ermöglichten es, schon erstmalig im Herbst 1950 auf die Unrechtsprozesse aufmerksam zu machen. Siehe: G. Milke, Herr Oberstaatsanwalt, ..., a.a.O.
19 Vgl. ZAMdI, 11/1589
20 Vgl. VAMdI, 39740
21 Vgl. ZAMdI, 11/1589

22 Vgl. ebenda
23 Vgl. ZAMdI, 39740
24 Ebenda
25 Vgl. ebenda
26 Vgl. BAP, P–1, Ministerium, der Justiz. Akte Nr. 818 2 (im folgenden: P–1, 818)
27 Die Einsicht in die Akten des ZPA, des MdI und des MdJ machte deutlich, daß formell die Entnazifizierung nach Befehl 201 im September 1950 abgeschlossen wurde. Fest steht aber auch, daß die Verfolgung und gerichtliche Bestrafung politischer Gegner bis Mitte der fünfziger Jahre auf der Grundlage dieses Befehls und entsprechend der Kontrollratsdirektive Nr. 38 erfolgte.
28 Vgl. VAMdI, 39740
29 Vgl. ebenda
30 E. Reisler, Manuskript vom 3.11.1964, Betreff: Abstrafung der Nazi- und Kriegsverbrecher nach 1945 in der Sowjetischen Besatzungszone, ab Herbst 1949 in der DDR. Waldheimer Prozesse. Unveröffentlicht. Quelle beim Autor.
31 ZAMdI, 11/1589
32 Ebenda
33 VAMdI, 39471
34 Ebenda
35 Ebenda, 39472
36 F. Göhler, Das Gesicht der Volkspolizei ..., a.a.O., S. 73
37 Erinnerungen Helmut Klemke. Quelle beim Autor.
38 Erinnerungen Willy Mattiaschk. Quelle beim Autor.
39 Vgl. VAMdI, 39740
40 Vgl. ZAMdI, 11/822
41 Vgl. VAMdI, 39740
42 Vgl. ZPA NL 182/1096
43 E. Reisler, Manuskript ..., a.a.O.
44 Vgl. VAMdI, 39740. Siehe auch BAP, P–1, 609
45 Vgl. ebenda
46 Vgl. ZPA 2/13/432
47 BAP, Außenstelle Berlin, Freienwalder Straße, Kartei der Generalstaatsanwaltschaft (im folgenden AB, Kartei oder eine Aktennummer. Inzwischen befinden sich diese Akten im BAP, Zwischenarchiv Dahlwitz-Hoppegarten.)

Um die Einstufung als Hauptverbrecher nach KD 38 in diesem Fall vorzunehmen, richtete man sich nach folgenden Festlegungen des Abschn. II, Art. II:

»Hauptschuldiger ist: 6. Wer der nationalsozialistischen Gewaltherrschaft außerordentliche politische, wirtschaftliche, propagandistische oder sonstige Unterstützung gewährt hat oder wer aus dieser Zusammenarbeit für sich oder andere erheblichen Nutzen gezogen hat.«

Sowie KD 38, Abschn. II, Art. III A I, Ziff.3:

»Aktivist ist: 3. Wer sich als überzeugter Anhänger der nationalsozialistischen Gewaltherrschaft, insbesondere ihrer Rassenlehre, offen bekannt hat.«

Nach ähnlichen allgemeinen Richtlinien regelte das KG 10 in den genannten Punkten, wer wegen Kriegsverbrechen, Verbrechen gegen die Menschlichkeit oder anderer Verbrechen belangt werden konnte. (Siehe ZAMdI, 7/420)

48 Das Urteil von Ernst Z. wude vom Verfasser eingesehen. Daraus geht eindeutig hervor, daß ihm nichts zur Last gelegt wurde, was eine strafrechtliche Verfolgung gerechtfertigt hätte. (BAP, AB, StVE k 181 a.2)

49 Diese Aussage stützt sich auf die Einsicht in 26 Gerichts- und Untersuchungsakten von Personen, die zum Tode verurteilt wurden. (VAMdI, 39740 und 39741)

50 VAMdI, 39741. Der Name des Betroffenen ist schon aus anderen Veröffentlichungen bekannt. (Siehe z. B. K. W. Fricke, Geschichte und Legende ..., a.a.O.) Die Zitate aus seiner Akte stützen die berechtigten Zweifel an seinem Todesurteil. Die Namen der anderen Beteiligten wurden vom Verfasser unkenntlich gemacht.

51 Ebenda

52 Vgl. ZPA IV 2/13/431

53 Ebenda

54 Vgl. VAMdI, 39740

5 Ebenda

56 Vgl. ebenda

57 ZPA IV 2/13/432

58 Vgl. ebenda

59 Ebenda

60 Ebenda. Vgl. auch ZAMdI, 11/1571

Dokumente

Verzeichnis der Dokumente

2/1 Aktenvermerk Betr. Vorbereitung zur Aburteilung der bisher Nichtverurteilten, die aus dem Gewahrsam der Besatzungsmacht in die Strafanstalt Waldheim überführt wurden.
4. März 1950
VAMdI, 39740. Vgl. Anmerkung 2 Kap. 1.

2/2 Briefe.
Mitte März 1950
Quelle beim Autor

2/3 Teil der Akte Paul Müller.
Februar bis Mai 1950
VAMdI, 39741

2/4 Teil der Akte Kuno Schneider.
Februar bis Mai 1950
VAMdI 39741

2/5 Teil der Akte Heinrich Koplewitz.
Februar bis Mai 1950
VAMdI, 39472

2/1

HV Deutsche Volkspolizei
Hauptabteilung HS

Berlin, 4. März 1950
Gt./Ka.

Tgb.Nr.: V/1250 /50

2 Exemplare
1. Ausfertigung

Aktenvermerk

Betr.: Vorbereitung zur Aburteilung der bisher Nichtverurteilten, die aus dem Gewahrsam der Besatzungsmacht in die Strafanstalt Waldheim überführt wurden.

Zur Vorbereitung der Aburteilung der bisher noch nicht Verurteilten, die aus dem Gewahrsam der Besatzungsmacht in die Strafanstalt *Waldheim* überführt wurden, fand am heutigen Tage eine diesbezügliche

Besprechung im Zentralsekretariat

bei Herrn Chefinspekteur *Röbelin* statt. Ausserdem waren Frau Benjamin als Vertreter der Justiz, der Genosse Klinck vom ZS, anwesend.

Nachdem der gesamte Fragenkomplex durchgesprochen war – wobei seitens des Unterzeichneten darauf hingewiesen wurde, daß die zu bildenden Gerichte schnell zu urteilen hätten, um die gesamte Arbeit nicht über die Maßen auszudehnen und auch ihre Arbeit so auszurichten hätten, daß die Urteilssprüche der deutschen Gerichte nicht in einem zu grossen Kontrast zu den von den sowjetischen Tribunalen gefällten Urteilen ständen – wurden die Vorschläge betreffs

Auswahl der Richter und Staatsanwälte

überprüft. Es wurden ca. 10 Richter und Staatsanwälte festgelegt, die die Strafkammern bilden sollen.
Die Oberaufsicht über die Strafkammern, die in Waldheim und in Döbeln tagen sollen, obliegt dem Justizministerium in Berlin, nicht dem Justizministerium in Sachsen.
Ausserdem sollen noch 24 Schöffen für gleiche Strafkammern ausgewählt werden. Als Termin für die Aufnahme der Arbeit in Waldheim wurde der 1. April festgesetzt, sodass im 2. Drittel des Monates April mit den ersten Urteilen gerechnet werden kann.
Die notwendigen Schreibkräfte für die Untersuchungsorgane will der Chefinspekteur Röbelin stellen, da es der Volkspolizei nicht möglich sein wird, 10 Schreibkräfte für diese Zwecke bereitzustellen.

Ausserdem versprach Herr Röbelin, einige ihm bekannte gute Kräfte aus der ehemaligen Sequerster-Kommission den U.-Organen zur Verstärkung beizugeben.

komm. Hauptabteilungsleiter HS

(Gertich)
Volkspolizei – Inspekteur

Verteiler:
1. Gen.Insp. *Mayer*
2. Z.d.A.

2/2

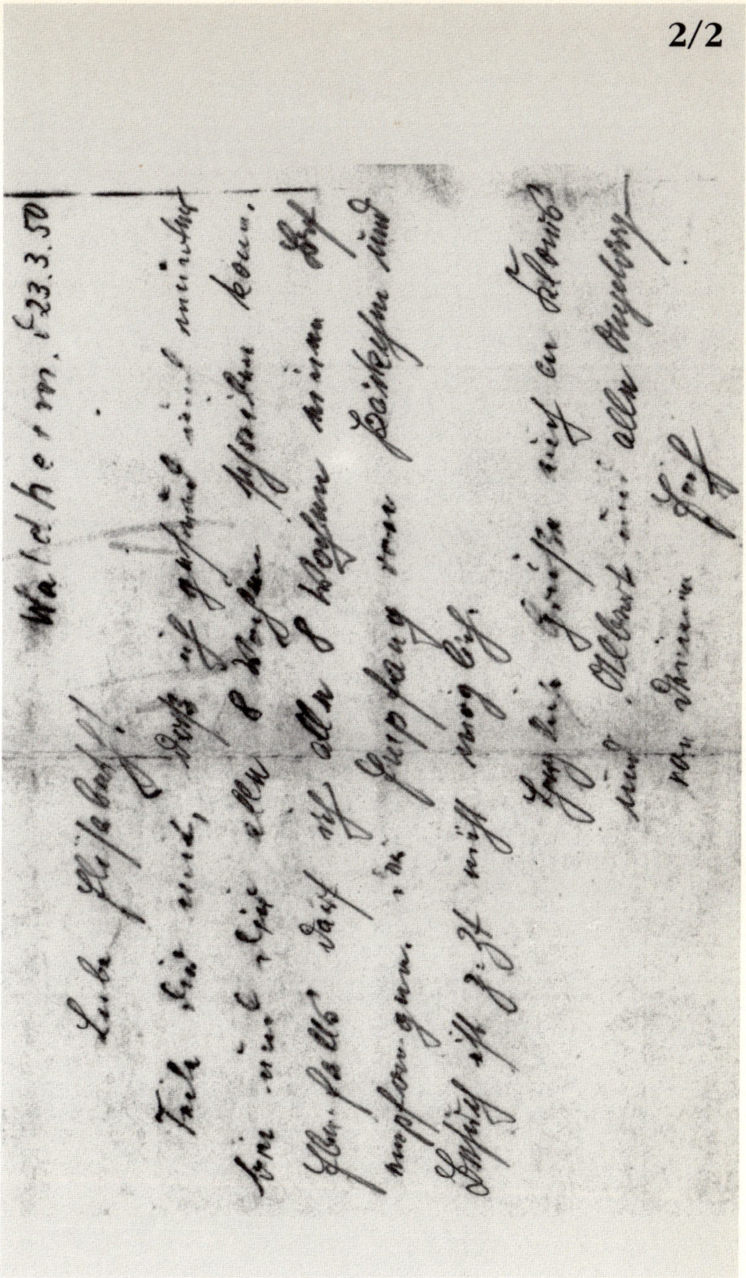
Waldheim, d. 23.3.50

Liebe Elisabeth!

2/3

Auszug

Über den verhafteten Deutschen, »24.« Dezember 1945

Zuname	Müller
Vorname	Paul
Gebortsort und Datum	1892 in Dresden 27.5.92
Wohnort vor der Verhaftung	Altranstädt/Krs. Merseburg
Schulbildung	8 Klassen
Beruf	ohne Beruf
Wo und als was gearbeitet	ohne bestimmter Tätigkeit
Parteizugehörigkeit, ab wann	NSDAP seit 1933
Volksabstammung	Deutscher
Familienstand	verh.

Sachverhalt: M. war seit 1933 Mitglied der NSDAP und führte aktiv die Politik der Partei durch. Von 1920 bis 1945 arbeitete er in der Gendarmerie im Range eines Meisters. Durch Beauftragung der Gestapo führte er Inhaftierungen und Haussuchungen durch, wobei die Willkür zugelassen wurde, dass M. 1944 2 Polen erschoss, nur weil sie seine Befehle nicht ausführten.

....

Obige Angaben werden durch persönliche Aussagen des Inhaftierten bestätigt.

....

....

....

....

....

Die Angaben werden durch folgende Zeugen bestätigt:
(Vor- und Zuname, Geburtsdatum und genaue Adresse angeben)

1. ....
2. ....
3. ....

F.d.R.d.Ü. aus dem Russischen:

(Pawelke, VP.-Owm.)

Auszug ist richtig: gez.: Oltn. Pigolow
(Unterschrift)

II. Zur Sache:

(Tatsachen und Vermutungen oder von dritten Personen Gehörtes trennen, aber mit angeben. Ort, Zeit, Namensangabe, Personenbeschreibung nicht vergessen)

Mit dem Gegenstand der Vernehmung vertraut gemacht, bin ich bereit, die volle Wahrheit zu sagen:
Ich bin seit 1920 bei der Polizei. Bei der Machtergreifung durch die Nazis wurde ich durch die faschistische Polizei übernommen.
Der NSDAP trat ich freiwillig aus Überzeugung am 1.4.33 bei. Das Programm und die Ziele dieser Partei waren mir durch die Teilnahme an vielen Veranstaltungen und Versammlungen der Nazis bekannt. Auch bei der Polizei nahm ich an den regelmäßig stattfindenden weltanschaulichen Schulungen teil. Ich bin mir dessen bewußt, daß ich durch meine Tätigkeit die faschistische Gewaltherrschaft wesentlich gestärkt und gefördert habe, indem ich die Forderungen, die an mich gestellt wurden, unterstützte.
Meine Zusammenarbeit mit der Gestapo erstreckte sich nur auf indirektem Wege über den Gendarmerie-Kreisführer. Von diesem erhielt ich meine Befehle. In Ausübung dieser Tätigkeit führte ich mehrere Vernehmungen und Durchsuchungen politischer und religiöser Gegner des Nazi-Regimes durch. Der Antifaschist H., Alttranstädt, wurde von mir im Jahre 1933 vernommen und auf Grund eines Haftbefehls des Amtsgerichts Lützen verhaftet und nach Lützen überführt. Meiner Vernehmung ging die Denunziation des H. durch die Brüder B. voraus.
Ich gebe zu, bei dem KPD-Funktionär G. nach seiner Flucht (1933) vor den Verfolgungen der SS nach der Sowjet-Union, in dessen Wohnung eine nächtliche Durchsuchung (24 Uhr) vorgenommen zu haben. In meiner Begleitung war der Ortsgruppenleiter P. Den Auftrag hierzu erhielt ich von dem Kreisführer. Ich streite jedoch entschieden ab, die Ehefrau des G. in Nachtkleidung auf die Straße getrieben und die Wohnungseinrichtung durcheinander gewühlt zu haben. Mir ist bekannt, daß P. bei der Ehefrau des G. mehrere Kontrollen selbständig durchführte. Was dabei geschah, entzieht sich meiner Kenntnis.
Wenn ich gefragt werde, ob ich im November 1944 in der Flur von Großlehna einen Polen erschoß, so kann ich folgendes antworten:
Ich gebe zu, einen ausländischen Zivilarbeiter – ob es ein Pole oder ein Kroate war, konnte ich damals nicht feststellen – erschossen zu haben. Ich muß aber hierbei betonen, daß es sich bei dem von mir Erschossenen um einen aus dem Lager Entflohenen handelte, der zu einer Bande gehörte, welche in unserer Umgebung laufend Diebstähle ausführte. Ich stand in der betreffenden Nacht am Ortsausgang Alttranstädt bei der Durchführung einer Streife, als ca. 5 Personen auf mich zukamen. Ich rief ihnen zu: »Halt Polizei« und als sie weiter auf mich zukamen, fühl-

te ich mich bedroht und schoß. Ein Mann von den 5 Personen blieb liegen und verstarb kurze Zeit später. Die anderen ergriffen die Flucht. Der Ausgangspunkt der Flucht der Personen und des Erschossenen konnte nicht ermittelt werden.
Wenn mir weiter vorgehalten wird, daß ich während meiner kurzen Polizeitätigkeit an der deutsch-polnischen Grenze (Lubninitz) mehrere Polen erschossen oder »umgelegt« hätte, so kann ich nachstehendes darauf erwidern:
Ich kann es nicht ableugnen, solche Äußerungen als Ausdruck eines schlechten Geltungsbedürfnisses meinerseits am Biertisch gemacht zu haben. Aber es entspricht nicht der Wahrheit, es war eine reine Angeberei von mir. Folgende Zeugen, mit denen ich in Lubninitz war, können meine Aussagen bestätigen:

1) Ltn. der Gendarmerie R., aus Schiersee/Bayern,
2) J. R. aus Asch/früherer Sudetengau.

Andere Angaben kann ich nicht machen. Meine Aussagen erfolgten freiwillig.

Geschlossen:	Protokollantin:	gelesen, genehmigt und unterschrieben:
	....	....
		(Paul. Müller)

Hauptverwaltung Deutsche Volkspolizei — Waldheim, 17.5.50
Hauptabteilung HS
Untersuchungsorgan Waldheim
Az.: W/2953/50/1501/201 Lö/Ma.

An die
Große Strafkammer (201) — 4 Ausfertigungen
beim Landgericht Chemnitz — 1. Ausfertigung

in *Waldheim*

Anklageschrift

Familienname:	Müller
Vornamen:	Paul Max
Geburtstag und -ort:	27.5.1892 in Delitzsch
Beruf:	Gendarmeriemeister
Familienstand:	verheiratet
Anzahl der Kinder:	1 (26 Jhr.)
Wohnort:	Alttranstädt Krs. Merseburg
Straße:	Lindenstr. 15
Vorstrafen:	angeblich keine
Jetziger Aufenthalt:	z. Zt. Strafanst. Waldheim

wird auf Grund des Befehls 201 der SMAD vom 16. 8. 47 in Verbindung mit der Kontrollratsdirektive 38 vom 12.10.46 und Kontrollratsgesetz Nr. 10 vom 20.12.45 angeklagt:

> aus politischen Beweggründen Verbrechen gegen Gegner und Opfer des Nationalsozialismus begangen zu haben. (Hauptverbrechen gemäß Kontrollratsdirektive 38, Abschnitt II, Artikel II, Ziffer 1 in Verbindung mit Kontrollratsgesetz Nr. 10, Artikel II, Ziffer 1 c und 2 a)

WESENTLICHES ERMITTLUNGSERGEBNIS:

Nach eigenen Angaben war der Beschuldigte seit 1.4.1933 Mitglied der NSDAP. Ferner gehörte er vom 1. 5. 1936 bis 1945 der NSV an. Von 1920 bis zum Zusammenbruch des faschistischen Terrorregimes gehörte er der Gendarmerie an.

Nach dem festgestellten Sachverhalt ist der Beschudigte gemäß Anhang »A« zur Kontrollratsdirektive 38 wie folgt einzustufen:

Als Person, die Zwang gegen politische und religiöse Gegner der nationalsozialistischen Gewaltherrschaft verursacht hat in den Abschnitt I O, Ziffer 2 (Handbuch Teil 13, lfd. Nr. 2) als Mitglied der NSDAP seit dem 1.4.1933 in den Abschnitt II D, Ziffer 4 (Handbuch Teil 46 lfd. Nr. 46).

Der auf Grund seiner Einstufung als Person, die Zwang gegen politische und religiöse Gegner der nationalsozialistischen Gewaltherrschaft verursacht hat, bestehende Verdacht, der Beschuldigte sei

Hauptverbrecher

im Sinne der Kontrollratsdirektive 38 und Verbrecher gemäß Kontrollratsgesetz Nr. 10, ist durch die weitere Untersuchung bestätigt worden. Im Einzelnen wurde festgestellt:
Der Beschuldigte war seit 1920 bei der Polizei und wurde bei der Machtergreifung der Nazis zur faschistischen Polizei übernommen. (Vgl. Seite 8, Abs. 1 d.A.)
Am 1.4.1933 trat er aus Überzeugung der NSDAP bei, deren Programm und Ziele ihm durch die Teilnahme an vielen Veranstaltungen und Versammlungen bekannt war und er voll anerkannte. Bei der Polizei nahm er regelmäßig an der stattfindenden weltanschaulichen Schulung teil. (Vgl. Seite 8, Abs. 2 d.A.).
In seiner Eigenschaft als Gendarmeriemeister erhielt er über den Gendarmerie-Kreisführer von der Gestapo Anweisungen, Vernehmungen und Durchsuchungen bei politischen und religiösen Gegnern des Naziregimes durchzuführen. Vgl. Seite 1 und Seite 8 Abs. 3 d.A.). Der Antifaschist H., Alttranstädt wurde im Jahre 1933 von dem Beschuldigten verhaftet, vernommen und nach Lützen überführt. Dieser Verhaftung ging eine Denunziation des H. durch die Brüder B., Alttranstädt voraus. (Vgl. Seite 8, Abs. 3 d.A.)
In der Wohnung des KPD-Funktionärs G. hat der Beschuldigte gemeinsam mit dem Ortsgruppenleiter der NSDAP im Jahre 1933 eine nächtliche Durchsuchung vorgenommen. (Vgl. Seite 8 Abs. 4 d.A.).
Im November 1944 hat der Beschuldigte in der Flur von Großlehna einen ausländischen Zwangsarbeiter erschossen. Bei dem Erschossenen handelt es sich um einen aus einem Zwangsarbeitslager entflohenen polnischen Staatsbürger, der mit weiteren vier ausländischen Zwangsarbeitern versuchte, wieder in die Heimat zurück zu kommen. (Vgl. Seite 8, Abs. 6 d.A.).
Während seiner Polizeitätigkeit an der deutsch-polnischen Grenze in Lubninitz hat er weitere polnische Staatsangehörige erschossen. (Vgl. Seite 1 und Seite 9 Abs. 1 d.A.).
Der Beschuldigte gibt zwar an, als Ausdruck eines Geltungsbedürfnisses von diesen verbrecherischen Handlungen nur am »Biertisch« erzählt, in Wirklichkeit aber, nicht getan zu haben, was ihm jedoch durch die

auf Seite 1 der Akte gelieferten Beweismittel widerlegt wird. (Vgl. Seite 1 und Seite 9 Abs. 2 d.A.)
Der Beschuldigte ist in Bezug auf diese Verbrechen gegen die Menschlichkeit als Täter gemäß Kontrollratsgesetz Nr. 10 Artikel II, Ziffer 1 c und 2 a überführt.

Der Beschuldigte gibt den geschilderten Sachverhalt im Wesentlichen zu. Gründe, die zu seinen Gunsten wirken, liegen nicht vor.
Er ist der Verantwortlichkeit als

Hauptverbrecher

gemäß Kontrollratsdirektive 38, Abschnitt II, Artikel II, Ziffer 1 in Verbindung mit Kontrollratsgesetz Nr. 10, Artikel II, Ziffer 1 c und 2 a überführt und daher als solcher zu bestrafen.

Beweismittel:

1. Einlassung des Beschuldigten vom 16.5.50
2. Auszug vom 24. Dezember 1945 als Urkunde über die Zusammenfassung der bisherigen Aussagen des Beschuldigten und des Ergebnisses der Ermittlungen.

Es wird beantragt,

die Hauptverhandlung vor der Großen Strafkammer (201) des Landgerichts Chemnitz in Waldheim anzuberaumen.

Bestätigt:

. . . .
(Staatsanwalt)   (L.)
(VP.-Mstr.)

2/4

Auszug

Über den verhafteten Deutschen 22. Juli 1946

Zuname	S c h n e i d e r
Vorname	Kuno
Geburtsort und Datum	1896 in Zelle-Mehlis 29.9.
Wohnort vor der Verhaftung	Zelle-Mehlis, Erhardtstr. 27
Schulbildung	8 Klassen
Beruf	Angestellter
Wo und als was gearbeitet	Kompagnieführer beim Volkssturm
Parteizugehörigkeit, ab wann	NSDAP seit 1937
Volksabstammung	Deutscher
Familienstand	verheiratet

Sachverhalt: Schneider war seit 1937 Mitglied der faschistischen Partei und beteiligte sich aktiv an der Festigung des faschistischen Regimes. 1944 meldete er der Gestapo 3 deutsche Kommunisten und zwar:

M., Reinhold
H., Willi
S., Hugo

Die beiden ersten wurden zum Tode verurteilt und Syller zu einer langjährigen Zuchthausstrafe.

. . . .

Obiges wurde durch eigene Aussagen des Inhaftierten bestätigt.

. . . .
. . . .
. . . .
. . . .

Die Angaben werden durch folgende Zeugen bestätigt:
1. . . . .
2. . . . .
3. . . . .

F.d.R.d.Ü.

gez. Obltnt. Bogomolow
Auszug ist richtig: . . . .

(Jaroszenko) VP-Komm. (Unterschrift)

II. Zur Sache:

(Tatsachen und Vermutungen oder von dritten Personen Gehörtes trennen, aber mit angeben. Ort, Zeit, Namensangabe, Personenbeschreibung nicht vergessen)

Im Mai 1933 trat ich freiwillig der NSDAP bei. Meine Anmeldung vollzog ich auf Grund einer Aufforderung des damaligen Ortsgruppenleiters. Die Versammlungen oder Zellenabende habe ich soweit besucht, soweit es meine Zeit erlaubte. Die Ziele der Partei habe ich anerkannt, eine Funktion hatte ich nicht inne.

Ende 1943 oder Anfang 1944 trug sich folgendes zu: Ich ging zu dem Buchdruckereibesitzer M. in einer geschäftlichen Angelegenheit. Nachdem wir den geschäftlichen Teil erledigt hatten, bot mir selbiger Lebensmittelmarken an. Ich ging ohne zu antworten nach Hause. Am gleichen Tage kam M. noch zweimal zu mir auf mein Grundstück mit dem Angebot, ihm Stammabschnitte zu liefern. Diese wollte er dann auf der Rückseite mit Lebensmittelmarken bedrucken und an mich zurückgeben. Ich lehnte dieses Angebot ab, doch ging ich anderen Tages zum Oberbürgermeister Grube und stellte diesem die Sache vor. Ungefähr nach 14 Tagen wurde ich zur Polizei bestellt, um eine Aussage in dieser Angelegenheit zu machen. Es war mir nicht bekannt, daß es eine Gestapodienststelle war. Hier machte ich dieselben Angaben, wie ich sie vor dem Bürgermeister gemacht hatte. Ich gab auch an, daß der Lebensmittelhändler und Hilfspolizist H. mit der Angelegenheit zu tun hatte.

Bei der im Herbst 1944 stattgefundenen Verhandlung vor einem SS-Gericht trat ich als Zeuge auf. Bei dieser Verhandlung war noch ein S. angeklagt. Selbiger war mir bis dahin unbekannt. Bei diesem Termin wurde außer der Lebensmittelmarkensache auch noch eine Pistolenangelegenheit verhandelt, von der ich vorher nichts gewußt habe. Es wurden folgende Urteile ausgesprochen: M. und H. erhielten die Todesstrafe, welche später vollstreckt wurde. Das Verfahren gegen S. wurde abgetrennt.

Es war mir bekannt, daß M. ehemaliges Mitglied der KPD war, doch bei H. und S. war es mir nicht bekannt. Weiter habe ich keine Verbindung zur Gestapo gehabt. Ich versichere, die volle Wahrheit gesagt zu haben und bestätige die Richtigkeit des Protokolles durch meine Unterschrift,.
Geschlossen:

selbst durchgelesen, genehmigt
und unterschrieben:

. . . .
Sachbearbeiter   . . . .   (Kuno Schneider)
                              Protokollantin

Hauptverwaltung Deutsche Volkspolizei
Hauptabteilung ItS
Untersuchungsorgan Waldheim

Waldheim, den 6.8.1950

Az.: W/1550/50/1821/201 Pr./Ji.

An die
Grosse Strafkammer (201)
beim Landgericht Chemnitz
in Waldheim

4 Ausfertigungen
2. Ausfertigung

Anklageschrift

Familienname	Schneider
Vornamen:	Kuno, Albin
Geburtstag und -ort:	29.9.1896 in Zella-Mehlis
Beruf:	Lebensmittelhändler
Familienstand:	verheiratet
Anzahl der Kinder:	keine
Wohnort:	Zella-Mehlis
Strasse:	Heinrich-Erhardt Str. 27
jetziger Aufenthalt:	z.Zt. in Haft, Strafanstalt Waldheim
Vorstrafen:	angeblich keine

Wird auf Grund des Befehls 201 der SMAD vom 16.8.1947 angeklagt:

1. aus politischen Beweggründen Verbrechen gegen Gegner des Nationalsozialismus begangen zu haben, (Hauptverbrechen, gem. Kontrollratsdirektive 38, Abschn. II, Art. II, Ziff. 1, in Verbindung mit Kontrollratsgesetz Nr. 10, Art. II, 1c und 2b)

WESENTLICHES ERMITTLUNGSERGEBNIS:

Der Beschuldigte trat im Mai 1933 der NSDAP bei und wurde im Jahre 1936 Mitglied der NSV. Von 1944 bis 1945 war er Kompanie-Führer im Volkssturm. Im Jahre 1945 denunzierte er beim Bürgermeister seines Ortes drei Kommunisten und machte Aussagen vor der geheimen Staatspolizei. In der darauf folgenden Verhandlung vor dem SS-Gericht trat der Beschuldigte als Zeuge auf. Zwei der Kommunisten wurden zum Tode verurteilt und der Dritte erhielt eine langjährige Zuchthausstrafe.

Auf Grund der Kontrollratsdirektive 38, ist der Beschuldigte nach Anhang A Abschn. I, Gruppe 0 Ziff. 1 einzustufen. Der auf Grund seiner Tat bestehende Verdacht der Beschuldigte sei

Hauptverbrecher

im Sinne der Kontrollratsdirektive 38, ist durch die weitere Untersuchung bestätigt worden.
Der Beschuldigte trat im Mai 1933 freiwillig der NSDAP bei zu deren Zielen er sich bis zuletzt bekannte, und dieses dadurch bekundete, dass er im Jahre 1944 als man den Zusammenbruch des 3. Reiches schon voraus sah, drei Kommunistische Arbeiter denunzierte von denen zwei mit dem Tode bestraft wurden.

Durch seine Geschäftsverbindung mit dem Druckereibesitzer M. war ihm bekannt geworden, dass derselbe illegal Lebensmittelmarken druckte mit welchen er die illegal lebenden Kämpfer gegen den Faschismus unterstützte. Dem Beschuldigten war bekannt, dass M. ehem. KPD-Mitglied war, (vgl. S. 8, Abschn. 4) er ging am anderen Tag zum Oberbürgermeister G. und machte demselben Mitteilung über die Tätigkeit von M. Vom Oberbürgermeister wurde die Mitteilung des Beschuldigten an die geheime Staatspolizei weitergeleitet. Daraufhin wurde der Beschuldigte von derselben vorgeladen und wiederholte hier seine Aussagen welche er vor dem Bürgermeister gemacht hatte, dieselbe ergänzte er noch in einigen Punkten. (vgl. S. 8, Abschn. 2) Im Herbst 1944 fand vor einem SS-Gericht die Verhandlung statt in welcher der Beschuldigte seine Aussagen wiederholte. Auf Grund dieser Aussagen wurden die Kommunisten Reinhold M. und Willi H. zum Tode verurteilt und der Kommunist Hugo S. zu einer langjährigen Zuchthausstrafe. (vgl. Auszug 22.7.46 S. 1) Im Jahre 1944 wo es allgemein bekannt war, daß von den Sondergerichten die schwersten Strafen verhängt wurden musste es auch dem Beschuldigten bekannt sein, welche Strafen die damaligen Angeklagten zu erwarten hatten, wenn er trotzdem seine Aussagen vor dem SS-Gericht wiederholte so bezeugte er damit dass er die harte Bestrafung seiner politischen Gegner gewollt hat. Durch die Verurteilung der drei Kommunisten wurden Verbrechen gegen die Menschlichkeit begangen zu welchen der Beschuldigte durch seine Denunziation und Aussage Beihilfe geleistet hat.

Der Beschuldigte gibt im wesentlichen den geschilderten Sachverhalt zu. Gründe, die zu seinen Gunsten wirken, liegen nicht vor. Er ist der Verantwortlichkeit als

Hauptverbrecher

gem. Kontrollratsdirektive 38, Abschn. II, Art. II, Ziff. 1 in Verbindung mit Kontrollratsgesetz Nr. 10 Art. II, 1c und 2 b überführt und daher als solcher zu bestrafen.

Beweismittel:

1. Geständnis des Beschuldigten

2. Auszug vom 22.7.1946 als Urkunde über die Zusammenfassung der bisherigen Aussagen des Beschuldigten und des Ergebnisses der Ermittlungen

Er wird beantragt,

die Hauptverhandlung vor der Grossen Strafkammer (201) des Landgerichts Chemnitz in Waldheim anzuberaumen.

Bestätigt:

....

(Staatsanwalt) (P.)

VP.-Meister.

2/5

Auszug

Über den verhafteten Deutschen 5. Juni 1945

Zuname:	Koplewitz
Vorname:	Heinrich
Geburtsort und Datum	1885, Oppeln/Schlesien 26.6.
Wohnort vor der Verhaftung	Berlin, Schulstr. 78, Kreis Dahlem
Schulbildung	8 Klassen
Beruf	Juwelier
Wo und als was gearbeitet	Luftschutzleiter d. jüdischen Durchgangslagers
Parteizugehörigkeit, ab wann:	parteilos
Volksabstammung:	Jude
Familienstand:	verheiratet

Sachverhalt: Im November 1942 hat der Mitarbeiter d. Gestapo B. Koplewitz zum Oberpolizisten des judischen Sammel-Durchgangslagers in Berlin ernannt, wo Koplewitz die Juden, die aus den Konzentrationslagern entwichen waren und in der Stadt illegal gewohnt haben, bewachte.

Während der Arbeit im Lager meldete er der Gestapo 20 Juden, die nach den Konzentrationslagern »Sachsenhausen« und »Buchenwald« geschickt wurden.

Das weitere Schicksal dieser Juden ist unbekannt.

Hat das besondere Vertrauen des Gestapomannes genossen.

. . . .

. . . .

. . . .

Die Angaben werden durch folgende Zeugen bestätigt:

1. K., Fritz, 1913, Berlin-Dahlem, Am Dol 35
2. S., Alfred, 1911
3. . . . .

Für d. Richtigkeit d. Übersetzung: V. Meyer

Auszug ist richtig: . . . .

19.1.1950 (Unterschrift)

II. Zur Sache:

(Tatsachen und Vermutungen oder von dritten Personen Gehörtes trennen, aber mit angeben. Ort, Zeit, Namensangabe, Personenbeschreibung nicht vergessen)

Von meiner jüdischen Gemeinde bekam ich Ende 1941 den Auftrag in das Judensammellager Hamburger Str. in Berlin zu gehen, um hier Ordnungsdienste zu tun. Bis zum 1.7.42 war ich nicht als Internierter oder Gefangener anzusprechen. Ich bekam nach 2 Monate Gehalt (der Betrag war nicht unbedeutend). Ich konnte mich in dieser Zeit frei um und ausserhalb des Lagers bewegen. Auf Grund dessen, dass ich Gehaltsempfänger war und somit kein Gefangener oder Internierter war, ergab sich zwangsläufig eine Zusammenarbeit mit der Lagerleitung. In dieser Zeit waren in der Hamburger Str. als Lagerleiter 1.) Sturmführer B. und 2.) Hauptscharführer D. B. war ein ausgesprochener Judenfeind und aus diesem Grunde war eine Zusammenarbeit nicht möglich. D. dagegen zeigte sich anders. D. hatte von mir eine gute Meinung, die auf Gegenseitigkeit beruhte.

Es ist vorgekommen, dass Juden aus Konzentrationslagern ausrissen oder sogar aus der Hamburger Str. selbst. Wenn es vorkam, dass ich diese Juden traf, so habe ich mich umgedreht und habe denjenigen nicht etwa wieder zurückgeführt. Über die Juden, die illegal in Berlin lebten, war D. verhältnismässig gut unterrichtet. Er liess die Juden in Freiheit, wenn sie entsprechende Summen Geld an ihn zahlten. Woher D. seine Informationen herbekam, kann ich nicht sagen. Ich weiss nur, dass er einen Verkehr mit einer Jüdin pflegte. Aber auch von ihr kann es nicht möglich sein, dass er diese Aufkünfte erhalten hat. Ich führe es mehr auf die Privatbeziehungen von D. zurück. Meine Zusammenarbeit mit D. ging soweit nicht. Ich war D. wohl ein guter Mitarbeiter, aber als Mensch konnten wir keinen Kontakt bekommen, da er in mir einen korrekten Menschen sah.

Weiteres kann nicht nicht Angeben.

Geschlossen: Selbst gelesen, genehmigt und unterschrieben:

....	....	....
Sachbearbeiter	Protokollführer	Heinrich Koplowitz

Hauptverwaltung Deutsche Volkspolizei
– Hauptabteilung HS –
Untersuchungsorgan W a l d h e i m
W/1286/50/3229/201/Fo./Pa.

Waldheim, 5.5.1950

4 Ausfertigungen
2 Ausfertigungen

An die
Grosse Strafkammer (201)
beim Landgericht Chemnitz
in W a l d h e i m

A n k l a g e s c h r i f t

Familienname:	K o p l o w i t z
Vornamen:	Heinrich
Geburtstag und -ort:	26.6.1885 Oppeln /O-Schln.
Beruf:	Kaufmann
Familienstand:	verheiratet
Anzahl der Kinder:	keine
Wohnort:	Berlin – NO 43
Strasse:	Barnimstr. 16
Jetziger Aufenthalt:	z.Zt. Haft, Strafanst. Waldheim
Vorstrafen:	angeblich keine

wird auf Grund des Befehls 201 der SMAD vom 16.8.1947 angeklagt:

1.) aus Eigennutz aktiv mit der Gestapo zusammen und zur Verfolgung der Gegner der naz.soz. Gewaltherrschaft beigetragen zu haben. (Hauptverbrechen gem. Kontrollratsdirektive 38, Abschn. II, Art. II, Ziffer 9, in Verbindung mit dem Kontrollratsgesetz Nr. 10, Art. II, Ziffer 1c, 2d und c.)

WESENTLICHES ERMITTLUNGSERGEBNIS:

Der Beschuldigte bekam 1941 den Auftrag, im Judensammellager in Berlin Ordnungsdienst zu tun. In seiner Eigenschaft als Aufseher arbeitete er mit der Lagerleitung und der Gestapo zusammen.

Der auf Grund seiner Stellung und Tätigkeit bestehende Verdacht, der Beschuldigte sei

H a u p t v e r b r e c h e r

im Sinne der Kontrollratsdirektive 38, ist durch die weitere Untersuchung bestätigt worden.
Der Beschuldigte bekam von seiner jüdischen Gemeinde im Jahre 1941

den Auftrag, im jüdischen Sammellager Berlin Ordnungsdienste zu tun. Er nutzte dieses aus und arbeitete mit der Lagerleitung der SS und Gestapo zusammen. Er selbst war nicht Gefangener, sondern konnte sich frei bewegen und bekam dafür Gehalt. Der Beschuldigte versah dort seinen Dienst als Oberpolizist, welches im Auszug, Seite 1, von Zeugen bestätigt wird. Der Beschuldigte gibt in seiner Vernehmung Seite Abs. 2 zu, dass es vorkam, dass Juden aus den KZ-Lagern und den Sammellagern wo er tätig war entwichen. Der Beschuldigte hatte mit dem Hauptscharführer D. eine gute Zusammenarbeit, die auf Gegenseitigkeit beruhte. Während der Arbeit im Lager meldete der Beschuldigte der Gestapo 20 Juden, die nach den KZ-Lagern »Sachsenhausen«, »Buchenwald« geschickt wurden.
Von dem Beschuldigten wurde selbst in seiner Vernehmung, Seite 40 Abs. 2, gesagt, dass er ein guter Mitarbeiter des SS-Hauptscharführer D. war. Es unterliegt keinem Zweifel, dass der Beschuldigte mit seiner Zustimmung zu allen Zwangsverschleppungen, Denunzierungen und unmenschlichen Handlungen, die nat.soz. Gewaltherrschaft wesentlich unterstützt und gefördert hat, indem er Gegner des Naziregimes der Gestapo übergab. Den Geldbetrag, den er für die geleistete Arbeit bekam, war nach seinen Aussagen nicht unbedeutend. (sh. Seite 4a Abs. 1.).
Der Beschuldigte leugnet, die Verbrechen durchgeführt zu haben, jedoch im Auszug vom 5.6.1945 wird durch Zeugen die verbrecherische Tätigkeit des Beschuldigten als

H a u p t v e r b r e c h e r

gem. Kontrollratsdirektive 38, Abschn. II, Art. II, Ziffer 9, in Verbindung mit Kontrollratsgesetz Nr. 10, Art. II. Ziffer 1c, 2d, 2c, überführt und daher als solcher zu bestrafen.

Beweismittel:

1.) Einlassung des Beschuldigten
2.) Auszug vom 5.6.1945 als Urkunde über die Zusammenfassung der bisherigen Aussagen des Beschuldigten, und des Ergebnisses der Ermittlungen.

Es wird beantragt,

die Hauptverhandlung vor der Grossen Strafkammer (201) des Landgerichts Chemnitz in Waldheim anzuberaumen.

Bestätigt:

. . . .

Staatsanwalt (F .)
VP-Kommissar

Kapitel 3

»Normale deutsche Gerichtsverfahren« nehmen ihren Lauf

Ob die Richter und Staatsanwälte, die am 26. April 1950 mit der Durchführung der ersten Gerichtsverfahren in Waldheim begannen, so etwas wie »Premierenfieber« hatten, war in den Akten nicht vermerkt. An diesem Mittwoch tagten erst einmal drei der vorerst sechs vorhandenen Strafkammern – die 1. und 2. Große sowie die 1. Kleine. Insgesamt fanden nur zwölf Verhandlungen statt.[1] Am Donnerstag nahmen die anderen drei Kammern ihre Arbeit auf. Die 3. Große sowie die 2. und 3. Kleine Strafkammer schafften es gerade, jeweils sieben Urteile zu fällen. An den beiden darauffolgenden Tagen, an denen jeweils drei Kammern im Wechsel verhandelten, konnte ebenfalls die Intensität der Arbeit nicht erhöht werden. Nach vier Verhandlungstagen registrierte man seitens der Verantwortlichen in Waldheim nur 53 durchgeführte Prozesse.[2] Der »Probebetrieb« machte deutlich, daß es noch einiger organisatorischer und personeller Anstrengungen bedurfte, wenn die Aktion wie geplant schnell und reibungslos zum Abschluß gebracht werden sollte.

Das kam auch im ersten Tätigkeits- und Erfahrungsbericht der Leitung des U-Organs in Waldheim vom 29. April 1950 zum Ausdruck, in der sie den Beginn der Gerichtsverhandlungen einschätzt. Er enthält weiterhin Angaben zur Tätigkeit des U-Organs, den Verlauf der Prozesse sowie über das Verhalten der Richter, Staatsanwälte und Schöffen. Darüber hinaus informierte sie die Polizeiführung in Berlin über alle möglichen Vorgänge und Probleme, die auftraten. Solche Berichte fertigte die Führung des U-Organs im Verlauf der Aktion weiterhin in bestimmten Abständen an. Ein Exemplar ging stets an die

Abteilung Staatliche Verwaltung im ZS der SED. Über den Abteilungsleiter A. Plenikowski erfolgte die regelmäßige Berichterstattung an W. Ulbricht, der in einigen besonderen Fällen dann später sogar direkt mit Weisungen und Entscheidungen auf das Geschehen in Waldheim Einfluß nahm.

Die SED-Führung sicherte ihre Kontrolle über die Prozesse in Waldheim aber auch noch durch eine weitere Maßnahme. Auf Beschluß des Sekretariats vom 28. April 1950 bekam P. Hentschel aus der Abteilung Staatliche Verwaltung den Auftrag, vor Ort als »politischer Berater« tätig zu werden.[3] Daß dieser in Waldheim ungeduldig erwartet wurde, geht aus dem schon genannten Bericht vom 29. April hervor: »Der Vertreter des Parteivorstandes ist bisher nicht eingetroffen. Seine Anwesenheit wird für dringlich erforderlich gehalten, um in der politischen Linie bei der Justiz bestehende Unklarheiten zu beheben. In einigen Fällen ist Einwirken auf die Angehörigen der Justiz dringlich erforderlich.«[4]

Mit dem Eintreffen P. Hentschels konnten nun Regieanweisungen aus W. Ulbrichts Büro direkt nach Waldheim übermittelt und dort in die Tat umgesetzt werden. Der Durchsetzung der in der Vorbereitungsphase ausgegebenen politischen Linie für die Art und Weise der Rechtsprechung stand nichts mehr im Wege.

Derselbe Bericht verdeutlicht, daß es für die Verantwortlichen erklärtes Ziel war, pro Tag und Strafkammer zehn Verurteilungen zu schaffen. Obwohl die Gerichte manchmal bis 22 Uhr verhandelten, hatten die bis dahin arbeitenden drei Großen und drei Kleinen Strafkammern des Landgerichts Chemnitz diese Vorgabe noch nicht durchgängig realisieren können. Die vorgesehene Dauer eines Prozesses mit etwa einer Stunde hielt man oft noch nicht ein. Die Ursache dafür sahen die Leiter des U-Organs vor allem darin, daß die Vorsitzenden der Kammern sich bei »Kleinigkeiten« und »nebensächlichen« Fragen aufhielten. Sie richteten sich nicht konsequent genug nach der politischen Linie, wonach einfach eine strenge Bestrafung von Nazi- und Kriegsverbrechern erfolgen sollte, ohne noch groß nach der persönlichen Schuld des einzelnen zu suchen. Schon die Beratung eines Urteils dauerte manchmal länger als die angestrebte Verhandlungsdauer.[5] Aber da die behindernden Faktoren erkannt waren, stand einer Beschleunigung der Aktion nichts im Wege.

Die Urteile empfanden die Berichterstatter in vielen Fällen noch als zu milde. Sie kritisierten die Auffassungen einiger Richter, die bezweifelten, daß Strafen über zehn Jahre überhaupt verhängt werden dürfen. In den bis dahin durchgeführten Verfahren auf der Grundlage des Befehls Nr. 201 der SMAD vom 16. August 1947 hatte der Anteil der Zuchthaus- und Gefängnisstrafen über zehn Jahre nur etwa zwei Prozent aller Urteile ausgemacht.[6] Auch bei den Sühnemaßnahmen entsprechend der Kontrollratsdirektive 38 vom 12. Oktober 1946 war außer bei Zuchthaus und Gefängnis auf Lebenszeit für Hauptschuldige, denen bestimmte Kriegsverbrechen nachgewiesen werden konnten, die Dauer des Freiheitsentzuges auf höchstens 15 Jahre begrenzt. Für sonstige Hauptschuldige und Belastete sah die Direktive Gefängnis oder Internierung bis zu zehn Jahren vor.[7]

Um zu Urteilen zu kommen, die den Festlegungen für eine strenge Bestrafung entsprachen, sollten – wie am 28. April erstmals geschehen – täglich gemeinsame Beratungen der Leitung des U-Organs mit den Richtern und Staatsanwälten über die am nächsten Tag zu fällenden Urteile erfolgen. Mit dieser Maßnahme wollte man ausschließen, daß weiterhin keine »Fehlurteile mehr« mit solchen niedrigen Freiheitsstrafen bis zu zehn Jahre vorkamen.[8]

Probleme gab es anfänglich mit zwei der 29 sorgfältig ausgesuchten Schöffen, die schon nach den wenigen Verhandlungen aus Gewissensgründen darum baten, sie von dieser Aufgabe zu entbinden. Sie bezweifelten die Notwendigkeit der strengen Strafen und äußerten sich enttäuscht über den Verlauf der Verhandlungen. Sie konnten nicht davon überzeugt werden, daß solche Bestrafungen in allen Fällen richtig waren. Nach ihrer Ablösung sollten sie sich für dieses Verhalten vor ihren Parteiorganisationen verantworten. Die zuständige Dienststelle des Ministeriums für Staatssicherheit erhielt den

Auftrag, beide vorläufig zu beobachten und erforderlichenfalls die notwendigen Schritte einzuleiten, um sie zum Schweigen zu bringen. Man wollte nicht riskieren, daß Einzelheiten über das Geschehen hinter den Zuchthausmauern von Waldheim an die Öffentlichkeit gelangten.[9]

Die Leiter des U-Organs vergaßen nicht zu erwähnen, daß sie alle erforderlichen Sicherheitsmaßnahmen für einen reibungslosen Verlauf der Aktion getroffen hatten. Es würde keinem Unbefugten gelingen, an einer Verhandlung teilzunehmen. In Waldheim kamen Zivilstreifen der VP zum Einsatz. Ihre Aufgabe bestand darin, die Stimmungen und Meinungen in der Bevölkerung zu registrieren. Es hätte ja sein können, daß über die Wachmannschaften oder Personen, die in der Anstalt arbeiteten, Informationen nach draußen gelangten. Dies galt es unter allen Umständen zu verhindern. Man sorgte deshalb sogar dafür, daß der Transport der zu Verurteilenden in die Verhandlungsräume im Haftkrankenhaus gegenüber der Vollzugsanstalt reibungslos und ohne Aufsehen erfolgte.[10] Obwohl es bis zu diesem Gebäude nur einige Schritte über die Straße waren, benutzte man meist ein spezielles Gefangenentransportauto, damit niemand vielleicht Fragen stellte, was da vor sich ging.

Kontakte zwischen den auf ihr Urteil wartenden und den schon verurteilten Häftlingen wurden verhindert. Ab 2. Mai war geplant, Kriminalpolizisten in die Zellen und Aufenthaltsräume einzuschleusen, wo man diejenigen unterbrachte, deren Verfahren unmittelbar bevorstanden. Auf diese Weise versuchten die VP-Angehörigen des U-Organs in dem einen oder anderen Fall noch zusätzliche Belastungsmomente herauszubekommen. Daß damit irgendwelche Erfolge erzielt werden konnten, ist in keinem Bericht erwähnt.[11]

Hans Techen schrieb dem Verfasser auf die Frage, ob es tatsächlich vorgekommen sei, mit Hilfe solcher Spitzel noch unmittelbar vor den Prozessen Leute auszuhorchen: »Ich erinnere mich, daß man vor dem Prozeß hier und da Spitzel eingeschleust hat. Da wir es vermuteten, haben wir uns ›Kameraden‹ gegenüber, die plötzlich in die einzelnen Zellen umgelegt wurden, sehr schweigsam verhalten. Meist wurde dieser neue ›Kamerad‹ nach gewisser Zeit wieder aus der Zelle gegen einen anderen ausgetauscht. Später nach der Verurteilung kam es ebenfalls vor, daß man einen Kameraden aus der Zelle gegen einen anderen austauschte. Zunächst sahen wir den ›Neuen‹ erst einmal vorsichtshalber als Spitzel an. Erst langsam wurden wir warm mit ihm, und erst dann bezogen wir ihn in unsere Gespräche ein.«[12]

Andere ehemalige Waldheim-Verurteilte bestätigten in Gesprächen, daß die VP mit solchen Methoden während der Prozesse arbeitete, aber ohne nennenswerte Resultate, wie das Fehlen entsprechender Erfolgsmeldungen in den Akten belegt. Auch später, während der Verbüßung der Strafen, gab es immer wieder Versuche seitens der Anstaltsleitungen, Spitzel unter den Gefangenen zu werben oder als Spitzel geworbene Kriminelle zu nutzen, um etwas über die Ansichten und Meinungen der Gefangenen zu erfahren. Dort, wo man durch Spitzel an anderer Stelle zu Informationen kam, wurde das in den Berichten an die Vorgesetzten gebührend erwähnt. Auf entsprechende Beispiele wird an anderer Stelle eingegangen.

Da der 1. Mai 1950 als Feiertag auf den Montag fiel, hatte es eine kleine Unterbrechung bei den Verhandlungen in Waldheim gegeben. Nach der kurzen Phase der Einarbeitung begann dann ab 3. Mai eine neue Etappe bei er Durchführung der Prozesse, die bis zum 11. Mai dauerte. Sie war dadurch gekennzeichnet, daß man nach Möglichkeiten suchte, um den Ablauf der Aktion zu beschleunigen. Pro Verhandlungstag arbeiteten nun schon meist acht bis zehn Strafkammern. Am 3. Mai tagten die 4., 6., 7. und 8. Große Strafkammer sowie die 1., 4., 5. und 6. Kleine Strafkammer. Die Großen Kammern schafften oft schon die geplanten zehn Verhandlungen. Bei den Kleinen Kammern ging es anfangs mit durchschnittlich sieben Prozessen pro Tag immer noch nicht schnell genug.

Auf Veranlassung des MdJ waren weitere Richter und Staatsanwälte nach Waldheim delegiert worden, um die personellen Voraussetzungen für einen zügigen Ablauf der Prozesse zu schaffen. Gleich nach ihrer Ankunft am 2. Mai erfolgte die Einweisung, wie es bei den Vorgängern ebenfalls geschehen war. Im zweiten »Tätigkeits- und Erfahrungsbericht« vom 3. Mai der Leitung des U-Organs nach Berlin wurde erst einmal gemeldet, daß jede Kammer ihr Tagespensum mit zehn Verhandlungen erfülle.[13] Das stimmte zwar nicht ganz, aber da man damit rechnen mußte, daß er auf den Tisch der höchsten Vorgesetzten und der SED-Führung gelangen würde[14], »besserte« man die Ergebnisse lieber etwas auf.[15] Wer von den Verantwortlichen in Waldheim wollte sich vielleicht sagen lassen, daß er den Aufgaben nicht gewachsen sei oder sich nicht genügend dafür einsetze, die Weisungen seiner Parteiführung durchzusetzen.

Befriedigt stellten die Berichterstatter fest, daß sich das Strafmaß bei den Urteilen erhöht hatte. Insbesondere in den Großen Strafkammern kamen kaum noch Urteile unter zehn Jahren Gefängnis oder Zuchthaus vor. In vielen Fällen lagen die Strafen bei 20 bis 25 Jahren Freiheitsentzug, und im genannten Zeitraum erhielten in 499 Verhandlungen 31 Personen eine lebenslängliche Zuchthausstrafe.[16] Die Ursache für diese »Erfolge« sah man vor allem in den regelmäßigen Vorbesprechungen zwischen dem U-Organ und den Mitarbeitern der Justiz. Man nannte das »Erfahrungsaustausch«, was eigentlich schlicht in vielen Fällen eine »Vorverurteilung« bedeutete. Wörtlich heißt es im Bericht: »Die gemeinsame Beurteilung der vorliegenden Tatbestände und das angebrachte Strafmaß soll auch weiterhin täglich Gegenstand der Besprechung sein.«[17]

Als besonderes Vorkommnis meldete die Leitung des U-Organs den Versuch des sächsischen Justizministers und eines Vertreters des SED-Landesvorstandes Sachsen, sich am 3. Mai Einblick in die Verfahren und in die Verhandlungen zu verschaffen. Sie erhielten weder Zugang zum Gerichtsgebäude noch Einsicht in die Akten. Als Begründung genügte, daß sie nicht im Besitz der erforderlichen Genehmigungen wären, die ihnen Zutritt zu den Verhandlungen in Waldheim ermöglicht hätten.[18] Sie sollten nicht die einzigen bleiben, denen ein Blick hinter die Kulissen der Prozesse verwehrt wurde.

Am 4. Mai kamen bei den Großen Strafkammern die 1., 2.,

3. und 5. zum Einsatz und bei den Kleinen die 2., 3., 8. sowie eine 9. und 10. Kammer. Die letztgenannten Kleinen Strafkammern tagten dann nur noch einmal am 6. Mai. Insgesamt führten sie 32 Verhandlungen durch, bei denen meist Gefängnisstrafen von acht bis zehn Jahren verhängt wurden. Nach dem 6. Mai gab es dann nur noch acht Kleine Strafkammern. Die vorübergehende zusätzliche Einrichtung von zwei Kleinen Kammern diente offensichtlich der Beschleunigung der Prozeßdurchführung, bis alles besser durchorganisiert war. Auch bei den Großen Strafkammern bildete man am 10. Mai als einmalige Ausnahme eine 13. Kammer. Sie verhandelte zehn Prozesse, bei denen das Gericht zwei lebenslängliche Zuchthausstrafen und sechsmal 15 bis 25 Jahre Zuchthaus aussprach. Es liegt die Vermutung nahe, daß diese zusätzlichen Verhandlungen dazu dienten, die nach Berlin gemeldete Zahl von Prozessen den tatsächlich durchgeführten Verfahren anzugleichen.

Der dritte »Tätigkeits- und Erfahrungsbericht« vom 5. Mai enthält, was die Zahl der erledigten Gerichtsverfahren betraf, wieder einige Angaben, welche die Verfasser des Berichts etwas für die Führung in Berlin »geschönt« hatten.[19] Was machte das schon, Berlin war weit, und hier in Waldheim würde man die Dinge schon in den Griff bekommen. Um die gesamte Arbeit des U-Organs und der Gerichte effektiver zu gestalten, bildeten die verantwortlichen Abgesandten des SED-Parteivorstandes, des MdI und des MdJ ein koordinierendes Führungsorgan, das man schlicht »Kommission« nannte.[20]

Dieser gehörten an: P. Hentschel, Mitarbeiter der Abteilung Staatliche Verwaltung beim PV der SED und politischer Berater für die Aktion, VP-Inspekteur K. Mellmann, Leiter des U-Organs, VP-Inspekteur H. Marquardt, Stellvertretender Leiter des U-Organs, Dr. H. Heinze, Hauptabteilungsleiterin im MdJ, und E. Reisler, Oberreferent im MdJ, beide als Zuständige für die juristische Absicherung der Prozesse nach Waldheim delegiert.[21] Im weiteren Verlauf der Tätigkeit dieser Kommission bezog man Oberstaatsanwalt R. Krügelstein als Vertreter der Staatsanwaltschaft in die Beratungen ein.[22]

Worin diese Kommission ihre Aufgaben sah, wird aus dem Bericht vom 5. Mai und den weiteren Berichten dieser Art ersichtlich. Als Schwäche in der Tätigkeit der Strafkammern bemängelten die Mitglieder z. B., daß dort die Richter noch zu viele Strafen mit nur fünf bis zehn Jahren Gefängnis oder Zuchthaus verhängten. Als Reaktion darauf legten sie fest: »Mit sofortiger Wirkung wurde der Beschluß gefaßt, daß Urteile bis zu 5 Jahren nur beantragt und ausgeworfen werden dürfen, wenn hierzu ein ausdrücklicher Beschluß der Kommission vorliegt, die... (Hier erfolgte die Nennung der Mitglieder, der Verfasser). Dieser Kommission obliegen gleichzeitig die Entscheidungen über die den Organen der Justiz als zweifelhaft erscheinenden Vorgänge.«[23] Weiterhin verständigten sich die Kommissionsmitglieder darüber, daß bei Fragen und Problemen, die nicht an Ort und Stelle entschieden werden konnten, das letzte Wort im Parteivorstand der SED gesprochen wird.[24] Damit wurde noch einmal unmißverständlich unterstrichen, wo die Verantwortung für das Geschehen in Waldheim lag und wer etwas zu sagen hatte.

Die Kommission fühlte sich vor allem auch zuständig für die Durchsetzung der politischen Linie. Richter und Staatsanwälte, die sich nicht daran hielten, mußten sich vor diesem Gremium verantworten. Wichtiger Gradmesser für klares politisches Handeln im Sinne des Auftrages der SED war, ob ein Richter, Staatsanwalt oder Schöffe Zweifel an den sowjetischen Protokollauszügen anmeldete. Daß dies bei einigen immer wieder vorkam und den zügigen Ablauf der Aktion gefährdete, ging aus dem Bericht vom 5. Mai hervor. In solchen Fällen griff die Kommission ein und setzte sich mit den betreffenden Personen auseinander.

Am 4. Mai plädierte der Staatsanwalt Rudolf R. in einer der Verhandlungen vor der 1. Großen Strafkammer im Fall des Oberkriegsgerichtsrates K. für die Todesstrafe.[25] Es wäre die erste Todesstrafe gewesen. Der Vorsitzende dieser Kammer, Richter Heinrich D., und sein Beisitzer, Richter Otto P., folgten dem Antrag des Staatsanwalts nicht, den aber wiederum die drei Schöffen unterstützten.[26] Der Schöffe Edward D. aus

Chemnitz beschwerte sich daraufhin in einem Bericht über das Verhalten der Richter beim Leiter des U-Organs. Darin beklagte er sich, daß beide Richter dann noch nicht einmal der vom Staatsanwalt geforderten Strafe von 20 Jahren Zuchthaus zustimmten, sondern gegen die Auffassung der drei Schöffen nur 15 Jahre Freiheitsentzug verhängten. Er vergaß nicht, noch einmal ausdrücklich darauf aufmerksam zu machen, daß die Richter D. und P. oft ein geringeres Strafmaß aussprachen, als vom Staatsanwalt gefordert.[27]

Diese beiden Richter gehörten zu den wenigen in Waldheim, die nicht ganz blindlings bereit waren, politisch motivierte Urteile zu fällen, was man ihnen in ihren Abschlußbeurteilungen ungewollt bescheinigte. Andererseits erhielt der betreffende Staatsanwalt sein »verdientes Lob« dafür, daß er konsequent die geforderte politische Linie durchsetzte. (Dok. 3/1) Die 1. Große Strafkammer gehörte wohl wegen dieser Haltung der Richter zu den vier Großen Kammern (5.,8. und 12.), in denen während der ganzen Zeit keine Todesstrafe verhängt wurde.[28]

Insgesamt muß aber festgehalten werden, daß solche Verweigerungen die Ausnahme blieben. An dieser Tatsache ändert sich nichts, auch wenn anfangs manche der nach Waldheim beorderten Richter, Staatsanwälte und Schöffen noch den einen oder anderen Zweifel anmeldeten an der Art und Weise, wie hier »Recht« gesprochen werden mußte. Nach und nach fügten sich jedoch alle und taten das, was sie für ihre Pflicht hielten oder was man von ihnen verlangte. Wer nicht den Erwartungen entsprach, hatte vor der Kommission zu erscheinen, um sich für sein politisches Fehlverhalten zu verantworten, wie die Richter Kurt. H. und Herbert H. Den Richter Kurt H. löste dieses Gremium wegen zu vieler Urteile von nur fünf bis zehn Jahren Haft als Vorsitzenden der 5. Kleinen Strafkammer ab und setzte ihn als Beisitzer in einer Großen Kammer an der Seite eines zuverlässigen Vorsitzenden ein.[29]

Die rechte Hand von Dr. H. Heinze in Waldheim, Oberreferent E. Reisler aus dem MdJ, reflektierte das Geschehen in Waldheim in der Anfangsphase der Prozesse, indem er erst einmal auf die Schwierigkeiten mit solchen Richtern wie Heinrich D. verwies, die es ablehnten, die geforderten hohen Strafen zu verhängen. Weiter vermerkte er: »Schwierigkeiten gab es auch mit einer Reihe von Schöffen (gemeint sind offensichtlich die beiden schon erwähnten Personen, der Verfasser). Nur in täglichen ernsthaften Auseinandersetzungen konnten wir diese (defätistische – vom Verfasser ergänzt, da das Wort in der Quelle unleserlich war) Stimmung zerschlagen und unsere Aufgabe fortsetzen. In dieser Zeit war ich zum Parteisekretär für die Dauer des Prozesses in Waldheim ernannt worden. Täglich mußten wir kurze Parteiversammlungen ansetzen, um uns mit dem Versagen einzelner Genossen zu beschäftigen.

Auf der anderen Seite mußten wir verhindern, daß bei diesem Massenanfall nicht zu schematisch gearbeitet wurde. Der Angeklagte mußte das Gefühl haben und behalten, daß er, wenn auch unter besonderen Umständen, doch von einem ordentlichen deutschen Gericht abgeurteilt worden war.«[30]

In diesem Zusammenhang ging Reisler in seinen Erinnerungen noch auf zwei weitere erwähnenswerte Aspekte ein, die in den offiziellen Berichten nur am Rande erwähnt werden. Einmal bestätigte er, daß das im Februar 1950 gebildete Ministerium für Staatssicherheit (MfS) begann, seine Aufgabengebiete abzustecken und seinen Einfluß durchzusetzen. Dabei drang es vor allem in Bereiche ein, die bis dahin unter Kontrolle der VP standen. Es entwickelte sich eine Arbeitsteilung zwischen dem MfS und dem MdI. Die bisherige Vormachtstellung der VP-Organe bei der Überwachung und Verfolgung aller politischen Gegner nahm nun nach und nach das neue Ministerium ein. Das MfS engagierte sich vor allem dort, wo man oppositionelle Kräfte im Inneren vermutete oder wo der »Gegner aus dem Westen« wirkte.

E. Reisler hielt dazu im Zusammenhang mit den Ereignissen in Waldheim fest: »Zu dieser Zeit machte sich eine bestimmte Gegnerarbeit bemerkbar, der sogenannte Kampfbund gegen die Unmenschlichkeit (KgU) [31] setzte hier einige unverbesserliche Faschisten ein, um Verbindung zu in Haft befindlichen

Ostbüroagenten zu erhalten. Es gelang uns, in Zusammenarbeit mit Genossen der Staatssicherheit, einige Agenten festzusetzen.«[32]

Die zweite Sache, auf die Reisler in seinem Bericht hinweist, bezieht sich auf die Aktivitäten der SKK. »Nachdem einige Zeit verhandelt worden war, traten auch die Vertreter der sowjetischen Organe in Erscheinung. Es ware (Fehler im Original, der Verfasser) keine mir bekannten Genossen aus Karlshorst. Diese Genossen waren in Zivil und bemühten sich, daß wir unsere Prozesse erfolgreich durchführen konnten. Meiner Meinung waren es nicht Genossen der Abteilung Justiz der SKK, sondern Mitarbeiter der NKWD.[33] Zu diesen Aussprachen mit obigen Genossen wurde nur Paul Hentschel und ich herangezogen. Die Aussprachen fanden in der Regel zwischen 24 Uhr und 1 Uhr statt.«[34] Diese Notiz bestätigt, was bisher durch Archivalien noch nicht so umfangreich belegt werden kann. Die sowjetische Seite trat zwar bei den Prozessen nicht offen in Erscheinung, war aber stets informiert und nahm auch aktiv Einfluß auf den Verlauf der Prozesse sowie die zu fällenden Urteile. Aussagen darüber, wie das alles im einzelnen abgelaufen ist, können nicht gemacht werden, da entsprechende Dokumente in den genutzten Archiven bisher nicht gefunden werden konnten.

Belegbar ist jedoch der weitere Verlauf der Prozesse und des Geschehens in Waldheim. Ein Blick auf die Verhandlungsergebnisse vom 5. Mai 1950 bestätigt, daß man in den Großen Strafkammern sowohl die geforderte Anzahl der Prozesse pro Tag als auch die Härte der Strafen langsam in den Griff bekam. Bei den 34 Verhandlungen der 4., 6., 7. und 8. Großen Kammer gab es nur noch zwei Urteile unter zehn Jahren Gefängnis, aber dafür fünfmal lebenslänglich Zuchthaus und das erste Todesurteil. Gefällt wurde es in der 4. Großen Strafkammer im Prozeß gegen den ehemaligen Oberstabsrichter der Wehrmacht Horst Hunger.[35]

Der dritte Tätigkeits- und Erfahrungsbericht enthielt einen weiteren Hinweis auf Aktivitäten der VP zur Bespitzelung der Bevölkerung in Waldheim. Zwei der eingesetzten Kriminalpolizisten überprüften Möglichkeiten, an Informationen über die Vorgänge innerhalb der Strafanstalt heranzukommen oder über die Insassen etwas in Erfahrung zu bringen. Es mußte solche undichten Stellen geben, denn im Präsidium der DVP häuften sich Anfragen nach dem Verbleib von Personen, die von ihren Angehörigen oder Kollegen in Waldheim vermutet wurden.

In vielen Fällen trugen solche Nachfragen oder Gesuche auch die Unterschriften der Bürgermeister oder von Mitgliedern der Ausschüsse der Nationalen Front. Auch Nachbarn der Betroffenen und Bekannte unterstützten oft solche Anträge. Immer wieder kam darin zum Ausdruck, daß es sich bei denen, die nun in Waldheim vor Gericht standen, nicht in jedem Fall um gefährliche Nazi- und Kriegsverbrecher handelte. Wer allerdings glaubte, daß solche Schreiben wenigstens neue Nachforschungen in den einzelnen Fällen auslösen könnten, war im Irrtum.

Sogar einzelne Parteiorganisationen der SED setzten sich dafür ein, etwas über bestimmte Personen zu erfahren, um damit Betroffenen zu helfen. (Dok. 3/2) Das muß solche Ausmaße angenommen haben, daß sich der Präsident der DVP, Dr. K. Fischer, über Chefinspekteur G. Röbelen an W. Ulbricht wandte, damit seitens des PV der SED weitere Nachforschungen unterbunden würden. Dort, wo feststellbar war, welche Einzelpersonen die Anfrage initiiert hatten, sollte das MfS eingreifen.[36] Was sich in Waldheim im Zusammenhang mit den begonnenen Prozessen abspielte, mußte weiter im verborgenen bleiben. Irgendwelche Diskussionen in der Bevölkerung oder sogar im Ausland über das Geschehen in Waldheim bargen die Gefahr in sich, daß die Legende von der Abrechnung mit Nazi- und Kriegsverbrechern platzte.

Als Informationsquellen nahm man erst einmal zwei Pfarrer unter die Lupe, die durch ihre Tätigkeit über Kontakte zur Anstalt und zu dort Beschäftigten verfügten. Es war aufgefallen, daß in den Apriltagen und auch Anfang Mai viele Auswärtige diese beiden Pfarrer aufsuchten. Die Spitzel taten dies auch und gaben sich als Angehörige von Internierten aus. Besonders erfolgreich war die Befragung des Anstaltspfarrers

Irmler, der aber selbst zu dieser Zeit nicht mehr in die Strafanstalt hinein durfte. Aus dem Bericht geht hervor, daß der Pfarrer Irmler schon O. Nuschke, Stellvertretendem Ministerpräsidenten und Vorsitzendem der CDU, über die Vorgänge in Waldheim informiert hatte, der seinerseits entsprechende Beschwerden an W. Pieck und O. Grotewohl weitergeleitet haben soll. (Dok. 3/3) Das blieb nicht die einzige Aktivität O. Nuschkes in Sachen Waldheim, aber dazu später. Ansonsten schien die Bespitzelung der Bevölkerung keine besonderen Ergebnisse zu bringen.

Besondere Aufmerksamkeit erregte allerdings noch die Familie G., die in der Dresdner Straße in unmittelbarer Nähe der Strafanstalt einen Tabakwarenladen betrieb. Da beide als Justizvollzugsbeamte gearbeitet hatten, erfuhren sie von ehemaligen Kollegen oder VP-Angehörigen, die ihre Tabakwaren in ihrem Geschäft kauften, einiges darüber, was sich hinter den Mauern des Zuchthauses abspielte. Auf diesem Wege gelangten wahrscheinlich einige Informationen über die hohen Zuchthausstrafen und auch über Todesurteile an die Öffentlichkeit. Daß es größere Diskussionen gab in Waldheim, wurde in den Spitzelberichten nicht vermerkt. Recht gut waren auch jene Gastwirte in Waldheim über die Vorgänge in der Strafanstalt informiert, bei denen Richter und Staatsanwälte wohnten. Einige Bürger äußerten ihre Verwunderung darüber, daß man manche Zellenfenster mit zusätzlichen Holzkästen vernagelte.[37] Ansonsten hielten sich die Einwohner zurück und wollten lieber nichts wissen.

Bis zum 11. Mai 1950 waren die Anlaufschwierigkeiten bei der Vorbereitung und Durchführung der Prozesse in Waldheim überwunden. Der vierte »Tätigkeits- und Erfahrungsbericht« von diesem Tage enthielt kaum noch Informationen für die Vorgesetzten zu aufgetretenen Problemen. Die Berichterstattung nach Berlin erfolgte nun schon in längeren Abständen. Die Verantwortlichen in Waldheim hatten alles fest in der Hand. Mit dem Ablauf der Verhandlungen konnte man zufrieden sein. Die ausgesprochenen Strafen entsprachen den festgelegten Richtlinien.

Bis zum 10. Mai fanden vor den Kleinen und Großen Strafkammern 599 Prozesse statt, von denen man 31 vertagen mußte. Zur Bilanz der Urteile gehörten sechs Todesstrafen, 30 lebenslängliche Haftstrafen sowie in 367 Fällen mindestens zehn Jahre Zuchthaus. Nicht ohne Stolz verwiesen die Berichterstatter darauf, daß es nur sechs Urteile mit weniger als fünf Jahren Gefängnis gab. Seit dem 9. Mai verhängten die Strafkammern auch keine Urteile mehr unter zehn Jahren.[38]

Der Bericht enthielt einen Hinweis darauf, daß durch Mitarbeiter des MfS in Waldheim die Verhaftung einer Margret W. und eines Wilhelm P. erfolgt war. Ihre strafbare Handlung bestand lediglich darin, den Versuch gemacht zu haben, mit Insassen der Strafvollzugsanstalt Kontakt aufzunehmen. Weitere Einzelheiten wurden nicht erwähnt. Etwa zur gleichen Zeit versuchte Propst H. Grüber in Berlin etwas für die Inhaftierten in Waldheim zu tun. Über solche Berichte oder Beschwerden, wie sie Anstaltspfarrer Irmler gemacht hatte, drangen wahrscheinlich erste Informationen über die Vorgänge im Zuchthaus Waldheim auch bis zu führenden evangelischen Kirchenkreisen nach Berlin. Propst H. Grüber versuchte über Gespräche mit Staatssekretär H. Warnke im MdI sowie mit Justizminister M. Fechner in die Wege zu leiten, daß den Angeklagten in den Prozessen Rechtshilfe gestellt werden kann. Er benannte dafür zwei Rechtsanwälte aus Dresden, die bereit waren, im Auftrag der Kirche tätig zu werden. Aber außer höflichen und letztlich unbestimmten Aussagen konnte er nichts erreichen.[39]

Dieser gescheiterte Versuch von Propst H. Grüber blieb nicht seine einzige Aktivität für die Häftlinge hinter den Mauern des Zuchthauses Waldheim. Seit einem Besuch im Lager Sachsenhausen im Jahre 1949 genoß er jedoch bei den ehemaligen Insassen wenig Ansehen. Seine damals gemachten beschönigenden und beschwichtigenden Äußerungen über die sowjetischen Lager hatte keiner der Betroffenen verstanden und vergessen. Als kritikwürdig empfanden sie vor allem seine Aufrufe an die Gefangenen, sich gegenüber der Besatzungsmacht tolerant zu verhalten und sich ihrem Schicksal zu fügen. Für viele der Waldheim-Verurteilten blieb Propst H. Grüber ein Mann, der versagen mußte, weil er keine klaren Positionen bezog. Seine Bemühungen, über das Arrangement mit dem Staat zu helfen, blieben letztlich ohne spürbare Auswirkungen für die Häftlinge.[40]

Möglichkeiten, seine unzutreffenden Aussagen über die sowjetischen Lager zu korrigieren, nutzte er auch in späteren Jahren nicht. Dennoch sollte man keine vorschnellen Urteile darüber fällen, was ein Vertreter der Kirche in jenen Tagen tatsächlich tun konnte, wo seine Grenzen als Mensch oder als Kirchenmann lagen. Dazu ist es unerläßlich, das erforderliche Material zu erschließen und gründlich darüber nachzudenken, bevor Schuld oder Versagen in Rechnung gestellt werden.

Ab Freitag den 12. Mai 1950 begannen die Strafkammern in Waldheim mit der intensivsten Phase ihrer Arbeit. Diese dauerte bis zum 8. Juni. Während dieser Zeit fand der größte Teil der Prozesse statt. Täglich kamen nun zehn Kammern zum Einsatz. Pro Verhandlungstag fällte jedes Gericht neun bis zehn Urteile. Damit war erreicht, was sich die Verantwortlichen für den Ablauf der Prozesse vorgenommen hatten. Jeden Tag erfolgten 90 bis 100 Gerichtsverhandlungen.

Um den reibungslosen Ablauf der Aktion zu gewährleisten, arbeiteten die zwölf Großen und acht Kleinen Strafkammern in einem bestimmten Rhythmus. Am 12. Mai begannen sieben Große Strafkammern (1./2./3./5./9./10./11.) und drei Kleine (2./3./8.). Am darauffolgenden Tag tagten dann fünf Große (4./6./7./8./12.) und fünf Kleine Spruchkammern (1./4./5./6./7.). Jede der 20 Kammern verhandelte nun jeden zweiten Tag. An den Tagen zwischen den Sitzungen bereitete man die nächsten Prozesse vor oder führte vertagte Verhandlungen zu Ende. Verhandlungsfrei waren nur die Sonntage und die Pfingstfeiertage. So schaffte man an 21 Verhandlungstagen mehr als 2000 Prozesse bis zum 8. Juni 1950.

Ähnlich wie bei den Arbeitsgruppen des U-Organs kam es zum Wettbewerb zwischen den Strafkammern. Als eine Art Maßstab für erbrachte »Leistungen« und die richtige Durchsetzung der politischen Linie diente die Höhe der Strafen. Wenn

»glatte« Fälle zur Verhandlung kamen, zogen manche Kammern zehn Verfahren in sechs Stunden durch. Manche Richter und Staatsanwälte hielten ihre Tätigkeit für besonders erfolgreich, wenn die Prozesse kurz und die Strafen hoch ausfielen. Seitens der Kommission sah man sich veranlaßt, diese Initiativen etwas zu bremsen, um wenigstens den Schein von normalen Gerichtsverfahren so gut es ging zu wahren.[41]

Die »Bilanz« des 12. Mai enthielt z.B. zwei Todesurteile, 13 lebenslängliche Haftstrafen und 17mal 25 Jahre Zuchthaus. Im Verlauf der Zeit standen dann täglich drei bis fünf lebenslängliche und fünf bis zehn 25jährige Strafen zu Buche. Das »Standardstrafmaß« betrug 15 bis 20 Jahre Zuchthaus. Wofür es in Anwendung kam, wird an anderer Stelle mit konkreten Urteilsbeispielen belegt. Gefängnisstrafen unter zehn Jahren gab es im genannten Zeitraum nur etwa 120, wobei acht Jahre die häufigste Strafe war. In den Kleinen Strafkammern fällte man meist Urteile zwischen 8 und 15 Jahren Gefängnis oder Zuchthaus, wobei selbst hier Freiheitsentzug von 15 Jahren bis lebenslänglich keine Ausnahme darstellte.

Wie es den Häftlingen in dieser Zeit erging, beschrieb Fritz Göhler 1956 nach seiner Entlassung in einem Bericht:

»Zur Vorbereitung für die Hauptverhandlung wurden jeweils 240 Männer in einem Raum von knapp 170 Kubikmetern gebracht und blieben dort zwei Tage und zwei Nächte bei erdrückender Hitze. Unter den Menschen befanden sich mehrere mit offener Tbc, die so schwach waren, daß sie auf Tragbahren hereingebracht werden und auf dem Fußboden liegen mußten. Die übrigen konnten nur mit angezogenen Beinen hocken, zwei Tage, zwei Nächte bei entsetzlicher Hitze. Zur Erledigung der Bedürfnisse diente ein großer Holzkübel von etwa einem Meter Durchmesser. Zweihundertvierzig Menschen erledigten ihre Bedürfnisse ununterbrochen während der Tage und Nächte. Die Luft war, da der Kübel länger offen als geschlossen war, unerträglich. Auf dem Kübel lag ein verschiebbarer Holzdeckel, der gleichzeitig zum Absetzen des Essens diente. Häufige Vorhalte beim Vopo-Wachtmeister, der ab und zu durch die Türklappe sah, die Leerung des Kübels zu veranlassen, blieben ohne Erfolg. In der Frühe des dritten Tages wurden wir für die Hauptverhandlung hergerichtet. Unter der Aufsicht einiger Vopo-Wachtmeister erhielten wir mit gelber Lackfarbe ein Andreas-Kreuz über den ganzen Rücken unseres Ziviljacketts und einen breiten gelben ›Generalsstreifen‹ auf unsere Hosen gemalt. Dann warteten wir bis zum Aufruf der Verhandlungen in einem leeren Kartoffelkeller. Alle halben Stunden wurden acht Gefangene mit der ›grünen Minna‹ zur Verurteilung gefahren. Vor der Abfahrt fesselte uns ein Vopo-Wachtmeister mit Schließeisen die Arme an der Handwurzel aneinander.«[42]

Auch den Ablauf seiner Verhandlung beschrieb Fritz Göhler in dem schon zitierten Bericht, ein Szenarium, das sich so oder ähnlich über 3000mal bei den Prozessen in Waldheim abspielte.

»Ich wurde in das Gebäude geführt, in dem in flüchtig hergerichteten Räumen die Großen und Kleinen Strafkammern tagten. Meine Wächter schlossen die Fesseln auf, ich trat in den ›Gerichtssaal‹, der von Zigarettenrauch erfüllt war. Ich sah den Vorsitzenden und zwei Volksrichterinnen und eine jüdische Staatsanwältin im Talar, zwei Laienrichter ohne Schlips mit aufgeknöpftem Hemd. Eine kesse, ›auf Puppe‹ frisierte Protokollantin saß lustig hinter einem kleinen Tisch hinter der Schreibmaschine. Einer der Laienrichter war ein in Zivil gekleideter Vopo-Hauptwachtmeister, den ich kurze Zeit später im Zuchthaus wiedersah.[43] Mein Wächter verkörperte die Öffentlichkeit. Das Dekorum war scheinbar gewahrt worden, nur einen Verteidiger hatte ich nicht. Das gleiche Frage-und-Antwort-Spiel wie bei der Vernehmung rollte ab. Das Plädoyer der Staatsanwältin begann mit der gewiß nicht zum ersten Male angewendeten Phrase: ›Der Angeklagte ist der Typ des Militaristen und Faschisten. Der Lebensweg des Angeklagten ist gekennzeichnet durch Berge von Leichen in den Straßengräben und Reihen von Erhängten an den Straßenbäumen...‹ Sie plädierte auf 20 Jahre Zuchthaus.«[44]

Diese Erinnerungen können durch einen Auszug aus der Urteilsbegründung untermauert werden. Nachdem dort der

Werdegang F. Göhlers als Polizeioffizier dargelegt worden war, ohne ihm konkrete strafbare Handlungen vorwerfen zu können, hieß es dann: »Diese Angaben beruhen auf der eigenen Einlassung des Angeklagten. Der Angeklagte hat sich demnach nach dem KG Nr. 10, Art. II, Ziff. 1c und Ziff. 2b und c, sowie nach der KD Nr. 38, Abschn. II, Art. II, Ziff. 3 und 6 schuldig gemacht und er mußte bestraft werden. Der Angeklagte hat sich mitschuldig gemacht bezüglich der Ausschreitungen, Plünderungen und sonstiger Gewalttaten, die von den deutschen Okkupanten in dem besetzten Serbien begangen wurden. Er hat durch das Aufstellen der Polizeitruppen die Ausplünderung des Landes und auch sonstige Gewalttaten, die von diesen Truppen begangen wurden, ermöglicht und die sich dagegen zur Wehr setzenden Freiheitskämpfer des serbischen Volkes niedergehalten und bekämpft. Der nationalsozialistischen Gewaltherrschaft hat der Angeklagte damit eine außerordentliche politische und auch wirtschaftliche Unterstützung gewährt, und er hat sich damit der Beihilfe zum Verbrechen gegen die Menschlichkeit schuldig gemacht.«[45]

Weiter schrieb Fritz Göhler dann in seinem Erinnerungsbericht: »Darauf Beratung des Gerichts – in Wirklichkeit eine Zigarettenpause und ein Schluck aus einer der Bier- oder Weinflaschen, die neben den Stühlen der Teilnehmer am hohen Gericht standen. Ich saß auf einem Stuhl vor der Türe, neben mir mein Vopo-Wachtmeister mit den blinkenden Schließeisen in der Hand. Da verließen auch die Staatsanwältin und die Protokollantin den ›Gerichtssaal‹. Das junge, kokette Protokollmädchen hob das leichte Sommerröckchen vorn hoch, legte die Arme schräg übereinander, als ob sie in Schließeisen gefesselt wäre, und tänzelte vor mir und dem Wachtmeister hin und her. Auf sie hatte die Verhandlung anscheinend nur belustigend gewirkt, sie hielt sie für das, was sie äußerlich darstellte: ein mißglücktes Theater. Mich widerte das frivole Mädchen nicht einmal an, denn sie wußte nicht, was sie tat. Wenige Minuten später wurde mein Urteil verkündet: 20 Jahre Zuchthaus und Vermögenseinzug. Ich nahm das Urteil nicht an. Meine Erklärung, Revision zu beantragen, erweckte die Wut des Vorsitzenden. Er brüllte und wies mit einer entsprechenden Armbewegung zur Tür: ›Raus!‹ Ich ging mit dem gemischten Gefühl des tragik-komischen Mimen, der nicht weiß, ob er bei seinem Abgang von der Bühne lachen darf oder ob er ernst bleiben muß.«[46]

Willi Wunderlich (im April 1946 für angeblich begangene »Verbrechen nach dem 8. Mai« interniert und in Waldheim wegen Verbreitung »tendenziöser« Gerüchte und Gefährdung des Friedens zu sechs Jahren Gefängnis verurteilt) erinnerte sich an die Tage, als die Prozesse abliefen: »Nach mehreren Wochen sickerte es durch, hier in Waldheim ist ein Sondergericht aus Chemnitz, verschiedene haben schon ihre Anklageschrift und sind bereits verurteilt. Mit Jahren wird nicht gespart. Es werden hohe Strafen verteilt, 20 bis 25 Jahre, auch lebenslänglich. Die abgeurteilt waren, kamen alle in das neue Zellenhaus. In eine Einmannzelle wurden vier Mann eingesperrt. Nun war ich an der Reihe. Ich wurde aufgerufen und bekam Handschellen angelegt. Danach mußte ich in die grüne Minna steigen. Durch das geöffnete Tor fuhren wir zu einem gegenüberliegenden Gebäude mit vergitterten Fenstern, das auch zum Zuchthaus gehörte. Nun dachte ich, man könnte mal schön auspacken, weshalb die Verhaftung erfolgte. Aber das war ein Irrtum. Geredet haben die hinter dem Richtertisch, und in was für einem Ton! Ich brauchte nicht viel zu sagen und bekam nach ein paar Minuten das Urteil: wegen Verbreitung tendenziöser Gerüchte und Hetze zum neuen Krieg – sechs Jahre Gefängnis ohne Anrechnung der Internierungshaft. Man teilte mir noch mit, daß ich Berufung einlegen könnte, und ab ging es ins neue Zellenhaus.

In der Zelle, wo ich landete, waren schon zwei Verurteilte. Die erste Frage war gleich: Wieviel hast du bekommen? Ich sagte, daß ich sechs Jahre Gefängnis hatte. Darüber staunten beide ziemlich, denn mit 25 Jahren Zuchthaus waren sie schlimmer dran. Gegen das Urteil wollte ich dann Berufung einlegen, aber die anderen rieten mir dringend ab. Sie kannten Beispiele, wo nach der Berufung die Betreffenden noch einige Jahre hinzubekommen hatten. Meine Zellenkameraden meinten, daß ich die paar Jahre auf einer Arschbacke absitzen könnte. Nach der Verurteilung mußte dann jeder seiner Familie mitteilen, zu welcher Strafe er verurteilt worden war.«[47]

Das Urteil der 3. Kleinen Strafkammer enthielt weiterhin die Festlegungen zu den Sühnemaßnahmen nach der Kontrollratsdirektive (KD) 38, Art. IX, Ziff. 3–9, die Anordnung des Vermögenseinzuges sowie die Übernahme der Kosten des Verfahrens. Willi Wunderlichs »Verbrechen« soll darin bestanden haben, daß er sich im April 1946 gegen die Demontage von Brikettpressen durch die Besatzungsmacht in einer Brikettfabrik in Leipzig aussprach, was in seinen Augen nicht zur Zerstörung von Rüstungsbetrieben gehörte. Als »strafverschärfend« kam wohl aus der Sicht des zuständigen sowjetischen Offiziers noch hinzu, daß er sich geweigert hatte, seinem Arbeitskommando unterstellte Frauen zum Saubermachen in die Kommandantur des Bahnhofes zu schicken.[48]

Zu denen, die in Waldheim 25 Jahre Zuchthaus bekamen, um ein weiteres Beispiel anzuführen, gehörte Willy Mattiaschk.[49] Die schon bei der Vernehmung gemachte Anschuldigung, daß er zwei sowjetische Fallschirmspringerinnen erschossen haben soll, bildete auch den Kern der Anklage vor der 5. Großen Strafkammer am 1. Juni 1950 in einer der zehn Verhandlungen dieses Tages. Er erinnerte sich: »Ich hatte in meinem Leben keine sowjetischen Fallschirmspringerinnen gesehen. Trotzdem lautete meine Anklageschrift darauf, und ich wurde in einer Verhandlung, die kaum eine Stunde dauerte, zu 25 Jahren Zwangsarbeit verurteilt. Wenn ich mich recht erinnere, war es der 7. Strafsenat. Verbürgen kann ich mich nicht. Auch an die Namen der Staatsanwältin, des Vorsitzenden und seines Stellvertreters kann ich mich nicht erinnern. Die Beisitzer hießen Zohles, Schlosser und Bäcker. Ich habe diese Namen nur einmal gelesen, da uns das schriftliche Urteil nach einmaligem Lesen wieder abgenommen wurde. Anträge zur Vernehmung der Belastungszeugen, deren Namen mir bis auf zwei unbekannt waren, sowie von mir genannter Entlastungszeugen wurden abgelehnt, letztere etwa in der Form: Das könnte Ihnen so passen. Es steht doch fest, daß die reaktionäre Dorfbevölkerung für Sie aussagen wird. Einen Verteidiger hatte ich nicht. Lediglich auf meinen Revisionsantrag wurde mir mitgeteilt, daß mir Herr Willing als Verteidiger zugeteilt worden ist. Kennengelernt, d.h. gesehen oder gesprochen, habe ich ihn nie.«[50]

In der Urteilsbegründung hieß es: »Als Soldat der Luftwaffe war der Angeklagte vom Dezember 1943 bis Juni 1944 in der Gegend Kobryn/Brest-Litowsk im Partisaneneinsatz. Er beteiligte sich an den Strafoperationen gegen die Partisanen. Durch ihn persönlich wurden 2 sowjetische Fallschirmspringerinnen erschossen.

Des weiteren hat der Angeklagte im Jahre 1946 profaschistische Propaganda unter anderem auf einem Tanzvergnügen unter der Bevölkerung betrieben, indem er die Rote Armee beschimpfte und die Verhältnisse in der sowjetisch besetzten Zone öffentlich in abfälliger Weise mißbilligte.

Dieser Sachverhalt ist als erwiesen festgestellt aufgrund eigener insoweit glaubhafter Angaben des Angeklagten, und der zum Vortrag gebrachten Urkunde Blatt 1 d. A.

In rechtlicher Hinsicht folgt aus diesen festgestellten Tatsachen, daß der Angeklagte aus politischen Beweggründen Verbrechen gegen Gegner des Nationalsozialismus beging, durch seine nationalsozialistische Lehre die Jugend an Geist und Seele vergiftet und nach dem 8. Mai 1945 durch Propaganda für den Nationalsozialismus und Erfindung und Verbreitung tendenziöser Gerüchte den Frieden des deutschen Volkes gefährdet hat.«[51]

Diese »Tatsachen« reichten dem Gericht aus, den Angeklagten eines Verbrechens für schuldig zu befinden nach KD 38, Abschn. II Ziff. 1 und Art. III A II, Ziff. 2 sowie Art. III A III in Tateinheit mit einem Kriegsverbrechen nach Kontrollratsgesetz (KG) 10, Art. II, Ziff. 1b, 1c, 2a–c. Als Hauptverbrecher bekam er zu den 25 Jahren Zuchthaus noch Sühnemaßnahmen nach KD 38, Abschn. II, Art. VIII, Ziff. 2c–i sowie Vermögenseinzug ausgesprochen und hatte die Kosten des Verfahrens zu tragen.[52] In ähnlicher Weise kamen die meisten Urteile zustande, welche die Strafkammern in Waldheim fällten. Sie unterschieden sich folglich in ihrer Anlage kaum. Als Untersuchungshaft rechnete man nur die Zeit seit der Übernahme durch die VP an.[53]

Wie in den Beispielen geschildert, liefen in Waldheim fast alle Gerichtsverhandlungen ab. Vergleichbare Schilderungen des Geschehens auf der Grundlage von Augenzeugenberichten finden sich in den Schriften der KgU aus dem Jahre 1950. »Der Angeklagte wurde mit Handschellen gefesselt von Polizisten in den Sitzungssaal geführt. Darauf eröffnete der Vorsitzende mit wenigen Worten die Hauptverhandlung und erteilte nach Feststellung der Personalien dem Staatsanwalt das Wort zum Vortrag der Anklage. Sodann trat das Gericht in die sogenannte Beweisaufnahme ein, die lediglich darin bestand, dem Angeklagten einige Fragen über Parteizugehörigkeit und ähnliches zu stellen. Nunmehr hielt der Staatsanwalt sein Plädoyer. Danach erhielt der Angeklagte das Schlußwort mit der Weisung, er habe sich ganz kurz zu fassen und dürfe lediglich zu den Ausführungen des Staatsanwalts Stellung nehmen.«[54]

Die Verfasser dieses Berichtes hoben hervor, daß bei den Verhandlungen nichts geschah, was zur Erforschung der Wahrheit notwendig gewesen wäre. Nach ihr zu suchen stand sogar im Gegensatz zu den Vorgaben für die Prozesse. Es hätte unnötig Zeit gekostet und den schnellen Abschluß der Aktion unmöglich gemacht. Dazu kam, daß die auf die Aburteilung von Naziverbrechern eingeschworenen Richter und Staatsanwälte noch nicht einmal Verhaltensmaßregeln für den Fall hatten, daß sich vielleicht doch einige Unschuldige unter den Angeklagten befanden. Die Schuld eines jeden, der vor eine Große oder Kleine Strafkammer in Waldheim kam, galt als erwiesen. In vielen Fällen konnte der Angeklagte die an den Haaren herbeigezogenen, oft ungeheuerlichen Beschuldigungen in der Anklageschrift nur resignierend zur Kenntnis nehmen. Zu sagen gab es dazu aus seiner Sicht nichts. Viele konnten noch nicht einmal für nicht begangene Taten um mildernde Umstände bitten. Das störte die Richter wahrscheinlich nicht sonderlich. Je schneller sie zur Verkündung der Urteile kamen, um so eher war das Tagespensum geschafft.

»Der Gerichtssaal wurde im Anschluß an das letzte Wort des Angeklagten vom Staatsanwalt, dem Protokollführer, dem Angeklagten und den Polizisten geräumt. Die nun folgende Beratung war insoweit eine Farce, als die Vorsitzenden schon vor der Verhandlung die Urteile niedergeschrieben hatten. Es konnte also höchstens über die Änderung irgendwelcher Formulierungen gesprochen werden. Nach der Beratung folgte die Verkündung und kurze Begründung des Urteils durch den Vorsitzenden und eine Rechtsmittelbelehrung.«[55] Neben der Gefängnis- oder Zuchthausstrafe enthielt das Urteil Festlegungen für zusätzliche Sühnemaßnahmen auf der Grundlage der Kontrollratsdirektive 38. Dazu gehörte u. a. das Verbot, öffentliche Ämter und bestimmte Berufe auszuüben, an Wahlen teilzunehmen, sich in Parteien oder Gewerkschaften zu betätigen sowie ein Kraftfahrzeug zu besitzen. Fast alle hatten die Kosten des Verfahrens zu tragen, und als auf die Strafe anzurechnende Untersuchungshaft galt meist nur die Zeit seit der Übernahme durch die VP im Februar 1950.

Allerdings gab es einige wenige Ausnahmen, wo die in den sowjetischen Lagern verbrachte Zeit bei der Festlegung des Strafmaßes doch eine Rolle spielte. Dazu hieß es im Zwischenbericht Nr. 1 über die Arbeitsweise des U-Organs und der Strafkammern von A. Plenikowski für das ZS der SED vom 19. Mai 1950: »Es gibt einige Fälle, wo eine weitere Bestrafung nicht gerechtfertigt ist und ohne Bedenken die Freilassung erfolgen kann. Damit der Betreffende nicht glaubt, unschuldig inhaftiert gewesen zu sein, wird er verurteilt unter Anrechnung der Inhaftierung.«[56] Die Entscheidung darüber, wann diese Regelung zur Anwendung kam, lag in den Händen der Kommission.

Die Anlage 5 des Abschlußberichtes der Abteilung Staatliche Verwaltung des ZV der SED vom 5. Juli 1950 enthielt die Namen von sechs Personen, bei denen die Zeit in den sowjetischen Lagern auf diese Weise »angerechnet« wurde.[57] Bis zum endgültigen Abschluß der Prozesse kam noch eine weitere Person hinzu. Diese sieben entließ man dann bis Ende 1950 aus der Haft. Man hatte ihnen, wie vielen anderen, keine strafbaren Handlungen nachweisen können. Die erhobenen Vorwürfe reichten in diesen Fällen noch nicht einmal nach Waldheimer Maßstäben für ein Urteil aus. Aber sie bekamen auch ihren Prozeß, damit niemand auf die Idee kommen sollte, daß von einer sozialistischen Besatzungsmacht Unschuldige in den Internierungslagern festgehalten worden waren.

Die erste Entlassung von Hermann S. erfolgte am 16. Juni 1950 um 14.45 Uhr, noch während der Prozesse.[58] Als letzte kam eine der beiden von dieser Sonderregelung betroffenen Frauen am 2. Dezember 1950 frei. Ihr »Verbrechen« hatte darin bestanden, daß sie im Jahre 1945 die in ihrem Geschäft anfallenden Lebensmittelmarken auf alte Zeitungen und nationalsozialistisches Propagandamaterial aufgeklebt oder dieses Papier auch zum Einwickeln benutzt hatte. Sie bekam dafür fünf Jahre Gefängnis wegen Verbreitung tendenziöser Zeitungsartikel und der Gefährdung des Friedens des deutschen Volkes. Selbst wenn dieses Urteil in diesem Fall für die Betroffene noch Glück im Unglück bedeutete, blieb es Unrecht, und auch ihr konnte niemand die im Lager verbrachte Zeit zurückgeben.[59]

Der bereits zitierte Zwischenbericht Nr.1 enthielt erneut Hinweise darauf, daß es immer noch Richter und Staatsanwälte gab, die zu milde Urteile fällten. Namentlich nannte der Verfasser des Berichtes den schon öfter in diesem Zusammenhang kritisierten Vorsitzenden der 1. Großen Strafkammer, Heinrich D., der um seine Ablösung gebeten hatte. D. äußerte wiederholt, daß er sich nicht von der Partei in seine Tätigkeit hineinreden lassen wolle. Vorwürfe wegen »trotzkistischer Tendenzen«, »kleinbürgerlicher Einstellungen« sowie Haltungen am Rande der »Parteifeindlichkeit« erhoben die Verantwortlichen vor Ort gegen den Beisitzer der 1. Großen Strafkammer, Otto P., die Vorsitzende der 10. Großen Strafkammer, Ilse K., die Staatsanwälte Fritz W. und Wilhelm U. sowie den Vorsitzenden der 1. Kleinen Strafkammer, Heinz H. Letzterer äußerte sich über die Prozesse mit der Feststellung: »Man soll nicht mit Kanonen auf Spatzen schießen.«[60] Die Kommission setzte seine Ablösung als Vorsitzender dieser Kammer durch.

Der Berichterstatter vermerkte weiterhin, daß in den Beratungen einige Richter und Staatsanwälte nach wie vor die Richtigkeit der sowjetischen Protokollauszüge bezweifelten. Deshalb zeigten sich oft noch Schwächen in manchen Verhandlungen, wenn die Verurteilung zwar aus politischen Gründen erfolgen mußte, aber für die formaljuristische Urteilsfindung noch nicht einmal eine scheinbare Beweisführung möglich war.

Zweifel an der Art und Weise der Abrechnung mit meist nur angeblichen Nazi- und Kriegsverbrechern kamen vereinzelt sogar bei Angehörigen des U-Organs und der Wachmannschaften auf. Zwei VP-Wachtmeister charakterisierten die Aktion in Waldheim gegenüber Kollegen als Farce und als Verbrechen. Die Anklageschriften fertigten sie gegen ihre eigene Überzeugung an. Beim Wachpersonal stellten die verantwortlichen Leiter fest, daß es einigen an Härte fehlte und sie sogar Gespräche mit den Häftlingen führten. Als Folge davon konnte die »konspirative« Arbeit der Gefangenen untereinander nicht unterbunden werden. Der Leiter des U-Organs bekam den Auftrag, diese Dinge zu untersuchen und die erforderlichen Schritte einzuleiten, um die Mängel abzustellen.

Anerkennung fand im Bericht an den Parteivorstand die Arbeit der Kommission und die dabei getroffenen Entscheidungen. Dazu gehörte die Einflußnahme auf Verfahren, wo die Todesstrafe zu erwarten war. Schon im fünften »Tätigkeits- und Erfahrungsbericht« vom 17. Mai 1950 war dazu festgehalten worden: »Falls ein Todesurteil als Antrag oder Urteil zu erwarten ist oder für möglich gehalten wird, erfolgt vorher die Besprechung zwischen den Organen der Justiz und der Kommission. Bei Verfahren dieser Art wird grundsätzlich der Offizialverteidiger gestellt. Die Kommission steht den Organen der Justiz täglich ab 18.00 Uhr zur Beratung der am nächsten Tag zur Verhandlung kommenden Fälle zur Verfügung, soweit die entsprechende Beratung nicht bereits während der dieserhalb eingelegten Verhandlungspausen erforderlich ist.«[61]

Bis zum 19. Mai gab es entsprechend dem Zwischenbericht 13 Todesurteile. Ein Vergleich mit den Angaben aus der Kartei der Generalstaatsanwaltschaft der DDR zeigte, daß davon am Ende der Prozesse neun bestätigt waren. Diese Differenz erklärt sich aus der Tätigkeit eines Revisionssenates, der am 19. Mai erstmalig in Waldheim tagte. Dieses Oberlandesgericht Chemnitz mit Sitz in Waldheim bestand aus drei Berufsrichtern. Ihr Einsatz erfolgte auf Weisung des Justizministers F. Fechner durch das Oberlandesgericht Dresden.[62]

Bis zum Abschluß der Prozesse fanden 1317 Revisionsverfahren statt. In 123 Fällen hatte sie die Staatsanwaltschaft beantragt. In den anderen Fällen stellten sowohl die Angeklagten als auch die Staatsanwaltschaft einen Revisionsantrag. Zur nochmaligen Verhandlung vor den Strafkammern kam es 159mal. In 154 Fällen wurde dabei die Strafe erheblich erhöht. Die Aufhebung der Todesstrafe geschah bei fünf Personen. In drei Fällen erfolgte die Umwandlung in lebenslänglich Zuchthaus und einmal in 25 Jahre Zuchthaus. Bei der einzigen zum Tode verurteilten Frau[63] erfolgte die Einweisung in eine Heil- und Pflegeanstalt.[64]

Eine Information der Leitung des U-Organs an VP-Inspekteur K. Gertich vom 22. Juni 1950 enthielt den Vermerk, daß bei den nochmaligen Verhandlungen in 27 Fällen die Gesamtstrafe auf Antrag der Staatsanwälte von 207 auf 399 Jahre erhöht worden war. Fast jeder der Betroffenen bekam auf diese Weise durchschnittlich fast sieben Jahre Freiheitsentzug mehr als in der ersten Verhandlung.[65]

Der Ablauf der Revisionsverfahren ließ sich aus den Akten der zum Tode Verurteilten rekonstruieren. Als Beispiel kann ein solches Revisionsverfahren wiederum aus der Akte des Gendarmeriewachtmeisters Paul Müller nachvollzogen werden. (Dok. 3/4) Auch die Einsicht in zwei andere vollständige Prozeß- und Untersuchungsakten bestätigte, daß die Revisionen nach dem gleichen Schema abliefen.

Nach der erfolgten Verurteilung konnte nach einer bestimmten Frist ein Revisionsantrag gestellt werden. Daraufhin bestimmte die zuständige Strafkammer einen Verteidiger, den einzigen, den es dafür in Waldheim gab. Es handelte sich um einen Staatsanwalt, den man »mit der Verteidigung der Angeklagten« beauftragte, wie aus seiner Abschlußbeurteilung hervorging. Bevor er in Waldheim mit dieser Aufgabe betraut wurde, war er in Eisenach nach einem fünfmonatigen Richterlehrgang im Jahre 1947 als Staatsanwalt tätig gewesen.

Dieser Verteidiger sollte nach Anweisung der Kommission auch in allen Fällen zum Einsatz kommen, wenn in einem Verfahren eine Todesstrafe zu erwarten war.[66] Für die anderen Verhandlungen dachte man gar nicht daran, generell einen Verteidiger zu berufen. Entsprechend Punkt 17 der Ausführungsbestimmungen Nr. 3 zum Befehl Nr. 201 der SMAD vom 16. August 1947 waren »Verteidiger auf Antrag des Angeklagten oder nach Ermessen des Gerichts zuzulassen«.[67] Für die Strafkammern gab es keine Veranlassung, einen Verteidiger hinzuzuziehen, denn die Schuld jedes einzelnen stand fest, und strafmildernde Umstände kamen sowieso nicht in Betracht. Von den Angeklagten wiederum dürften nur wenige gewußt haben, daß sie einen Verteidiger anfordern konnten, selbst wenn sich daraus kaum Chancen einer echten Verteidigung ergaben. Zweifel am sowjetischen Protokollauszug und vielleicht noch Aussagen von Entlastungszeugen waren nicht vorgesehen. Eine strenge Bestrafung mußte so oder so erfolgen, und solche Aktionen hätten wiederum nur unnötig den zügigen Ablauf der Verhandlungen behindert.

Nach dem formalen Akt des Antrags auf Revision und der Berufung eines Verteidigers bekam der Verurteilte einige Tage danach sein Urteil ausgehändigt, allerdings nur zum Lesen im Beisein eines VP-Angehörigen. Dann durfte er seine Begründung für die Revision schreiben. Das Urteil nahm man ihm danach sofort wieder ab. Es war die einzige Möglichkeit, sein Urteil überhaupt einmal einzusehen. Wie das Schreiben der Revisionsbegründungen ablief, schilderte Fritz Göhler so:

»Eines Tages wurde ich aufgerufen, um meinen Revisionsantrag zu schreiben. Ein strahlender Sommertag war es, zu schön für meine Augen, die seit Wochen nur fahles Licht gekannt hatten. Das Elend meiner Lage kam mir zu Bewußtsein. In einer Seitennische des Ganges im großen Zellenhaus traf ich mit etwa 20 Kameraden zusammen, die wie ich das schriftliche Urteil studierten, das uns ausgehändigt wurde. Ein Vopo-Hauptwachtmeister las den Wortlaut des Kontrollratsgesetzes 10 und der Kontrollratsdirektive 38, welche die strafrechtliche Grundlage unserer Verurteilung gebildet hatten, monoton und nuschelnd vor, wobei er eine Zigarettenspitze von einem Mundwinkel in den anderen schob, so daß viele Worte unverständlich blieben. In der Revisionsbegründung brachte ich zum Ausdruck, daß mich die Deutsche Demokratische Republik wegen angeblich in Jugoslawien begangener Kriegsverbrechen der jugoslawischen Regierung zur Aburteilung ausliefern müßte. Wenn das nicht möglich sei, könnte eine Verurteilung durch ein deutsches Gericht nicht erfolgen. Es sei mir bekannt, daß weder ich noch ein anderer Angehöriger meines Regiments als Kriegsverbrecher von Jugoslawien angefordert worden wären, und darauf sei ich stolz.

Mit dem vom Vopo heruntergeschnatterten Gesetzestext konnte ein Unkundiger natürlich nichts anfangen. Daher blieb es nicht aus, daß die mit dem Entscheidenden einer Revision nicht vertrauten Kameraden sich an ihren Nachbarn um Aufklärung wendeten. Der Erfolg war, daß sie von der Vopo weggerissen wurden und ihre Revision nicht betreiben konnten. Beim Durchlesen des ersten Urteils stellte ein Kamerad fest, daß der Urteilstenor auf 25 Jahre lautete, während in der Begründung nur von 20 Jahren die Rede war. Er fragte den Vopo, welche Strafe gelte. ›Natürlich 25 Jahre!‹ schrie er, aus der 20 sollte er eine 25 machen. Der Betroffene tat das bedenkenlos. Wer sollte sich noch Gedanken über Recht und Unrecht machen...«[68]

Im weiteren Verlauf des Verfahrens gab der Verteidiger seine Begründung für die Revision ab. Diese Unterlagen erhielt die Vertreterin der Generalstaatsanwaltschaft. Sie formulierte nun in allen Fällen, die nicht erneut verhandelt werden sollten, ihre Gründe, die Revision zu verwerfen. Daraufhin fällte das als Revisionssenat eingesetzte Oberlandesgericht Dresden in Waldheim seinen Spruch, den man dann dem Generalstaatsanwalt und dem Verurteilten zur Kenntnis gab. Wer sich bis dahin noch Hoffnungen auf eine Wende zum Guten gemacht hatte, wurde erneut enttäuscht. Strikt hielt man sich an die Festlegung der Kommission für die Arbeit des Oberlandesgerichtes vom 19. Mai 1950: »Der Revisionssenat wird in allen Fällen Urteile, die sich nicht auf den Inhalt des Auszuges der SKK beziehen, zurückweisen.«[69]

In ähnlicher Form wie Fritz Göhler bekamen wahrscheinlich auch die anderen 1157 Mitgefangenen die Ablehnung ihrer Revision mitgeteilt. »Nach weiteren drei Wochen, die ich wie ein Murmeltier in halbdunkler Höhle verbrachte, mit dem Unterschied, daß ich nicht aus der Höhle ausfahren durfte, händigte mir ein Vopo zwischen Tür und Angel meiner Zelle die Revisionsablehnung auf die Dauer von drei Minuten aus. Die Abweisung meines Revisionsantrages war damit begründet, ich als intelligenter Mensch wüßte, daß ich nicht zur Erholung mit meinem Regiment auf den Balkan gelegt worden sei. Wenn mir auch eine persönliche Schuld nicht nachgewiesen werden könne, so sei ich doch für die auf dem Balkan begangenen Kriegsverbrechen aufgrund meiner Stellung und meines Dienstgrades mitverantwortlich und mitschuldig, und daher bestehe das Urteil von 20 Jahren Zuchthaus zu Recht.«[70]

In gleicher Weise erging es allen, die eine Revision ihres Urteils versuchten. Mit Strafminderungen oder mildernden Umständen oder gar mit einem neuen fairen Prozeß konnte kaum jemand rechnen. Die meisten hatten noch Glück, wenn sie nicht sogar hinnehmen mußten, daß sich ihre Strafe beträchtlich erhöhte. Die Revisionsverfahren sollten den Anschein erwecken, daß alles, was die Prozesse in Waldheim betraf, juristisch in Ordnung war. Letztlich dienten sie auch nur dazu, die politische Linie für die Verurteilungen um jeden Preis durchzusetzen.

Der schon erwähnte erste Zwischenbericht vom 19. Mai 1950 gelangte am 22. Mai auch auf den Tisch von W. Ulbricht. Aus der entsprechenden Hausmitteilung geht hervor, daß er nicht nur über den Verlauf der Prozesse informiert war, sondern auch damit im Zusammenhang stehende Fragen klärte. So erhielt er Kenntnis von zwei Schreiben, die Propst H. Grüber an den Justizminister gerichtet hatte, um Verteidiger für die

Prozesse in Waldheim zu vermitteln. Hier dürfte dann die Entscheidung gefallen sein, diese Initiative abzuwimmeln. A. Plenikowski als zuständiger Abteilungsleiter im Parteiapparat der SED machte Ulbricht schon zu diesem Zeitpunkt darauf aufmerksam, daß man sich auch Gedanken darüber machen müsse, wie mit der Vollstreckung der Todesurteile zu verfahren sei.[71]

W. Ulbricht sollte außerdem darüber entscheiden, was mit zwei bekannten ehemaligen KPD-Funktionären zu geschehen habe, die in Waldheim auf den Prozeß warteten. Aber sogar in diesen Fällen hielt man sich an die festgelegten Verfahrensweisen und verurteilte die beiden wie alle anderen, die nach Waldheim gekommen waren. Wie aus dem Abschlußbericht vom 5. Juli 1950 dann hervorgeht, gehörten sie zu den 55 Verurteilten, die vor 1933 in der KPD organisiert waren. Bei deren Verurteilung kam bei der Festlegung des Strafmaßes neben der üblichen Einstufung als Nazi- und Kriegsverbrecher noch strafverschärfend sogenannter »Klassenverrat« zur Anwendung. Auch bei 157 ehemaligen SPD-Mitgliedern spielte dieser Gesichtspunkt bei der Urteilsfindung eine Rolle.[72]

Man warf diesen Personen vor, daß sie als Angehörige einer Arbeiterpartei nicht konsequent am antifaschistischen Widerstandskampf teilgenommen hätten, obwohl ihnen bekannt gewesen sei, welche Ziele die NSDAP verfolgte. Damit hätten sie nach Auffassung der SED-Führung die Interessen ihrer Klasse verraten, was eine strengere Bestrafung rechtfertige. Eine solche Argumentation diente letztlich aber auch nur dazu, die wahren Gründe der gerichtlichen Bestrafungen in Waldheim zu verschleiern.

Bei der Verhaftung durch die Besatzungsmacht 1945/46 spielte die Zugehörigkeit zur SPD oder KPD nur dann eine Rolle, wenn die betreffenden Personen Maßnahmen der SMAD kritisierten oder behinderten. Dabei spielte es keine Rolle, ob die Kritik berechtigt oder unberechtigt war. Wer sich gegen die Besatzungsmacht und die für ihre Zone vorgesehene Entwicklung stellte, wurde von ihr als Gegner betrachtet und ausgeschaltet. Diejenigen, die nach dem Lageraufenthalt noch nach Waldheim kamen, mußten hier wie alle anderen verurteilt werden.

Bei wem nichts gefunden werden konnte, was eine Verurteilung als Nazi- und Kriegsverbrecher ermöglichte, bei dem kam eben neben der allgemeinen Gefährdung des Friedens der Welt oder des deutschen Volkes noch der sogenannte »Klassenverrat« hinzu. Aus der Sicht der Verantwortlichen waren damit alle Voraussetzungen erfüllt, um hohe Freiheitsstrafen zu verhängen. Wer eine sozialistische Besatzungsmacht und ihre Maßnahmen nicht gut fand, war automatisch auch ein Feind der neuen Ordnung. Auch hier blieb es ohne Bedeutung, ob eine strafbare Handlung vorlag oder nicht. Es war nach den für die Waldheimer Prozesse vorgegebenen Regeln zu verfahren.

Auszüge über ihre politische Entwicklung, die Anklage, das Urteil und dessen Begründung sollten der zentralen Parteikontrollkommission für die Ausarbeitung der neueren Parteigeschichte übergeben werden. Aber wie bei allem, was etwas über den wahren Charakter der Waldheimer Prozesse ans Licht hätte bringen können, ließ man dann doch davon ab, diese Materialien publik zu machen. Es hätte vielleicht schon damals jemand auf die Idee kommen können, daß man mit diesen Prozessen auch unbequeme Leute aus den eigenen Reihen ausgeschaltet hatte.

Am 20. Mai 1950 fielen in Waldheim Entscheidungen darüber, wie mit den Schwerkranken bei den Verhandlungen umzugehen sei. Fast alle Häftlinge befanden sich nach vier bis fünf Jahren Lagerzeit in einem schlechten Gesundheitszustand. In der bereits erwähnten Schrift der Kampfgruppe gegen Unmenschlichkeit wurde ähnlich wie in Gesprächen des Verfassers mit Betroffenen zum Gesundheitszustand der Häftlinge festgestellt: »Sie kamen bereits stark geschwächt und weitgehend erkrankt aus den Konzentrationslagern Buchenwald, Sachsenhausen und Bautzen nach langjährig dort verbrachter Haft. Bis zum Skelett abgemagert, die Augen tief in den Höhlen, Hände und Lippen bläulich gefärbt, vielfach ihrer

Zähne durch Gewaltmaßnahmen beraubt, erschienen sie im Gerichtssaal. 60 bis 70% aller Gefangenen waren an Tbc erkrant, 25% der 3500 Angeklagten waren sichtlich vom Tode gekennzeichnet.«[73]

Der allgemeine schlechte gesundheitliche Zustand war in den meisten Fällen kein Grund, von einer Gerichtsverhandlung Abstand zu nehmen. Nur bei 125 Personen mußte man feststellen, daß sie weder vernehmungs- noch verhandlungsfähig waren. Zu diesem Ergebnis kam der Leiter der Abteilung Gesundheitswesen bei der LBDVP Sachsens, VP-Inspekteur Dr. Hiesicke, nach einer Untersuchung der betreffenden Gefangenen. Bei 52 diagnostizierte er schwere ansteckende Krankheiten, und 73 litten an anderen gefährlichen Erkrankungen.

Bei weiteren 63 Kranken sah der VP-Arzt jedoch keine Gründe, die Vernehmungen und Verhandlungen auszusetzen. »Bei diesen Häftlingen bestehen gegen das Verlassen des Krankenlagers zur Vernehmung und Verhandlung ärztlicherseits keine Bedenken, wenn ihnen gestattet wird, der Verhandlung sitzend beizuwohnen. Es ist beabsichtigt, gegen diese Häftlinge vor sieben Strafkammern am 5.6.1950 die Verhandlung zu führen.«[74] Der VP-Inspekteur sollte an diesem Tage sogar für eventuelle ärztliche Beratungen in Waldheim zur Verfügung stehen. Ehemalige Waldheim-Verurteilte erinnerten sich, daß man manche der Kranken auf der Trage zu den Verhandlungen brachte. An eine Entlassung wegen Haftunfähigkeit dachte niemand der Verantwortlichen in Waldheim. Mildernde Umstände kamen in diesen Fällen ebenfalls nicht in Betracht.

Im sechsten »Tätigkeits- und Erfahrungsbericht« vom 20. Mai 1950 mußte wiederholt darauf hingewiesen werden, daß es immer noch vereinzelte Richter gab, die entgegen der Anweisung der Kommission zu geringe Strafen verhängten. Kritik bekam diesmal der Vorsitzende der 3. Kleinen Strafkammer, Erwin D. Ihm warf man vor, daß er am 16. Mai 1950 in zwei Fällen nur Strafen von vier Jahren ausgesprochen hatte, »die als Fehlurteile zu werten sind. Die entsprechenden Maßnahmen zur Kassation und Revision sind eingeleitet. Der Genosse D. wurde wegen der allgemein festgestellten falschen Einschätzung der Straftaten des Klassengegners besonders belehrt.«[75]

Zu bemängeln gab es weiterhin in den Verhandlungen die Urteilsbegründungen. Zwar enthielten die seitens des kriminalpolizeilichen Untersuchungsorgans erstellten Anklageschriften nach der Ansicht der Verantwortlichen wertvolle Anhaltspunkte, aber diese nutzten die Richter und Staatsanwälte nicht genügend. Gemeint waren damit allerdings nicht die in den meisten Fällen konstruierten und nicht begangenen Straftaten, sondern das Fehlen der notwendigen politischen Begründungen für die hohen Strafen.[76]

Anlaß zur Kritik bot weiterhin das Verhalten und die Arbeitsweise einiger Richter und Staatsanwälte. »Trotz des bestehenden Verbotes haben Richter und Staatsanwälte die Originalakten und sonstige Vorgänge in ihre Wohnungen mitgenommen, um sie dort zu bearbeiten. In einem Fall wurde das offizielle Verhandlungsprotokoll auf der Treppe der Unterkunft der Richter, Staatsanwälte und Schöffen als Verlustsache gefunden. Gegen die Mitnahme und Aufbewahrung der Akten außerhalb der Diensträume und die unter Beweis gestellte Verletzung der Grundsätze der Wachsamkeit wurde durch die Genossen Hentschel und Mellmann schärfstens Stellung genommen.«[77] Ansonsten lief aber die ganze Aktion in Waldheim so, wie man sich das seitens der Verantwortlichen in der SED, der Justiz und der VP vorstellte.

Davon überzeugte sich am 24. Mai 1950 der Justizminister M. Fechner bei einem Besuch am Ort des Geschehens. Auf dem Rückweg von einer Stippvisite in der Richterschule in Bad Schandau, wo er an Abschlußprüfungen eines Richterlehrganges teilgenommen hatte, wollte er sich in Waldheim einige Verhandlungen ansehen. Bei seiner Ankunft gegen 16.00 Uhr begrüßten ihn Dr. H. Heinze und P. Hentschel. Zu den von ihm besuchten Prozessen gehörte einer vor der 9. Großen Strafkammer gegen R. Rummler, von 1940 bis 1945 Leiter des Gefängnisses in Radom, Polen. In der Urteilsbegründung hieß es, daß in diesem Gefängnis in jener Zeit ca. 5000 polnische

Bürger umgebracht worden waren und er persönlich bei 15 Erschießungen anwesend gewesen sein soll. H. Rummler wurde zum Tode verurteilt.[78] M. Fechner führte man noch in einige andere Verhandlungen, in denen ebenfalls Personen vor Gericht standen, gegen die konkrete Beschuldigungen vorlagen. Für solche Besuche hatte man immer einige spezielle Fälle in Reserve.[79]

Der Justizminister ließ es sich dann nicht nehmen, zum Abschluß seines Besuches zu den Richtern, Staatsanwälten und Schöffen zu sprechen. In seiner Rede bekräftigte er unmißverständlich, daß es aus seiner Sicht keinen Grund gab, die Prozesse anders zu bewerten, als dies bis dahin geschehen ist. Dabei hob er hervor, daß die Prozesse zeigen sollten, wie konsequent die DDR die Potsdamer Beschlüsse und die Kontrollratsbeschlüsse umsetze. Daß zwischen diesem politischen Anspruch und der Realität in Waldheim ein großer Widerspruch bestand, blieb in seinen Ausführungen gewollt oder ungewollt unbeachtet. Er verwies erneut darauf, daß mit dieser Aktion in Waldheim gezeigt werden solle, »dass heute die Macht der antifaschistisch-demokratischen Ordnung, die Macht der Werktätigen, so gesichert ist, dass wir zuschlagen, wo es notwendig ist, aber auch Milde walten lassen, wo wir glauben, dass es angebracht ist...«[80]

Der tatsächliche Verlauf der Prozesse ließ jedoch generell irgendwelche Ansätze zur Milde vermissen. Angesagt war, mit größter Strenge vorzugehen. M. Fechner begründete dies noch einmal eindeutig: »Und ich glaube, wir können glücklich sein, dass die Sowjetunion uns seinerzeit von diesen Leuten sofort befreit hat, damit wir in der Lage waren, unsere antifaschistisch-demokratische Ordnung überhaupt erst aufzubauen, denn das wären nur Störenfriede gewesen.«[81] Wie hätte er auch erklären sollen, wozu diese Prozesse tatsächlich geworden waren – zum Mißbrauch der Justiz, tatsächliche, potentielle oder dazu erklärte Gegner auszuschalten. Wer von denen hinter Gittern war, konnte die Entwicklung in der DDR nicht gefährden. Die generelle Einstufung aller der nach Waldheim gebrachten Personen als gefährliche Nazi- und Kriegsverbrecher vereinfachte die ganze Sache. Gegen deren Bestrafung würde keiner etwas einwenden können.

Es kam niemanden der Anwesenden wahrscheinlich auch nur der leiseste Zweifel daran, daß etwas nicht stimmen könnte an dieser Sicht auf die Dinge. Sich der Argumentation des Redners anzuschließen, erschien wahrscheinlich den meisten Anwesenden als einzige Möglichkeit, wenn sie nicht ihre Tätigkeit in Frage stellen wollten. Der Justizminister führte allen noch einmal vor Augen, was man von ihnen erwartete und welche Verantwortung jedem zukam beim Schutz der neuen Ordnung. »Ich werde nach Hause kommen und vermute, dass morgen in der Regierungssitzung diese Frage hier angeschnitten wird. Nun, ich kann berichten, dass hier jedem Angeklagten und dem Gericht durchaus Genüge beschieden ist. Und das ist die entscheidende Frage, die entscheidend ist im Interesse des Volkes. Ihr leistet die Arbeit im Dienste des Volkes und Ihr helft mit, die antifaschistisch-demokratische Ordnung zu sichern und Ihr werdet den Beweis erbringen, daß die Justiz wirklich neben der Volkspolizei die Stütze des Staates ist.«[82]

Es wäre interessant, etwas darüber zu erfahren, was die Angesprochenen bei der Rede des Justizministers empfanden oder dachten. Leider sagen darüber die Akten nichts aus. Nur ab und zu vermerkten Spitzelberichte, daß nicht alle Beteiligten von der Richtigkeit des Vorgehens der Gerichte überzeugt waren. Zu ihnen gehörte ein VP-Wachtmeister, der bezweifelte, daß es sich um ordentliche Gerichte handelte. Er war von den Prozessen enttäuscht und vermißte in den Verhandlungen die Verteidiger.[83]

Der eine oder der andere der VP-Angehörigen hielt sich nicht daran, keine Gespräche mit den Häftlingen zu führen. Das bestätigten viele ehemalige Waldheim-Verurteilte in zahlreichen Gesprächen und Befragungen. Mancher Polizist begann durch solche heimlichen Unterhaltungen darüber nachzudenken, ob er tatsächlich ausnahmslos Nazi- und Kriegsverbrecher bewachte. Bei einigen führte es dazu, die Gefangenen wenigstens korrekt zu behandeln und ihnen das

Leben nicht noch schwerer zu machen. Aber das blieben die Ausnahmen. Die Prozesse selbst liefen auf vollen Touren, und der Justizminister konnte zufrieden nach Berlin zurückkehren.

Nicht ganz so problemlos gestaltete sich der Besuch eines anderen führenden Mannes aus dem Justizministerium in Berlin am Ort des Geschehens. Vor dem Justizminister war am 22. Mai 1950 der Staatssekretär im MdJ, Dr. Dr. H. Brandt, in Waldheim erschienen, um sich über die Durchführung der Prozesse zu informieren. Er bekam keinen Zutritt zum Gerichtsgebäude, obwohl dort angeblich öffentliche Verhandlungen stattfanden. Unter dem Vorwand, daß er nicht über die notwendigen Vollmachten verfüge und keiner der Verantwortlichen da sei, wimmelte ihn der Leiter der Anstalt ab.[84] Der zweithöchste Mann des MdJ mußte unverrichteter Dinge wieder nach Berlin zurückreisen.[85]

Dieser Versuch eines »Nichteingeweihten«, hinter die Kulissen der Waldheimer Prozesse zu sehen, konnte an jenem Montag im Mai noch einmal verhindert werden. Dr. Dr. H. Brandt hatte durch einen Zufall erstmals am 25. April 1950 bei einem Gespräch mit dem sächsischen Justizminister, J. Dieckmann, der zugleich Volkskammerpräsident war, von den Vorgängen erfahren. In seinem Bericht vermerkte er dazu: »Dieckmann, als er meiner Uninformiertheit gewahr wurde, bat mich dringend, mein Gespräch mit ihm auf keinen Fall – vor allem nicht in Berlin – jemals zu erwähnen. Ich dachte nicht daran, diese mysteriösen Dresdener Andeutungen auf sich beruhen zu lassen, und forderte in Berlin von meinem Minister Aufklärung. Justizminister Max Fechner erklärte, er wüßte selbst nicht genau Bescheid.«[86]

Dr. Dr. H. Brandt ignorierte den Rat seines Ministers, sich nicht in die Dinge einzumischen. Er wollte sich selbst ein Bild machen. Daran bestand wiederum seitens der Verantwortlichen für die Aktion kein Interesse, denn gegenüber einem kritischen Juristen konnte die Legende von »ordentlichen deutschen Gerichtsverfahren« nicht bestehen. Aber der Staatssekretär ließ nicht locker. Wahrscheinlich animierte er seinen Minister, sich einmal nach Waldheim zu begeben, was dann ja auch geschah. Er selbst bemühte sich darum, einen zweiten Besuch in Waldheim besser vorzubereiten. Nach einer Beschwerde beim Staatssekretär des MdI, H. Warnke, fanden die Verantwortlichen bei der VP und im ZS der SED keinen Vorwand mehr, Dr. Dr. H. Brandt den Zugang zu den als öffentlich bezeichneten Prozessen zu verweigern.

Am 31. Mai 1950 informierte der Abteilungsleiter Staatliche Organe im ZS der SED seinen Chef, W. Ulbricht, daß Dr. Brandt und O. Nuschke, Vorsitzender der CDU und Stellvertretender Ministerpräsident, auf dem Weg nach Waldheim seien. Gleichzeitig benachrichtigte er die Verantwortlichen in Waldheim, um sie vorzubereiten.[87] Mit etwas Erleichterung stellten diese dann in Waldheim fest, daß Dr. Dr. H. Brandt allein gekommen war. Die Verantwortlichen versuchten erst einmal Zeit zu gewinnen, um ihm nicht zu viel zeigen zu müssen. Außerdem erwarteten sie die Ankunft von E. Reisler, Referent im MdJ, der sich zur Absicherung des gefährlichen Besuches schon auf dem Weg nach Waldheim befand. Er traf kurz nach dem unbequemen Gast ein und wich nicht mehr von dessen Seite.

In Begleitung von E. Reisler und Oberstaatsanwalt R. Krügelstein bekam nun der Staatssekretär etwa sechs Prozesse zu sehen. In seinem Bericht über diesen Besuch vermerkte E. Reisler, daß Dr. Dr. H. Brandt einen guten Eindruck von der Tätigkeit der Waldheimer Kammern bekommen habe.[88] (Dok. 3/5) Daß es sich dabei um eine Lüge handelte, die später auch in den Abschlußberichten wiederholt wurde, belegen folgende Zeilen: »Von Öffentlichkeit in den Prozessen, die mir gezeigt wurden, konnte keine Rede sein. Nicht einmal mein Regierungsausweis genügte, um in das von Polizeiposten abgeriegelte Prozeßgebäude zu kommen. Erst der hinzukommende sogenannte Oberstaatsanwalt erschloß mir den Eintritt. Prozeßgebäude war das ausgeräumte und zur Strafanstalt Waldheim gehörige Häftlingskrankenhaus. Von zwei Personen innerhalb des Gebäudes – einem Mann und einer Frau – behauptete der Oberstaatsanwalt, daß dies Zuschauer wären. Auffallend war, daß diese beiden Personen immer ausgerechnet in den Verhandlungsräumen auftauchten oder bereits anwesend waren, wo der Oberstaatsanwalt mich gerade hinführte. Offensichtlich handelte es sich um im Prozeßgebäude beschäftigte Personen, die den Auftrag hatten, als bestellte Statisten mir Öffentlichkeit vorzuspielen.

Von den Verteidigern, die in einigen Prozessen auftraten, gab der mich begleitende Oberstaatsanwalt zu, daß es sich eigentlich bei ihnen um Staatsanwälte handelte, die als Offizialverteidiger abkommandiert wären und die dann auch tatsächlich nicht viel mehr für die Angeklagten vortrugen als der Staatsanwalt. Beweisaufnahme zur Klärung belastender oder entlastender Tatsachen gab es in keinem der von mir gesehenen Prozesse. Konkrete Strafbestände wurden überhaupt nicht erörtert. Die Prozeßdauer betrug fast einheitlich ca. zwanzig Minuten.«[89]

Der Schilderung dieses Augenzeugen ist nichts hinzuzufügen. Sie stimmt überein mit den Erinnerungen Betroffener, und sie wird bestätigt durch die heute zugänglichen Akten. Die normalen Verhandlungen ohne Gäste, in denen man keine Öffentlichkeit und keine Verteidiger vorzeigen mußte, waren in jedem Fall einfacher und unkomplizierter für die Veranstalter. Dies waren Voraussetzungen dafür, daß die Prozeßaktion in Waldheim zu dieser Zeit auf vollen Touren laufen konnte. Bis zum 8. Juni 1950, dem Ende der intensivsten Verhandlungsphase, schafften die Großen und Kleinen Strafkammern über 2800 Verurteilungen.

Nun konnte man sich etwas Zeit lassen. Es arbeiteten nur noch acht und später dann sechs Strafkammern. In den neun Verhandlungstagen zwischen dem 9. und 19. Juni 1950 führte man in Waldheim noch etwa 502 Verhandlungen durch. Das hieß aber nicht, daß es etwa Abstriche an der Härte der Urteile gegeben hätte. Am 9. Juni 1950 fielen in 80 Verhandlungen sechs Todesurteile, davon allein in der 7. Großen Strafkammer vier. Die meisten Urteile in den Großen Kammern bewegten sich zwischen 15 und 25 Jahren Zuchthaus. In den Kleinen Strafkammern waren Gefängnis- oder Zuchthausstrafen zwischen zehn und 20 Jahren üblich, wobei auch 25 Jahre und lebenslänglich keine Ausnahme blieben. Alles lief nach Plan.

Beeinträchtigt wurde der reibungslose Ablauf der Waldheimer Prozesse allerdings noch einmal durch die Aktivitäten des Staatssekretärs Dr. Dr. H. Brandt nach seiner Visite am Ort des Geschehens. Er berichtete darüber: »Unmittelbar nach meiner Rückkehr aus Waldheim hatte ich Otto Nuschke über das dortige Geschehen informiert. Otto Nuschke und ich beschlossen die Ausarbeitung eines Waldheim-Berichtes einschließlich substantiierter skandalöser Einzelfälle als Regierungsvorlage. Otto Nuschke, mein persönlicher Referent und ich verfaßten die Vorlage unter Benutzung des von Propst Grüber inzwischen gesammelten hervorragenden Materials.«[90]

Diese Aktivität blieb nicht verborgen, wie aus einer Aktennotiz vom 12. Juni 1950 über eine Besprechung beim Minister des Innern, C. Steinhoff, hervorgeht. Der Minister informierte die Beratungsteilnehmer darüber, daß O. Nuschke beabsichtige, einen Kabinettsbeschluß vorzubereiten, um die Urteile der ehemaligen Internierten zu überprüfen.[91] Allerdings sah man bei der VP-Führung dazu keinen Handlungsbedarf. Seitens der SED-Spitzenfunktionäre war man entschlossen, die Absicht des CDU-Vorsitzenden zum Scheitern zu bringen, was letztlich dann auch gelang.

Am 31. August 1950, um dem Verlauf der Ereignisse vorzugreifen, wurde von der Mehrheit der SED-Minister in einer Regierungssitzung die CDU-Forderung, wonach die Waldheim- Urteile ungültig sein sollten, niedergestimmt.[92] Dr. Dr. H. Brandt mußte sein Engagement gegen das in Waldheim geschehene Unrecht teuer bezahlen. Am 6. September 1950 erfolgte seine Verhaftung. Nach dreidreiviertel Jahren Untersuchungshaft erfolgte seine Verurteilung in einem Geheimprozeß gegen eine »Verschwörergruppe«, die der ehemalige Außenminister der DDR, G. Dertinger, geleitet haben soll. Dr. Dr. H. Brandt mußte darauf für 14 Jahre ins Zuchthaus. Zum Zeitpunkt seiner Entlassung am 18. August 1964 befanden sich wahrscheinlich nur noch zwei Waldheim-Verurteilte in Gefangenschaft. Dr. Dr. H. Brandt verbüßte für sein mutiges und engagiertes Eintreten für die Verurteilten von Waldheim eine längere Haftzeit als die meisten von ihnen.

Mitte Juni 1950 waren in Waldheim schon die meisten Prozesse abgeschlossen. In seinem Bericht vom 17. Juni 1950 meldete VP-Inspekteur H. Marquardt an seine Vorgesetzten in Berlin 3235 durchgeführte Verfahren.[93] Man konnte mit dem bisherigen Geschehen zufrieden sein. Polizei und Justiz hatten unter Führung der SED ganze Arbeit geleistet. Jetzt ging es nur noch darum, einige zurückgestellte Gerichtsverfahren in Ruhe zu Ende zu bringen. Dazu gehörten z.B. solche Fälle, bei denen erst Rücksprachen mit den zuständigen Funktionären der SED notwendig waren. Nach Auffassung der SED-Führer war die Zeit gekommen, die Waldheimer Prozesse der Öffentlichkeit als unerbittliche und gerechte Abrechnung der DDR mit den letzten Nazi- und Kriegsverbrechern zu präsentieren. In Waldheim begann der Endspurt der Aktion.

1 Die Angaben zu den entsprechenden Verhandlungen pro Tag wurden durch die Auswertung der Kartei der Generalstaatsanwaltschaft der DDR ermittelt, die sich im BAP befindet. Siehe Anm. 28 in Kap. 1.
2 Vgl. ZPA IV 2/13/432
3 Vgl. ebenda sowie IV 2/13/431
4 ZPA IV 2/13/431
5 Vgl. ebenda
6 Seit dem Erlaß des Befehls 201 bis zum Ende des ersten Halbjahres 1950 wurden von den Großen und Kleinen Strafkammern in den Ländern der SBZ/DDR 6775 Freiheitsstrafen verhängt. Dabei kamen Strafen von über zehn Jahren nur 130mal zur Anwendung. Das geht aus einem Bericht über die Tätigkeit des Justizministeriums für das erste Halbjahr 1950 hervor. Vgl. BAP, P–1, 610
7 Die Sühnemaßnahmen sind in den Artikeln VII bis XI enthalten. Vgl. ZAMdI, 7/420. Im Kontrollratsgesetz Nr. 10 vom 20. Dezember 1945 werden bei den zu verhängenden Freiheitsstrafen keine konkreten Jahre vorgeschlagen. In Artikel II, Punkt 3 heißt es:
»Wer eines der vorstehend aufgeführten Verbrechen für schuldig befunden und deswegen verurteilt worden ist, kann mit der Strafe belegt werden, die das Gericht als gerecht bestimmt. Die folgenden Strafen können – allein oder nebeneinander – verhängt werden:
a) Todesstrafe,
b) lebenslänglich oder zeitlich begrenzte Freiheitsstrafe mit oder ohne Zwangsarbeit,
c) Geldstrafe und, im Falle ihrer Uneinbringlichkeit, Freiheitsstrafe mit oder ohne Zwangsarbeit,
d) Vermögenseinziehung,
e) Rückgabe unrechtmäßig erworbenen Vermögens,
f) völlige oder teilweise Aberkennung der bürgerlichen Ehrenrechte.«
8 Vgl. ZPA IV 2/13/432
9 Vgl. ebenda. Siehe auch ZPA NL 182/1096
10 Vgl. Dr. Dr. H. Brandt, Hinter den Kulissen der Waldheimer Prozesse, Sonderdruck des Waldheim-Kameradschaftskreises, Fehmarn 1965, S. 7. Der Verfasser dieser Schrift bestätigt, was auch viele der in Waldheim verurteilten Personen in Befragungen als Ort der Verhandlungen angaben. Die dem Autor bekannten Akten lassen nur indirekte Schlüsse über den Verhandlungsort zu, woraus sich ebenfalls ergab, daß im Haftkrankenhaus gegenüber der Anstalt die meisten Verhandlungen stattfanden.
11 Vgl. ZPA IV 2/13/432
12 Erinnerungen Hans Techen. Quelle beim Autor.
13 Vgl. ZPA NL 182/1096
14 Am 5. Mai bekam W. Ulbricht in diesem Fall den Bericht vom Präsidenten der DVP, Dr. K. Fischer, zugestellt.
15 Die Aussage stützt sich auf die Auswertung der Kartei der Generalstaatsanwaltschaft. Danach fanden am 3. Mai 60 Verhandlungen statt. Im

Bericht nach Berlin meldete man 80 Prozesse. Es ist auch in anderen Berichten so, daß man beim Vergleich der Zahlen auf Differenzen stößt. Für die grundsätzlichen Aussagen und Einschätzungen bleibt dies ohne Belang. Letztendlich glich sich dann alles aus, denn die Verhandlungen wurden alle durchgeführt.

16 Diese Zahlenangaben beziehen sich auf die Verhandlungen, die im Zeitraum vom 3. bis 11. Mai laut der Kartei der Generalstaatsanwaltschaft stattfanden.

17 ZPA NL 182/1096

18 Vgl. ebenda

19 Im dritten Tätigkeits- und Erfahrungsbericht vom 5. Mai 1950 meldete man für den 4. Mai 78 verhandelte Fälle. Die Auswertung der Kartei der Staatsanwaltschaft ergab nur 63 Prozesse. Dabei ist zu beachten, daß 15 Verhandlungen in den zusätzlich gebildeten zwei Kleinen Strafkammern (9. und 10.) stattfanden. Das stützt die Annahme des Verfassers, daß man anfänglich mehr »Erfolge« meldete, um sich nicht ständiger Kritik auszusetzen. Man ging wahrscheinlich davon aus, daß im weiteren Verlauf der Aktion alles nachgeholt werden könne. Entscheidend war, daß alle bis zum geplanten Abschluß der Prozesse ihr Urteil bekamen.

20 Vgl. ZPA IV 2/13/431

21 Vgl. ebenda

22 Vgl. ZPA IV 2/13/432

23 ZPA IV 2/13/431

24 Vgl. ebenda

25 Es ist nicht möglich, an dieser Stelle ausführlich auf den Fall einzugehen. Unter anderem warf man K. vor, an 32 Erschießungen teilgenommen und zwei Todesurteile gefällt zu haben.

26 Vgl. ZPA IV 2/13/431

27 Vgl. ZPA IV 2/13/432

28 Vgl. VAMdI, 39471 und 39472

29 In seiner Beurteilung wurde vermerkt: »Hat zu Beginn der Tätigkeit in Waldheim den politischen Charakter der Aufgabenstellung nicht voll erkannt. Mit ihm mußten eingehende politische Diskussionen geführt werden. Im Verlauf seiner Tätigkeit ist er jedoch politisch gewachsen. Seine anfänglichen Zweifel gegenüber der Richtigkeit der sowjetischen Protokolle sind in letzter Zeit nicht mehr in Erscheinung getreten. Inwieweit diese Zweifel auf eine ungenügende klare und positive Einstellung zur Sowjet-Union zurückzuführen sind, konnte hier nicht festgestellt werden.« Im Zusammenhang mit seinem Einsatz nach Waldheim wird festgestellt: »Hierbei muss er in seiner Tätigkeit kontrolliert werden unter besonderer Beachtung seiner amerikanischen Kriegsgefangenschaft, die immerhin 3 volle Jahre dauerte.« ZPA IV 2/13/ 432

30 E. Reisler, Manuskript..., a.a.O.

31 Gemeint ist die Kampfgruppe gegen Unmenschlichkeit. Gemeinsam mit dem Untersuchungsausschuß Freiheitlicher Juristen der Sowjetzone gab diese Vereinigung eine der ersten Materialien in der BRD heraus, in der die Waldheimer Prozesse als Justizskandal angeprangert wurden. Die Waldheimer Geheimprozesse. Eine Denkschrift, Berlin 1950.

32 E. Reiler, Manuskript..., a.a.O.
33 NKWD – Narodnyj kommissariat vnutrennich del (Volkskommissariat für Innere Angelegenheiten). Seit 15. März 1946 – MWD – Ministerstvo vnutrennich del (Ministerium für Innere Angelegenheiten).
34 E. Reisler, Manuskript..., a.a.O.
35 Das Urteil gegen Horst Hunger wurde auf dem Gnadenwege durch das Sächsische Gesamtministerium in seiner 146. Sitzung vom 2. November 1950 in eine lebenslängliche Freiheitsstrafe umgewandelt. Vgl. SAD, LSR, MdJ 1578. Auf die damit im Zusammenhang stehenden Ereignisse wird an anderer Stelle eingegangen.
Über den Fall kann sich der Leser anhand der Angaben aus einer Übersicht über alle Todesurteile selbst ein Bild machen. Der Verfasser maßt sich als Historiker keine juristischen Bewertungen an. Die Fakten und ihre Widerspiegelung in den damaligen Unterlagen sollen es dem Leser ermöglichen, sich selbst eine Meinung zu bilden mit dem Material, das auch dem Verfasser zur Verfügung stand.
36 Vgl. ZPA NL 182/1096 und ZAMdI, 11/695
37 Vgl. ZPA IV 2/13/431
38 Vgl. ebenda. Die Auswertung der Kartei der Generalstaatsanwaltschaft ergab, daß diese Aussage nicht ganz stimmte. Man wollte den Empfängern der Berichte wahrscheinlich zeigen, daß man hart durchgriff.
39 Vgl. ZPA IV 2/13/432
40 Es ist im Rahmen dieses Buches nicht möglich, auf alle Fragen und Aspekte dieser Problematik einzugehen. Weitere Informationen findet man dazu u.a. in der Schrift: Protest des Waldheim-Kameradschaftskreises gegen Propst Grübers Unwahrheiten. Sonderdruck des Waldheim-Kameradschaftskreises 1970.
Eine andere Bewertung als die mancher Waldheim-Verurteilten zu den Aktivitäten H. Grübers findet man in der Schrift von H. Brandt, Hinter den Kulissen..., a.a.O.
Der Verfasser teilt nicht die Ansicht H. Grübers von 1949, die jener dann auch in seinen Memoiren wiederholte, daß in den sowjetischen Lagern zwar Menschen vom Leben ferngehalten wurden, aber daß man es ihnen nicht besonders schwer machte. Die Tatsachen stehen dem entgegen. Es steht dem Verfasser nicht zu, darüber zu entscheiden, was H. Grüber damals wissen konnte und was nicht. Er enthält sich auch einer moralischen Wertung über das, was H. Grüber hätte tun können oder müssen. Was den sachlichen Inhalt der Aussagen betrifft, so waren sie falsch.
41 Vgl. ZPA IV 2/13/432
42 F. Göhler, Das Gesicht der Volkspolizei..., a.a.O.
43 Was die Zusammensetzung des Gerichts betrifft, irrte sich F. Göhler. Die 8. Große Strafkammer, von der er am 7. Juni 1950 verurteilt wurde, bestand wie alle Großen Kammern aus zwei Berufsrichtern und drei Schöffen. Weshalb der Hinweis auf eine »jüdische« Staatsanwältin erfolgte, was weder belegt noch für den Prozeß von Bedeutung ist, vermag nur F. Göhler zu erklären.
44 F. Göhler, Das Gesicht der Volkspolizei..., a.a.O.
45 BAP, Außenstelle Berlin, StVE Bautzen, W 2614/50 K19

46 F. Göhler, Das Gesicht der Volkspolizei..., a.a.O.
47 Erinnerungen Willi Wunderlich. Quelle beim Autor.
48 Vgl. ebenda
49 Siehe Kap. 2, S. 69.
50 Erinnerungen Willy Mattiaschk. Quelle beim Autor.
51 BAP, AB, StVE K 236 A. 9
52 Vgl. ebenda
53 Diese Feststellung stützt sich auf die Einsicht in 3304 Urteile in Kurzfassung in der Kartei der Generalstaatsanwaltschaft der DDR (BAP, AB Kartei), die Urteile der zum Tode Verurteilten (VAMdI), über 20 Urteile aus Gefangenenakten (BAP, AB) sowie über 120 Kurzfassungen von Urteilen in den Akten des ZPA.
54 Die Waldheimer Prozesse. Eine Denkschrift..., a.a.O., S. 9.
55 ebenda
56 ZPA IV 2/13/432
57 Vgl. ebenda
58 Auswertung der Kartei der Generalstaatsanwaltschaft der DDR. BAP, AB Kartei
59 Vgl. ZPA IV 2/13/432
60 Ebenda
61 ZPA IV 2/13/431
62 Vgl. SAD, LRS, Min.Präs. 1578
63 Es handelte sich um Frieda Bär. Sie stand als Nr. 32 auf der Liste der zum Tode Verurteilten, die als Anlage 4 zum Abschlußbericht vom 5. Juli gehörte. Aus der Kurzfassung des Urteils ging hervor, daß sie einen Antifaschisten denunziert hatte, der zum Tode verurteilt und hingerichtet wurde. Vgl. ZPA IV 2/13/432
64 Vgl. ebenda
65 Vg. VAMdI, 39740
66 Vgl. ZPA IV 2/13/431
67 ZAMdI, 7/420
68 F. Göhler, Das Gesicht der Volkspolizei..., a.a.O.
69 VAMdI, 39740
70 F. Göhler, Das Gesicht der Volkspolizei..., a.a.O.
71 Vg. ZPA IV 2/13/432
72 Vgl. ebenda
73 Die Waldheimer Geheimprozesse. Eine Denkschrift..., a.a.O., S. 5
74 VAMdI, 39740
75 Ebenda
76 Vgl. ebenda
77 Ebenda
78 Vgl. ZPA IV 2/13/431 und VAMdI, 39742
79 Vgl. G. Milke, Herr Oberstaatsanwalt, der Sonderfall..., in: Der Spiegel, 22. November 1950, S. 13 f.
80 ZPA IV 2/13/431
81 Ebenda
82 Ebenda
83 Vgl. ebenda

84 Vgl. ebenda
85 Vgl. H. Brandt, Hinter den Kulissen..., a.a.O., S. 6
86 Ebenda S. 5
87 Vgl. ZPA IV 2/13/431
88 Vgl. ebenda
89 H. Brandt, Hinter den Kulissen..., a.a.O., S. 7. Die drei Anmerkungen in der Schrift des Waldheim-Kameradschaftskreises wurden vom Verfasser weggelassen. Das beeinträchtigt die Aussage des Zitats nicht.
90 Ebenda, S. 8 f.
91 Vgl. ZAMdI, 11/1589
92 Vgl. H. Brandt, Hinter den Kulissen..., a.a.O., S. 9
93 Vgl. ZAMdI, 11/1571 sowie ZPA IV 2/13/431

Dokumente

Verzeichnis der Dokumente

3/1

Beurteilung

D., Heinrich

geb. als Sohn eines Tischlergesellen.
Wohnhaft in

Schulbildung:	Volksschule Italienisches Sprach- und Kulturinstitut	
berufl. Entwicklung:	von 1933–1942	als Malergehilfe tätig bei verschiedenen Berliner Firmen.
	nach 1945	Mitglied der Entnazifizierungskommission in Berlin
	1947–1948	Besuch des 3. Richterlehrganges in Potsdam
	1949–1950	3. Lehrgang an der DVA Walter Ulbricht in Forst-Zinna z. Zt. Landgerichtspräsident in Neu-Ruppin
Militärverhältnisse:		entfällt.
Kriegsgefangenschaft:		entfällt.
politische Entwicklg.:	1925	im ADGB organisiert, seit
	1929	Funktionär der Roten Hilfe u. der IAH.
	1933	Eintritt in die bereits verbotene KPD
	1941	Wiederaufnahme der illegalen Arbeit m.a. Genossen Er gehörte der Husemann-Gruppe an.
	1942	Verhaftung und Verurteilung zu 8 Jahren Zuchthaus wegen Vorbereitung zum Hochverrat. (Zuchthaus Waldheim)
	1945–1947	l. Vors. der Straßengruppe, dann im Stadtteil II,

		Berlin-Pankow Leiter der Jugendgruppe
	1947	im Richterlehrgang Vorsitzender des Schülerrats, als solcher Mitglied des Betriebsgruppenvorstandes
	1948	Behördenvorstand und als solcher Mitglied des Betriebsgruppen-Vorstandes
Parteischule:	14 Tage in Wandlitzsee 14 Tage Sonderlehrgang auf der Karl-Marx-Parteihochschule, Klein-Machnow	

Einschätzung auf Grund der Tätigkeit in Waldheim:

Vorsitzender einer Großen Strafkammer.

a) *politisch:* Hat während seiner Tätigkeit in Waldheim unter Beweis gestellt, daß sein Hang zum Objektivismus noch nicht überwunden ist. Er zweifelte die Richtigkeit des Inhaltes der sowjetischen Protokolle an und hat im Verlaufe seiner Tätigkeit seine Hemmungen gegenüber dem notwendigen Strafmaß nie ganz überwunden. Der politischen Aufgabenstellung war er in Waldheim nicht gewachsen. Er bemühte sich von Anfang an um Abberufung aus der hiesigen Arbeit. Als Begründung dafür, dass er in den ersten Wochen fast ausnahmslos immer unter dem beantragten Strafmaß blieb, führte er an: »Dafür gebe ich meinen Namen nicht her« und ferner »man soll nicht mit Kanonen auf Spatzen schießen«

b) *sachlich:* Gute Verhandlungsführung, wegen des schlechten politischen Fundamentes jedoch ungenügende Strafen. In der Urteilsbegründung kam seine innere Opposition zu der Arbeit zum Ausdruck. Er machte ungenügende schriftliche Urteile, obwohl er auf Grund seiner Sachkenntnis einwandfreie

	Urteilsbegründungen hätte machen können.
c) *charakterlich:*	Empfindlich gegenüber Kritik. Im Lebenswandel kein Anlaß zu Klagen, kameradschaftlich.
d) *Entwicklungsmöglichkeiten:*	In der bisherigen Funktion belassen, er ist aber bei der Arbeit unter die ständige Kontrolle der Partei zu stellen.

Waldheim., den 24.6.1950

....	....
(Heinze)	(Krügelstein)
....	....
(Hentschel)	(Reisler)

Beurteilung

P., Otto

geb. als Sohn eines Arbeiters.
Wohnhaft in

Schulbildung:

Berufliche Tätigkeit:	Ab 1934–1940 Arbeiter Vom Dez. 1948 – Dez. 1949 Richterlehrgang. Seit 1.1.1950 beim Landgericht Gera Beisitzer in Straf- und Zivilbeschwerdekammer.
Militärverhältnis:	1940 zur Wehrmacht einberufen. Letzter Dienstgrad: Obergefreiter
Kriegsgefangenschaft:	Bis Juli 1945 amerikanische Kriegsgefangenschaft
Politische Entwicklung:	Vor 1933 Mitglied der Jugendorganisation »Rote Falken« Seit 1.10.1945 politisch organisiert. Nach Vereinigung der beiden Arbeiterparteien Mitglied der SED. Er bekleidet die Funktion eines Zehnergruppenkassierers.
Parteischulung:	Kreisparteischule Gera und Luisenthal in 14 tägigen Sonderlehrgängen in Camburg.

Einschätzung auf Grund der Tätigkeit in Waldheim

Beisitzer einer Grossen Strafkammer.

a) politisch:	Genosse P. war dieser politischen Aufgabestellung hier nicht gewachsen. Er zeigte Tendenzen zum bürgerlichen Objektivismus. Dies kommt vor allem zum Ausdruck, indem er sagte: »Ich muß davon überzeugt sein, dass der Betreffende auch seine Strafe zu recht verdient hat, denn man kann nicht Gleiches mit Gleichem vergelten.« Die Ursachen dieser Tendenzen zum

	Objektivismus liegen in erster Linie darin begründet, dass sein Klassenbewusstsein nicht entwickelt, und eine Parteiverbundenheit nicht vorhanden ist. Genosse P., der als Beisitzer beim Genossen D. fungierte, wurde in seinen Ansichten noch durch das Verhalten desselben gestärkt.
b) sachlich:	noch sehr schwach und unselbständig. Hat sich kaum in die Verhandlungsführung eingeschaltet. Hierbei ist jedoch zu berücksichtigen, dass er erst seit dem 1.1.1950 im praktischen Justizdienst tätig ist und von dieser Zeit noch einige Wochen durch Krankheit ausfielen.
c) charakterlich:	Er ist in seinem Wesen bescheiden, zurückhaltend und in keinem Fall anmaßend. In moralischer Hinsicht wurde ebenfalls Nachteiliges über ihn nicht bekannt.
d) Entwicklungsmöglichkeiten:	Der Genosse P. müsste unter einer politisch starken Anleitung und Kontrolle systematisch entwickelt werden. Bei guter Anleitung wird er sich zweifellos auch noch entwickeln können. Dies muß umsomehr geschehen, da er sich bereits mit dem Gedanken trägt, aus der Justiz auszuscheiden.

Waldheim, den 24.6.1950

....	....
(Heinze)	(Krügelstein)
....	....
(Hentschel)	(Reisler)

Beurteilung

R., Rudolf,

geb. am ...... in Utendorf Krs. Meiningen als Sohn eines Maurers. Wohnhaft in

Schulbildung:	1921–1929 Volksschule 1929–1932 kfm. Berufsschule
Berufliche Tätigkeit:	1929–1932 Bürolehrling bei Rechtsanwalt Geh. Ab 1932 bei Justizrat Schubert in Meiningen und dann mit Unterbrechungen bis Mai 1933 als Aushilfangstellter beim Arbeitsamt in Meiningen. 6.6.1933–5.2.1935 landw. Arbeiter, 5.2.1935–9.9.1935 Angestellter beim Arbeitsamt in Dessau. Im Oktober 1935 – Februar 1936 bei Hofbaurat Behlert in Meiningen als Bürogehilfe. Mai 1936–Okt. 1936 Angestellter beim Amtsgericht in Meiningen. Okt. 1936–Okt. 1938 Ableistung der Wehrpflicht. 1.11. 1938–26.8.1939 Angestellter beim Landgericht in Dessau. Anschliessend als Soldat eingezogen. Am 1.7.1945 als Justizinspektor, eingesetzt. Später wurde er als Amtsanwalt und Staatsanwalt beschäftigt. Am 22.6.1949 wurde er 1. Staatsanwalt. Heute ist er Wahrnehmer der Geschäfte eines Oberstaatsanwaltes in Postdam. Vom 1.1.1946–1.4.1947 war er Inpezient der Staatsanwaltschaften in Sachsen-Anhalt. Er besuchte einen Lehrgang für Wirtschaftstrafrecht in Halle/Saale.
Militärverhältnis:	19.10.1936–26.10.1938 leistete er seine Wehrpflicht ab. Vom 26.8.1939 – März 1945 befand er sich bei der Wehrmacht, dann entfernte er sich von der Truppe.

Kriegsgefangenschaft:	nein.
Politische Entwicklung:	Vom 1.1.1930 – zur Auflösung 1933 war er Mitglied der KPD in Utendorf Krs. Meiningen. Ab 1.6.1945 ist er wieder Mitglied der KPD/SED. 1945 Politischer- und Org.-Leiter der KPD in Dessau-Grosskühnau. Vorsitzender des Rechtspolitischen Ausschusses in Magdeburg.
Parteischulung:	Parteischule der KPD im Sept.–Okt. 1945 in Wettin b. Halle.

Einschätzung auf Grund der Tätigkeit in Waldheim

Staatsanwalt in verschiedenen Kammern.

a) politisch:	Genosse R. war vom ersten Tage an bestrebt,die politische Linie durchzusetzen. Bei ihm waren auch keinerlei Diskussionen nötig in Bezug auf die Richtigkeit der sowjetischen Protokolle. Im Verlauf seiner Tätigkeit tauchten Bedenken auf, ob die von ihm gezeigte Parteiergebenheit echt ist. Von einer ideologischen Klarheit kann bei ihm nicht gesprochen werden, zumal er noch keinerlei theoretische Schulung erhielt. Die ungenügende ideologische Klarheit führte dazu, dass auch er einen Aktenvermerk unterschrieb, in dem die falsche Einstellung der gesamten Kammer zum Ausdruck gebracht wurde. In dem Aktenvermerk kam zum Ausdruck, »dass es unmöglich ist, einen Menschen zu verurteilen, der selbst nicht Pg war, und dessen ehemalige Vorgesetzte als Pg's heute als leitende Funktionäre in der DDR tätig sind.« Beim Genossen R. konnte ein ausgeprägtes Klassenbewusstsein nicht festgestellt werden.
b) sachlich:	In sachlicher Hinsicht war seine Arbeit im allgemeinen einwandfrei. Bei seiner ersten

	Verhandlung im Rathaus-Saal musste festgestellt werden, dass er wegen ungenügender gründlicher und systematischer Vorbereitung seine Aufgabe nicht erfüllte.
c) charakterlich:	Gen. R. neigt in überspitzter Form zu konspirativer Arbeit, hat sich hier in Waldheim jederzeit korrekt verhalten. Er überschätzt seine eigene Qualifikation und läuft dabei Gefahr, seine Schwächen und Fehler nicht rechtzeitig zu erkennen. Er ist ein fleissiger und zuverlässiger Arbeiter.
d) Entwicklungsmöglichkeiten:	Es ist erforderlich, dem Genossen R. die erforderliche politische und fachliche Schulung zu gewähren, ehe über seinen weiteren Einsatz entschieden werden kann. Zunächst ist sein Verbleiben in der bisherigen Funktion zweckmässig.

Waldheim, den 24.6.1950

.... (Heinze)	.... (Krügelstein)
.... (Hentschel)	.... (Reisler)

3/2

Huy-Neinstedt, den 8.6.1950
ü. Halberstadt

An das
Landgericht Chemnitz
z. Z. Waldheim/Sa.

Betrifft: Gesuch für den inhaftierten Wilh. L.

Wilhelm L., geb. am in wurde im August 1945 hier in Schutzhaft genommen, zur Zeit befindet er sich in Waldheim (Sa.).
Ich bitte seine Haftgründe zu überprüfen, da ihm von hier nichts Nachteiliges nachgesagt werden kann. Sollte 1945 ihm von hier irgendwelche Delikte angehangen worden sein, so entsprechen diese nicht den Tatsachen.
Der damalige Bürgermeister Fritz G. ist inzwischen von dem Bürgermeisteramt entfernt worden, weil er sich durch diktatorische Maßnahmen gegenüber der Bevölkerung unmöglich machte. Vor 1945 hat G. sich schon durch größere Unehrlichkeiten hervorgetan und ist zu Zuchthaus verurteilt worden. Jetzt ist er über ein halbes Jahr ohne Beschäftigung und lebt auch.

Hochachtungsvoll!

Vorstehende Angaben bestätigt und zu weiteren Auskünften
jeder Zeit bereit

Der Gemeinderat — Bürgermeister

b.w.

Neubukow i/Meckl. den 27.6.1950.

An die
Staatsanwaltschaft
W a l d h e i m .

Am 25. Mai 1946 wurde mein Ehemann wegen seiner früheren Zugehörigkeit zur damaligen NSDAP verhaftet. Ich habe das Geschäft meines Mannes zuerst fortgeführt, musste dieses aber später wieder aufgeben und ernähre mich jetzt schlecht und recht durch Putzmacherei. Ich bin durch die Inhaftierung meines Mannes mit meinen Nerven und mit meinem Gesundheitszustand völlig heruntergekommen, sodass es mir schwer fällt, mein Geschäft weiter zu betreiben. Mein Mann fehlt mir in allen Stücken als Ernährer. Ich glaube behaupten zu können, dass mein Mann durch die jahrelange Inhaftierung seine frühere Zugehörigkeit zur NSDAP reichlich gebüsst hat.

Unterschrift

Der demokratische Block der Stadt Neubukow bescheinigt, dass die in dem Gesuch angegebenen Angaben den Tatsachen entsprechen und befürwortet die Entlassung des Paul S.

Neubukow, den 27. Juni 1950.
Der demokratische B l o c k .

SED CDU NDP

b.w.

DFD FDGB

Staatsanwaltschaft Chemnitz Gompitz, den 29.6.50
19 AR 85/50.
Demokratischer Blockausschuß
Gompitz

Gesuch

An die Staatsanwaltschaft des
Landgerichtes Chemnitz

Betr.: S., Richard, geb. am in Dresden, zuletzt wohnh. in Gompitz, Pennricherstr. 20 (früher Luis Feßlerstr.)

Am 20.6.50 erhielt der demokratische Blockausschuß von Gompitz ein Gesuch der S., Ehrentraud, Tochter des o.g. Inhaftierten. Der Inhalt des Gesuches ist eine Bitte, von Seiten der Blockparteien und Massenorganisationen über die Schuld und den Verbleib des o.g. nachzuforschen. Die demokratischen Blockparteien unter der Führung der Sozialistischen Einheitspartei nahmen sich der Angelegenheit an und stellten, nach Zusammentragen von Material und Auskünften durch demokratische fortschrittliche Einwohner von Gompitz, folgendes fest:
S. war seit 1931 Mitglied der NSDAP. Ihm können keine Unmenschlichkeiten nachgesagt werden. S. wurde 1939 zum Wehrdienst eingezogen und wurde nach 8 Wochen wieder entlassen.
Während der gesamten Kriegszeit war S. in Gombitz und wurde von höherer Stelle als Landwachtführer eingesetzt. In seiner Tätigkeit als Landwachtführer hat sich S. nach Aussagen heute maßgebender Personen des Ortes, nichts zuschulden kommen lassen. Über die Behandlung ehemaliger polnischer und französischer Kriegsgefangener, die bei S. beschäftigt waren, ist im Orte nichts nachteiliges über S. bekannt. Im Gegenteil, S. ließ den Kriegsgefangenen mehr Freiheit als erlaubt war und gab ihnen Sonderzuweisungen die unter Androhung schwerer Strafen verboten waren.
Nach Beendigung des faschistischen Krieges war er einer der ersten, der den befreiten jüdischen KZ-Häftlingen, die durch den Ort geschleußt wurden, Verpflegung und Hilfe zuteil werden ließ. Weiter war er der durchziehenden siegreichen roten Armee jederzeit hilfsbereit.
S. wurde am 26.2.46 von der sowjetischen Besatzungsmacht, zusammen mit anderen Einwohnern der umliegenden Ortschaften in Haft genommen. Der Grund seiner Verhaftung konnte bis zum heutigen Tage innerhalb der Gemeinde noch nicht festgestellt werden.
Auf Grund der Bitte der beiden mutterlosen Kinder des S., die sich, seit der Inhaftierung ihres Vaters, für die Erfüllung des 2 Jahresplanes ein-

gesetzt haben und ihre gärtnerischen Erzeugnisse der damals notleidenten Bevölkerung zukommen ließen. Der demokratische Blockausschuß Gompitz bittet die Staatsanwaltschaft um baldige Überprüfung der Angelegenheit S., zumal angenommen wird, daß S. nur das Opfer falscher Anschuldigungen geworden sein kann.
Die demokratischen Blockparteien bitten die Staatsanwaltschaft um Mitteilung und Aufklärung über den Fall S.
S. soll sich, nach Angaben seiner Tochter, in Waldheim befinden.

Mit demokratischen Gruß

Für die

Sozialistische Einheitspartei Deutschlands
(F.) (W.)

Liberal Demokratische Partei Deutschlands
(G.) (M.)

Vereinigung der gegenseitigen Bauernhilfe
(K.) (K.)

Nationale Front des demokratischen Deutschlands
(R.)

Freier Deutscher Gewerkschaftsbund
(T.)

Bürgermeister Gemeindeverordnetenvorst.
(E.) (B.)

3/3

Anlage 5

Abschrift

Es wurde festgestellt, daß im Pfarramt Waldheim laufend Leute, deren Angehörige in der Anstalt einsitzen, anlaufen. Das Pfarramt wurde ca. 2 Stunden unauffällig beobachtet. Es wurde dabei festgestellt, daß dort ziemlich reger Verkehr ist. Einige Zeit später wurde im Pfarramt vorgesprochen und es fand eine Aussprache zwischen uns und dem Pfarrer Metzner statt. Positives wurde dabei nicht in Erfahrung gebracht. Die Auskunft war allgemeiner Art. Pfarrer Metzner betonte, daß bald Verhandlungen stattfänden, er sei der Überzeugung, daß ein großer Teil der Internierten die Freiheit wiedererlangen würde. Gottesdienste hätten in der Anstalt nur Ostern stattgefunden, die Predigten hätten zwei Herren von der Landesleitung in Dresden gehalten, der eigentliche Anstaltspfarrer Irmler, Waldheim Goethestr. 7 dürfe die Anstalt nicht betreten. Gesagt sei hier noch, daß wir uns als Angehörige von Internierten ausgaben, als solche haben wir heute den Anstaltspfarrer Irmler aufgesucht und ihn auf Grund unseres überzeugten Auftretens ziemlich aus der Reserve gelockt. Wir erzählten Pfarrer Irmler, daß wir uns beim Anstaltsposten Auskunft über unsere Angehörigen holen wollten und dort brüsk zurückgewiesen worden wären. Irmler erwiderte: »Da sind sie wohl herausgeflogen«. Im Verlauf der nun geführten Unterhaltung eröffnete uns Irmler folgendes: Er habe bei der Anstaltsleitung alles versucht, um bei den Internierten als Seelsorger wirken zu können, die Zahl der Tbc-Kranken sei sehr hoch, ebenso auch die Zahl der Sterbefälle, er hat seinen Dienst bei Bestattungen angeboten, doch sei von der Anstaltsleitung alles abgelehnt worden. Das Zuchthaus sei für 2.000 Mann eingerichtet, z. Zt. wären 4.000 Internierte da, unter diesen Umständen könnte man sich wohl die Zustände vorstellen. Aus diesem Grund sei er, Irmler, beim stellv. Ministerpräsidenten Nuschke vorstellig gewesen und habe ihm die Zustände hier geschildert. Nuschke habe die Beschwerde an Pieck und Grotewohl weitergeleitet.
Auf unsere Frage, wie es wohl möglich sei, mit unseren Angehörigen in Verbindung zu treten, wies er uns 3 Wege

1. Ein Schreiben an Staatssekretär Warnke, dieser sei der Verantwortliche für die Aktion hier in Waldheim, welche von KK 5 bearbeitet würde, hier in Waldheim sei Objekt 5.

2. Sich an einen Polizisten heranmachen und ihn durch Spickereien gefügig machen,

3. sich an den Wirt des Hotels »Goldener Löwe« heranmachen, bei dem viele Polizisten verkehren und der bestimmt einen Weg finden wird. In diesem Fall bat uns aber Pfarrer Irmler, seinen Namen aber nicht zu nennen.

Im weiteren Verlauf des Gespräches erzählte Irmler, daß z. Zt. in der Anstalt Vernehmungen der Inhaftierten durch Volksrichter stattfänden. Verhandlungen seien z. Zt. noch keine. Mit Beginn der Verhandlungen sei in Bälde zu rechnen. Es würden ordentliche Gerichte tagen, die Angehörigen der Internierten würden über den Termin verständigt; es sei ja auch auf Grund der Verfassung gar nicht anders zu erwarten.

Weiterhin erzählte Irmler, daß er sehr viele Briefe aus allen Gegenden erhalte und daß er von vielen Angehörigen Inhaftierter besucht würde, die sich von ihm beraten lassen wollen.

Als noch von Gerichten verurteilte Verbrecher in der Anstalt eingesessen sei ein lebenslänglicher Raubmörder gegen den heute einsitzenden Internierten ein freier Mann gewesen. Er, Irmler, habe jederzeit den Raubmörder unter 4 Augen sprechen können, auch habe dieser regelmäßig schreiben können. Weiterhin äußerte Irmler, daß über die evtl. Straftaten der Inhaftierten keine Unterlagen vorhanden sind.

Karl Wachs Herbert Teubel

f.d.R.d.Ab.:
gez. Fritsche
VP-Oberwm.in

3/4

Öffentliche Sitzung
der Großen / Kleinen Strafkammer
des Landgerichts Chemnitz
nach Befehl 201

Waldheim, den 10.6.1950

Strafsache

Aktz.: W/2953/50/1501/201

Gegenwärtig	gegen den am 27.5.1892 in Delitzsch geb. Max <u>Paul</u> M ü l l e r
1. Landrichter F. (als Vorsitzender)	Gendarmeriemeister wohnh.: Alttranstädt Krs. Merseburg, Lindenstr. 1
Landrichter R. (als Beisitzer)	z.Zt. in Untersuchungshaft in der Haftanstalt Waldheim
Gustav D., Vollzugsang. Richard T., Angest. Martha R., Fürsorgerin als Schöffen	wegen Verbrechens gegen die Menschlichkeit gem. KD 38 und KG 10
Staatsanwalt J. (als Vertreter der Staatsanwaltschaft)	Bei Aufruf der Sache wird vorgeführt der Angeklagte Paul M ü l l e r
J.-Angestellte V. (als Urkundsbeamtin der Geschäftsstelle)	Als Verteidiger meldet sich: (handschriftl. Nachtrag im Original) W. Als Zeuge meldet sich: niemand

Der Angeklagte stellt den Antrag, daß ihm ein Verteidiger beigeordnet wird.
Es wurde ihm der Justizangestellte W. als Verteidiger beigeordnet.

Der Angeklagte gibt bei seiner Vernehmung über seine persönlichen Verhältnisse dasselbe wie auf Bl. 7 d. A. an.

Der Vertreter der Anklagebehörde trägt die Anklage vom 17.5.50 (Bl. 15 d. A.) vor.

Der Angeklagte wird zur Sache vernommen.
Dem Angeklagten wird der Inhalt der Urkunde (Blatt 1 der Akten) über die Zusammenfassung seiner bisherigen Aussagen vorgehalten.

Nach dem Schlusse der Beweisaufnahme erhält der Vertreter der Anklagebehörde das Wort.

Die Staatsanwaltschaft beantragt: den Angeklagten wegen Verbrechens gegen die Menschlichkeit gem. KD 38 und KG 10 (gem. der Anklageschrift) zum Tode

Verhängung der obl. Sühnemaßnahmen gem. Art. VIII, II c–i d.
Dir. 38 Vermögenseinziehung

zu verurteilen.

Der Angeklagte erhält das Wort:

Das Gericht zieht sich zur Beratung zurück.

Nach geheimer Beratung wird das Urteil durch Verlesung der Urteilsformel und durch mündliche Mitteilung des wesentlichen Inhalts der Urteilsgründe verkündet:

IM NAMEN DES VOLKES !

Der Angeklagte Paul Müller wird nach Befehl 201 i. V. mit Abschn. II Art. II, Ziffer 1 der Dir. 38 und KG 10, Art. II, Ziff. 1 c, 2 a u. b. in die Gruppe der Hauptverbrecher eingestuft und zum Tode sowie zu den Kosten des Verfahrens verurteilt.

Sein Vermögen wird, soweit pfändbar, zu Gunsten der Deutschen Demokratischen Republik eingezogen.
Über den Angeklagten werden die in Art. VIII, II c–i der Direktive 38 genannten Sühnemaßnahmen verhängt.

Rechtsmittelbelehrung wurde erteilt, und zwar übernahm diese der Verteidiger.

Landgericht Chemnitz in Waldheim
9. Große Strafkammer
nach Befehl 201

Az.: W/2953/50/1501/201

IM NAMEN DES VOLKES!

Strafsache

gegen den am 27.5.1892 in Delitzsch geborenen Paul *Müller*, Gendarmeriemeister, wohnh.: Altranstädt, Krs. Merseburg, Lindenstraße 15
z.Zt. in Untersuchungshaft in der Haftanstalt Waldheim

wegen Verbrechens gegen die Menschlichkeit gem. KD 38 und KG 10

Das Landgericht Chemnitz in Waldheim – 9.Große Strafkammer – hat in der Sitzung vom 10.6.1950, an der teilgenommen haben:

Oberrichter F.
als Vorsitzender

Landrichter R.
als Beisitzer

Gustav D., Vollzugsangest.
Richard T., Angestellter
Martha P., Fürsorgerin
als Schöffen

Staatsanwalt J.
als Vertreter der Staatsanwaltschaft

Justizangestellte V.
als Urkundsbeamtin der Geschäftsstelle

für Recht erkannt:

Der Angeklagte Paul M ü l l e r wird nach Befehl 201 i.V. mit Abschn.II, Art.II, Ziffer 1 der Direktive 38 und KG 10, Art.II, Ziffer 1c, 2a und b in die Gruppe der Hauptverbrecher eingestuft und

zum Tode

sowie zu den Kosten des Verfahrens verurteilt.

Sein Vermögen wird, soweit pfändbar, zu Gunsten der Deutschen Demokratischen Republik eingezogen.

Über den Angeklagten werden die in Art.VIII, II c–i der Direktive 38 genannten Sühnemaßnahmen verhängt.

Gründe:

Der Angeklagte ist 58 Jahre alt, verheiratet und hat einen Sohn im Alter von 26 Jahren. Von Beruf ist er Polizeibeamter. Nach seinen Angaben nicht vorbestraft und im Besitz von Vermögenswerten in Höhe von DM 10.000,–.

In der Anklageschrift wird ihm zur Last gelegt, aus politischen Beweggründen Verbrechen gegen Gegner und Opfer des Nationalsozialismus begangen zu haben (Hauptverbrechen gem. KD 38, Absch.II, Art.II, Ziffer 1 in Verb. mit KG 10, Art.II, 1c und 2a).

In der Hauptverhandlung hat sich folgendes erwiesen:

Der Angeklagte gehörte seit 1920 der Polizei an, politisch war er nicht organisiert. Am 1.4.1933 trat er nach seinen eigenen Angaben der NSDAP bei. Er gibt zu, daß ihm das Programm und die Ziele dieser verbrecherischen Verschwörerclique bekannt gewesen seien, daß er aber geglaubt habe, darin eine fortschrittliche Entwicklung zu sehen. Er mußte als Gendarmeriemeister auf Anweisung des Gendarmeriekreisführers der Gestapo bei politischen und religiösen Gegnern des Faschismus Haussuchungen und Vernehmungen durchführen. Der Antifaschist Hofmann in Altranstädt wurde im Jahre 1933 von ihm verhaftet, vernommen und nach Lützen überführt. Der Angeklagte hat ferner in der Wohnung des KPD-Funktionärs G., der geflohen war, in dessen Abwesenheit eine Hausdurchsuchung vorgenommen, wobei die Ehefrau G. in Nachtkleidung auf die Straße getrieben wurde. Der Angeklagte hat des weiteren im Jahre 1944 in der Flur von Großlehna eines Nachts Dienst verrichtet und dabei 2 polnische Zivilarbeiter erschossen. Insoweit der Angeklagte dies bestreitet und behauptet, daß es sich nur um einen Polen gehandelt habe, ist er durch die Seite 1 der Gerichtsakten befindliche auszugsweise Urkunde, die Beweiskraft hat, dessen überführt. Der Angeklagte gibt an, daß einige Lagerinsassen entflohen waren und in der Umgebung laufend Diebstähle ausführten. Er habe in der betreffenden Nacht am Ortsausgang Altranstädt gestanden, als etwa 5 Personen auf ihn zugekommen seien. Er will ihnen zugerufen haben: »Halt! Polizei!«. Diese 5 Personen sollen trotzdem weiter auf ihn zugekommen sein, sodurch sich der Angeklagte bedroht gefühlt haben will und sofort von der Waffe Gebrauch gemacht habe. Ein Mann soll tödlich zusammengebrochen sein. Der Angeklagte rechtfertigt sich damit, daß er in Notwehr gehandelt habe. Schon die Darstellung des Angeklagten ist völlig unglaubhaft, zumal er in der Hauptverhandlung plötzlich noch erklärt, daß einer von den 5 Personen ein Messer in der Hand gehabt habe, wovon er in seinen bisherigen Vernehmungen noch nie gesprochen hat. Es ist auch völlig unglaubwürdig, daß in einer dunklen Novembernacht bei einer Entfernung von etwa 10 Metern jemand erkennen will, daß eine entgegenkommende Person ein Messer in der Hand führt.

Das Gericht sieht für erwiesen an, daß ein Fall der Notwehr überhaupt nicht vorlag, sondern daß der Angeklagte aus seiner faschistischen Einstellung heraus blindlings und völlig unbegründet von der Schußwaffe Gebrauch gemacht hat und daß er auch 2 Personen ums Leben brachte. Zumindest hätte sich der Angeklagte in Putativnotwehr befunden und dabei das Maß der erforderlichen Abwehr weit überschritten, also im Exzeß gehandelt. Nach den allgemeinen Strafrechtsgrundsätzen könnte dies nur strafmildernd in Berücksichtigung gezogen werden. Das kann aber für den Angeklagten nicht in Frage kommen, denn er hat nach Auffassung des Gerichts überhaupt nicht in Notwehr gehandelt, sondern als geltungsbedürftiger Faschist. Das ergibt sich aus den Äußerungen, die er auch zu anderen Personen gemacht hat, daß er während seines Einsatzes an der deutsch-polnischen Grenze mehrere Polen erschossen, oder »umgelegt« hätte.

Nach dem Beweisergebnis unter Berücksichtigung der erwähnten Urkunde (Seite 1 der Akten) ist der Angeklagte überführt, aus politischen Beweggründen Verbrechen gegen Opfer des Nazismus begangen zu haben, nämlich 2 Polen erschossen zu haben, wie in den Gesetzesbestimmungen im Urteilstenor aufgeführt.
Der Angeklagte war dieserhalb objektiv und subjektiv für schuldig zu sprechen, in die Gruppe der Hauptverbrecher einzustufen und zu bestrafen. Nach allgemeinen Rechtsgrundsätzen und nach dem Grundsatz, daß Mord nur mit dem Tode zu sühnen ist, war über den Angeklagten die Todesstrafe zu verhängen und zum Zwecke der Wiedergutmachung nach KD 38, VIII, IIb sein Vermögen zu Gunsten der Deutschen Demokratischen Republik einzuziehen. Nach Ziffer c–i der gleichen Gesetzesbestimmungen war die Verhängung der obligatorischen Sühnemaßnahmen auszusprechen.

Zufolge der Verurteilung des Angeklagten waren ihm gem. § 465 die Verfahrenskosten aufzuerlegen.

StKs 1800/50 Waldheim, den 13. Juni 1950

Revision

Gegen das von der 9. Gr. Strafkammer am 10.6.50 gefällte Urteil
Strafmaß Todesstrafe

lege ich Revision ein.

Name Müller Vorname Paul

Gef.-Nr. 1501 Unterschrift

Beschluß v. 15.6.50

Dem Angeklagten wird zur Durchführung des Revisionsverfahrens

Herr W.

als Verteidiger beigeordnet.

Landgericht Chemnitz
Strafkammer
nach Bef. 201

Kenntnis genommen

Vors.

Paul Müller
(Name)

Waldheim, den 23. Juni 1950

An das

Landgericht Chemnitz in Waldheim

Große Strafkammer n. Bef. 201

Aktenzeichen: StKs 1800/50

9 Ks. 130/50

Meine eingelegte Revision gegen das Urteil vom 10.6.1950

begründe ich wie folgt:

1) Es ist unwahr, daß ich die Ehefrau des KPD Funktionär Grünler bei einer Durchsuchung im Nachtgewand auf die Straße getrieben habe.

2) habe ich nur eine Person erschossen und zwar während der rechtmäßigen Ausführung meines Dienstes. Ich wurde von einer, der gestellten Personen mit dem offenen Messer angegriffen, während die andern mit Knüppeln auf mich eindrangen und war dadurch derartig bedroht, daß ich nicht andern handeln konnte und mich in Notwehr befand. – Eine Handlung in faschistischem Sinne, hat mir vollständig fern gelegen, sondern habe gehandelt, wie

B. w.

VP. 00 5.50

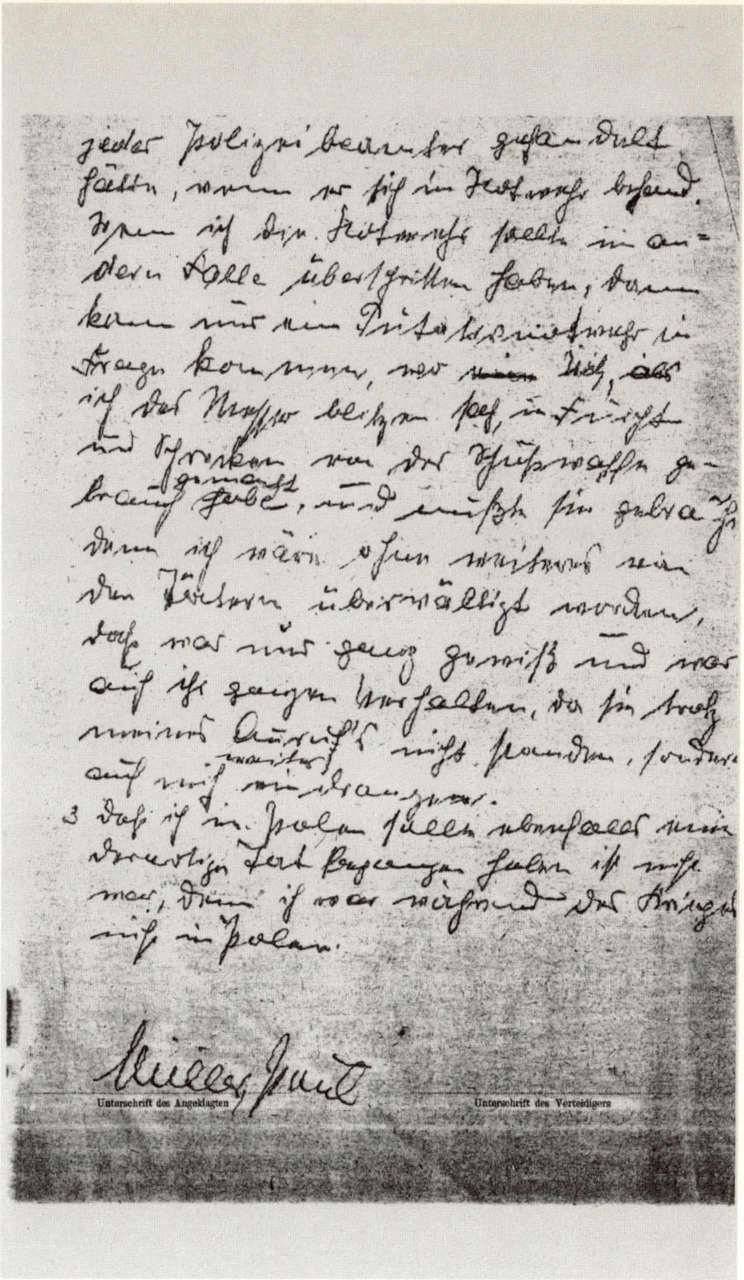
jeder Polizeibeamter gehandelt hätten, wenn er sich in Notwehr befand. Wenn ich die Notwehr selbst in anderen Falle überschritten haben, dann kann nur ein Putativnotwehr in Frage kommen, weil ich, als ich das Messer blitzen sah, in Furcht und Schrecken von der Schußwaffe gebrauch gemacht habe, und mußte sie gebrauchen, denn ich wäre ohne weiteres von den Tätern überwältigt worden, das war mir ganz gewiß und war auch ihr ganzes Verhalten, da sie trotz meines Anrufes nicht standen, sondern auf mich weiter eindrangen.

3 Daß ich in Polen selbst ebenfalls einen derartigen Fall begangen haben ist nicht wahr, denn ich war während des Krieges nicht in Polen.

Müller, Paul

Unterschrift des Angeklagten　　Unterschrift des Verteidigers

Walter W. Waldheim, den 26. Juni 1950
Verteidiger

An das
Landgericht Chemnitz in Waldheim
Aktenzeichen: StKs 1800/50 9. Gr. Strafkammer nach Befehl 201
9. Gr. 130/50

Die von – dem Angeklagten – eingelegte Revision gegen das Urteil vom 10. Juni 1950 begründe ich wie folgt:

Gerügt wird die Verletzung formellen und materiellen Rechts gemäß § 337 StPO. sowie Verletzung der Denkgesetze und der Logik.

Gerügt wird die Nichtanwendung des § 53, Abs. 3 und § 59 StGB. Der Angeklagte ist wegen des Erschiessens von 2 polnischen Zivilarbeitern zur Höchststrafe, nämlich der Todesstrafe, verurteilt worden. Der Angeklagte war Polizeibeamter und hat eines nachts, als er sich allein auf Flurstreife befand und 5 Personen auf ihn zukamen, die bei dem Anruf »Halt! Polizei«! nicht stehenblieben, von der Schusswaffe Gebrauch gemacht. Der Angeklagte gibt nur die Erschiessung eines poln. Zivilarbeiters zu. Er führte dazu in der Hauptverhandlung wie auch in der Revisionsbegründung, auf die hier verwiesen wird, an, dass er aus Notwehr gehandelt habe, da die 5 Personen eine drohende Haltung ihm gegenüber eingenommen hätten und eine Person sogar mit einem Messer in der Hand auf ihn zugekommen sei, ebenso sei eine andere Person mit Knüppeln bewaffnet gewesen. Da er sich auf Grund dieser Umstände bedroht fühlte, habe er von der Schusswaffe Gebrauch gemacht. Das Urteil spricht ihm eine Notwehr nach § 53, Abs. 1 u. 2 nicht zu. Es führt aber dazu aus, dass er sich zumindest in Putativnotwehr befunden habe, er aber dabei das Mass der erforderlichen Abwehr weit überschritten, also im Exzess gehandelt habe. Nach den allgemeinen Strafrechtsgrundsätzen könnte dieses Urteil als strafmildernd berücksichtigt werden. Dies ist aber offensichtlich, da das Urteil auf Todesstrafe lautet, nicht geschehen.
Zu berücksichtigen war dabei noch, dass damals durch Aufruf im Rundfunk, um die zu erwartenden Felddiebstähle zu verhindern, bekannt gemacht worden war, dass nach Einbruch der Dunkelheit die Flur- und Feldwege nicht mehr begangen werden durften.
Der Angeklagte hat zumindest hier in Bestürzung, Furcht oder Schrecken gehandelt und ist dabei über die Grenzen der Verteidigung hinausgegangen.
Dies hätte aber das Gericht veranlassen müssen, wenn es dem Ange-

klagten dies schon zubilligt, von der ausgeworfenen Todesstrafe abzusehen.
Unter Zugrundelegung der Revisionsbegründung des Angeklagten vom 23. Juni 1950 wird daher beantragt, das Urteil nebst seinen ihm zugrunde liegenden Feststellungen aufzuheben und zur erneuten Verhandlung auch über die Kosten der Revision zurückzuverweisen.

Der Generalstaatsanwalt
im Lande Sachsen

Waldheim, den 29.6.1950

Aktz.: StKs. 1800/50
ERKs. 1190/50
Sch/b.

An das
Oberlandesgericht Dresden
Strafsenat nach Befehl 201
W a l d h e i m

Betr.: Strafverfahren gegen Paul M ü l l e r

Der im obigen Verfahren Verurteilte hat fristgemäß Revision eingelegt. Es wird beantragt, die gegen das Urteil eingelegte Revision als unbegründet zu verwerfen.

G r ü n d e .

1. Tatsächliche Feststellungen unterliegen nicht der Revision.

2. Der Einwand seitens der Verteidigung sowie des Angeklagten, dass er sich in Notwehr befunden habe, ist unbeachtlich. In den Urteilsgründen hat das Gericht einwandfrei festgestellt, dass keine Notwehr vorliegt.

Ws 1125/50

Beschluß

vom 5. Juli 1950
des Oberlandesgerichts Dresden in Waldheim,
Strafsenat nach Befehl 201.

In der S t r a f s a c h e
gegen
Paul M ü l l e r

wird die vom Angeklagten eingelegte Revision gegen das Urteil vom 10. Juni 1950
des Landgerichts Chemnitz in Waldheim der 9. Grosse Strafkammer nach Befehl 201 auf seine Kosten als u n b e g r ü n d e t v e r w o r f e n.

Gründe:
Der Angeklagte hat form- und fristgerecht Revision eingelegt. Diese konnte keinen Erfolg haben.

Die Revision des Angeklagten und des Verteidigers enthalten im wesentlichen Angriffe gegen die tatsächlichen Feststellungen des Landgerichts, die der Nachprüfung durch das Revisionsgericht nicht unterliegen.
Weiterhin wird Verletzung materiellen Rechts, d. §§ 53 Abs. 3 und 59 StGB. gerügt.
Die Feststellungen des Urteils sind einwandfrei aufgrund der eigenen Angaben des Angeklagten und der Urkunde der sowj. Besatzungsmacht als massgebliches Beweismittel getroffen worden.
Das angefochtene Urteil setzt sich besonders eingehend mit der Möglichkeit der Notwehr auseinander und kommt zu der Überzeugung, dass im vorliegenden Fall § 53 StGB. nicht zur Anwendung zu bringen ist.
Aus zutreffenden Gründen wird auch das Vorliegen der Putativnotwehr abgelehnt. Mit Recht schliesst das Gericht dieses aus dem festgestellten Sachverhalt.
Ebenso wenig konnte gefolgert werden, dass der Angeklagte bei Regelung der strafbaren Handlung das Vorhandensein von zum gesetzlichen Tatbestand gehörenden Sachen nicht kannte, sodass auch die Rüge der Nichtanwendung des § 59 StGB. fehl geht.
Eine Gesetzesverletzung, auf welche sich nur eine Revision stützen kann, konnte nicht festgestellt werden, sodass die Revision des Angeklagten auf seine Kosten als unbegründet zu verwerfen war.

1501 IV N.Z. I. K

Die Geschäftsstelle
des Oberlandesgerichts
Dresden – Waldheim

E m p f a n g s s c h e i n

In der Strafsache gegen
M ü l l e r , Paul
Aktz. StKs 1800/50
ErKs 1190/50
Ws 1125/50

Herrn
Paul M ü l l e r
z. Zt. Strafanstalt Waldheim

In der Anlage erhalten Sie eine Abschrift des in obiger Strafsache am 5.7.1950 vom Revisionssenat des Oberlandesgerichts Dresden – Waldheim ergangenen Beschlusses.

Erhalten am 11. Juli 1950

(Unterschrift)

3/5

Vermerk

Betreff: Besuch des Staatssekretärs Dr. Brandt vom Ministerium der Justiz, Berlin, in Waldheim am 31.5.1950

Dr. Brandt sowie der stellvertretende Ministerpräsident Nuschke waren der Anstaltsleitung am 31.5.1950 durch den Inspekteur der Volkspolizei, Gen. Gertig, für den 31.5.1950 avisiert. Gertig hatte durchgegeben, daß beide keinen Zutritt zu den Verhandlungsräumen erhalten sollten. Diese Anordnung wurde einige Zeit später durch einen Anruf des Chefs der Deutschen Volkspolizei, Gen. Fischer, aufgehoben mit der ausdrücklichen Auflage, daß beide den Verhandlungen beiwohnen dürfen und äußerst zuvorkommend zu behandeln seien.
Am 31.5.1950 gegen 10.00 Uhr erschien Dr. Brandt allein in der Anstalt und wurde zum Anstaltsleiter Walke geführt. Dort wünschte Brandt den für die Justiz verantwortlichen Leiter zu sprechen.
Nachdem Gen. Krügelstein herbeigerufen worden war, äußerte Brandt Krügelstein gegenüber, daß er an den Sitzungen teilnehmen wolle. Da Krügelstein noch einige Bedenken hatte, frage er Dr. Brandt, ob er sich von Berlin für den Besuch eine schriftliche Genehmigung vom Innen-Minister mitgebracht habe. Dieses wurde von Dr. Brandt verneint. Er erklärte vielmehr, daß dies ja eigenartige Zustände wären, nachdem sich Staatssekretär Warnke vom Innenministerium Berlin bei ihm wegen der Verweigerung der Teilnahme an den Verhandlungen anläßlich des ersten Besuches in Waldheim entschuldigt habe und ihm am 30.5. versicherte, daß er jederzeit ohne eine besondere Genehmigung an den Verhandlungen in Waldheim teilnehmen könne.
Zwischendurch hatte Gen. Krügelstein ein Gespräch mit Genossin Heinze in Berlin, die Krügelstein mitteilte, daß Brandt, wie bereits durch Dr. Fischer zugesagt, an den Verhandlungen teilnehmen könne, daß jedoch Gen. Krügelstein ständig bei Brandt bleiben solle.
Zu diesem Zeitpunkt traf ich aus Berlin ein. Brandt beschwerte sich bei mir, daß es doch nicht anginge, daß er als Staatssekretär des Ministeriums der Justiz hier solche Schwierigkeiten zu überwinden hätte, nur um an Verhandlungen teilzunehmen, die letzten Endes doch Angelegenheit der Justiz wären. Ich erklärte ihm darauf, daß er ja auch jederzeit hier Zutritt habe, daß aber das Haus, in dem die Verhandlungen stattfinden, der Volkspolizei unterstände und der zuständige Offizier der VP nicht anwesend wäre.
Dr. Brandt nahm dann an etwa 6 Verhandlungen teil. Die erste Sache

betraf einen Wehrwolf-Angehörigen, der ein äußerst freches und aggressives Benehmen in der Verhandlung an den Tag legte. Schon nach diesem Fall erklärte Brandt, daß es ihm unverständlich wäre, warum man nicht Verfahren, in denen doch die Angeklagten durchaus ausreichend überführt werden können, öffentlich durchführt. Ich fragte ihn darauf, ob er geglaubt habe, daß wir hier Menschen verurteilen würden, für die zur Verurteilung keine ausreichenden Beweise vorliegen. Diese Frage ließ er offen und ging nicht weiter darauf ein. In weiteren Verhandlungen, in denen u. a. gegen einen Kriegsgerichtsrat, gegen einen Oberst und verantwortlichen Leiter der sächsischen faschistischen Polizei verhandelt wurde, sowie gegen einen Angehörigen des KZ-Bewachungspersonals von Auschwitz und die von unseren Genossen Richtern und Staatsanwälten verhältnismäßig sicher und gut geführt wurden, konnte er sich überzeugen, mit welchen schwerbelasteten Verbrechern sich unsere Kammern zu beschäftigen haben.
Als er nochmals andeutete, daß doch alle diese Verfahren durchaus für eine erweiterte Öffentlichkeit geeignet wären, machte ich sowie Gen. Krügelstein ihn darauf aufmerksam, wenn diese Verfahren so beschleunigt wie hier durchgeführt werden, dann sei allein dafür ausschlaggebend, daß der gesamte 201-Komplex, worunter ja auch diese Verbrecher fallen, in kürzester Zeit abgeschlossen sein muß, da eine weitere Hinauszögerung unvereinbar mit dem derzeitigen Stand in unserer gesellschaftlichen Entwicklung in der DDR wäre. Das schien ihm auch irgendwie einzuleuchten.
Neben anderen erkundigte sich Brandt, wie das mit der Zulassung des Verteidigers hier wäre. Ich erklärte ihm darauf, daß nach den Ausführungsbestimmungen Nr. 3 zum Befehl 201 die Zulassung von Verteidigern im Ermessen des Gerichts liege, daß anundfürsich nichts gegen einen Wahlverteidiger einzuwenden wäre, daß wir bisher jedoch mit den uns zur Verfügung stehenden Offizialverteidigern ausgekommen wären. In diesem Zusammenhang machte ich ihn außerdem darauf aufmerksam, daß schon bei den seit 1947 laufenden 201-Verfahren auch nicht jeglicher Verteidiger die Verteidigung in einem solchen Verfahren wahrnehmen konnte. Ich erwähnte weiterhin noch, daß wir bereits Entscheidungen verschiedener OLG vorzuliegen hätten, daß Wahlverteidiger in den 201-Verfahren nicht zwingend zugelassen werden müßten.
Nachdem er sich auch für das Revisionsverfahren interessiert hatte, führte ich ihn zum Strafsenat herüber. Ich konnte dort feststellen, daß er erstaunt war, dies gilt auch von den Kammern, in denen er sich zuvor aufgehalten hatte, über die ordnungsmäßige und der Strafprozeßordnung entsprechende Besetzung der Kammern sowie des Senats.
Nachdem er den Wunsch geäußert hatte, auch einzelne Akten einzuse-

hen, wurden auch Akten herangeholt, die er jedoch nur kurz einsah, da die Zeit schon vorangeschritten war und er um 18.00 Uhr Waldheim verlassen wollte.
Zum Abschluß versicherte er, daß er einen sehr guten Eindruck von der Tätigkeit der Waldheimer Kammern bekommen habe. Ich hatte eingangs vergessen, zu erwähnen, daß er erstaunt war, daß wir überhaupt Schöffen in unseren Kammern hatten. Brandt hatte scheinbar angenommen, daß hier nicht ordentliche Kammern, sondern irgendwelche Kommissionen arbeiteten. Er erwähnte abschließend, daß er gerade wegen der Aburteilungen in Waldheim größere Schwierigkeiten mit seinen Frak-tionskollegen hätte. Daraufhin sagte ich zu ihm, daß er diesen ja nun mitteilen könne, daß die Aburteilung sich hier durchaus im gesetzlichen Rahmen halte.
Ich hatte vergessen zu erwähnen, daß in einer der Strafsachen auch der Verteidiger Gen. W. auftrat, so daß sich Brandt also auch von der tatsächlichen Anweseheit von Offizialverteidigern überzeugen konnte.

Reisler

Kapitel 4

»... wird für vollstreckbar erklärt«

Mitte Juni 1950 hielten die Verantwortlichen für das Geschehen in Waldheim die Zeit für gekommen, die Bevölkerung über die Gerichtsverfahren gegen die von der VP übernommenen nichtverurteilten Insassen der sowjetischen Speziallager zu informieren. Dabei sollte allerdings nichts von dem an die Öffentlichkeit dringen, was sich bis zu diesem Zeitpunkt tatsächlich in Waldheim abgespielt hatte. Nachdem die meisten Verhandlungen schon abgeschlossen waren, teilte das Amt für Information erstmals am 17. Juni 1950 offiziell in der Presse mit, daß in Waldheim gegen die im Februar von der Besatzungsmacht überstellten ehemaligen Internierten Prozesse stattfanden.[1]

Diese Mitteilung, die noch nicht einmal einen Hinweis auf die große Anzahl der schon durchgeführten Verfahren enthielt, war sehr einseitig darauf gerichtet, dem Leser die offizielle Erklärung für die Aktion in Waldheim zu suggerieren. Sie erweckte den Eindruck, daß es eigentlich nicht mehr viel zu tun gab. Von den Besatzungsbehörden hatte man überführte Nazi- und Kriegsverbrecher übernommen, denen nun der Prozeß gemacht werden konnte. »Zugleich (mit der Übernahme – der Verfasser) sind den deutschen Behörden auch die von den sowjetischen Organen in jahrelanger geduldiger und zäher Arbeit festgestellten Untersuchungsergebnisse übergeben worden, so daß es nach Abschluß der Arbeiten der volkspolizeilichen Untersuchungsorgane alsbald möglich wurde, mit den Gerichtsverhandlungen bei dem zuständigen Landgericht in Chemnitz zu beginnen.

Die Strafkammern des Landgerichts Chemnitz tagen zur Vermeidung umfangreicher Transporte am Ort der Haftanstalt Waldheim. In den Verhandlungen entrollte sich vor den Zuhörern ein Bild unsäglicher Grausamkeiten, Folterungen und bestialischer Mordtaten, die von den Angeklagten an deutschen Antifaschisten, an Juden und an der Bevölkerung in den von den deutschen Faschisten zeitweise besetzten Gebieten Polens, der Tschechoslowakei, der Sowjetunion, Frankreichs u.s.w. begangen wurden.«[2]

Diese Verbrecher, so der Tenor der Meldung, bekamen nun endlich ihre verdienten und gerechten Strafen. Die Durchführung der Strafverfahren offerierte die DDR-Führung als Beitrag zur Demokratisierung Deutschlands und zur Festigung des Friedens. Dies geschah vor allem mit Blick auf die politische Auseinandersetzung mit der BRD, wo zu dieser Zeit einige in Nürnberg verurteilte Kriegsverbrecher durch die westlichen Siegermächte begnadigt wurden. Dazu kam, daß die Adenauer-Regierung ehemalige Beamte und Offiziere aus der Zeit der Herrschaft der NSDAP in Deutschland in den Aufbau der Verwaltung und die Vorbereitungen zur Schaffung von Streitkräften einbezog.

Für die herrschenden Kräfte in der DDR war das ein willkommener Hintergrund dafür, der Welt zu demonstrieren, daß in diesem Teil Deutschlands konsequent die Aburteilung und Bestrafung der »nazistischen und faschistischen Kriegsverbrecher« entsprechend der antifaschistisch-demokratischen Entwicklung beendet wird. Die »zielklare Friedenspolitik« sollte zugleich der weiteren »Entfaltung der demokratischen Gesetzlichkeit« und der Stärkung des »Vertrauens der friedliebenden Völker zum demokratischen Deutschland« dienen.[3] Aber einem solchen Anspruch konnten die Akteure in Waldheim noch nicht einmal bei den wenigen bis dahin durchgeführten Verfahren gerecht werden, in denen Personen vor Gericht standen, die für begangene Straftaten eine Verurteilung als Nazi- und Kriegsverbrecher verdienten.

In der Pressemitteilung erweckten die zuständigen Partei- und Staatsorgane den Eindruck, daß die bis dahin durchgeführten Gerichtsverfahren alle öffentlich waren. Der Leser sollte glauben, daß jetzt lediglich wegen der großen Nachfrage und des gewachsenen Interesses der Bevölkerung einige Prozesse zusätzlich vor einer noch breiteren Öffentlichkeit im Rathaussaal in Waldheim verhandelt würden. Die Verantwortlichen der Justiz und der VP in Waldheim mußten nun dafür sorgen, daß einige publikumswirksame Verhandlungen stattfanden, in denen man vorzuführen gedachte, welche gefährlichen Nazi- und Kriegsverbrecher in Waldheim vor Gericht stünden und hart bestraft werden müßten.

Mit den Vorbereitungen der Schauprozesse hatten die Verantwortlichen für die Aktion natürlich schon eher begonnen. Aus dem ersten Zwischenbericht über die Arbeit des U-Organs und der Strafkammern vom 19. Mai 1950 ging bereits hervor, daß solche öffentlichen Verhandlungen zwischen dem 10. und dem 20. Juni vorgesehen waren. Die ersten Überlegungen gingen dahin, eine Große und eine Kleine Strafkammer aus den besten Richtern, Schöffen und Staatsanwälten zu bilden. Diese beiden Kammern sollten 40 bis 60 geeignete Prozesse verhandeln. Es galt einen Verhandlungsraum zu finden, der so lag, daß die anderen Prozesse ungestört in der bisherigen Form weitergeführt werden konnten. Für alle Angeklagten sah man den Einsatz eines Offizialverteidigers vor. Man vergaß auch nicht, die Teilnahme von Pressevertretern zu organisieren, wobei über die Zulassung das Amt für Information wachte.[4]

Die Aufgabenstellung für die öffentlichen Prozesse belegte ungewollt, was bei den Prozessen in Waldheim eigentlich nicht zu den Normalitäten gehörte. Aber das geschah im Rahmen der internen Berichterstattung, und so konnte man Klartext schreiben. In einer Hausmitteilung an W. Ulbricht vom 19. Mai 1950 zum Stand der Vorbereitungen hob A. Plenikowski, Abteilung Staatliche Verwaltung des ZS der SED, hervor, daß es sich bei den Sonderprozessen ausschließlich um Verfahren gegen Kriegs- und Naziverbrecher handelte, die man ohne politische Bedenken öffentlich zeigen konnte.[5] Mit dieser Feststellung bestätigte er, daß durchaus nicht alle in diese Kategorie gehörten, die in Waldheim vor Gericht standen, sondern daß solche Personen die Ausnahmen bildeten. Man mußte sogar noch eine besondere Auswahl bei den in Frage kommenden Kandidaten vornehmen, um jene herauszufinden, deren Gerichtsverhandlungen vor Publikum erfolgen konnten, ohne politische Komplikationen zu riskieren.

Der weitere Verlauf der Vorbereitung zeigte, daß man an die Durchführung der öffentlichen Prozesse etwas bescheidener herangehen mußte, als ursprünglich beabsichtigt. Am 25. Mai 1950 verständigten sich Dr. H. Heinze, E. Reisler, P. Hentschel und VP-Inspekteur H. Marquardt in einer Beratung über die nächsten Schritte bei der Inszenierung der Schauprozesse.[6] Sie mußten sich damit zufriedengeben, daß weder die vorgesehene Anzahl der vorführbaren Nazi- und Kriegsverbrecher vorhanden war noch die anvisierten Termine gehalten würden. Erst am 7. Juni 1950 meldete die Leitung des U-Organs ihrem Vorgesetzten in Berlin, VP-Inspekteur K. Gertich, sechs geeignete Fälle, deren Verhandlungen allerdings noch einige zusätzliche Ermittlungen zur Untermauerung der Anklagen erforderlich machten.[7]

Das ZS der SED beschäftigte sich am 12. Juni 1950 mit dem Stand der Vorbereitung der öffentlichen Prozesse in Waldheim.[8] Am 16. Juni 1950 erhielt der Leiter der Strafvollzugsanstalt aus Berlin über VP-Inspekteur H. Marquardt endlich die Weisung, daß am 20. Juni um 9.00 Uhr der erste öffentliche Prozeß zu beginnen habe. Die Leitung der Anstalt bekam den besonderen Hinweis, die »Häftlinge in ordentlicher Zivilkleidung, rasiert und auch sonst sauber« für die Verhandlungen herzurichten. Falls nötig, sollte die erforderliche Kleidung aus Bautzen geholt werden.[9] Das unterstreicht die Aussagen der zitierten Erinnerungsberichte, daß man bei den »normalen« Verhandlungen auf solche »speziellen Vorbereitungen« verzichtete.

Bei der Zulassung der Öffentlichkeit sorgten die Verantwortlichen dafür, daß auch hier nichts dem Zufall überlassen blieb. Das Publikum für die Verhandlungen bestellten sie beim Landesvorstand des FDGB Sachsens. 60 bis 80 ausgewählte Gewerkschaftsmitglieder aus umliegenden Orten und Betrieben je Verfahren sowie jeweils zehn Mitglieder der Vereinigung der Verfolgten des Naziregimes (VVN) sollten die »erweiterte Öffentlichkeit« repräsentieren.[10] Damit sich nicht vielleicht noch andere, nicht sorgfältig ausgesuchte Personen in die Gerichtsverhandlungen einschlichen, traf die Leitung des U-Organs umfassende Sicherheitsvorkehrungen.

Die Einweisung der 29 VP-Angehörigen des Bewachungs- und Sicherungspersonals erfolgte am Sonnabend, dem 17. Juni 1950. Am darauffolgenden Montag fand die »Generalprobe« zur Überprüfung der Wirksamkeit der Sicherheitsmaßnahmen statt.[11] Genaue Festlegungen gab es zum An- und Abtransport der Gefangenen aus der Haftanstalt zum Rathaus und zurück. Der Einsatzbefehl enthielt detaillierte Anweisungen für das Verhalten des Bewachungspersonals vor, während und nach den Verhandlungen. In den Verhandlungssaal kam nur, wer im Besitz einer Einlaßkarte mit dem Dienstsiegel »Landgericht Chemnitz« war. Zusätzlich mußte die Karte vom Inhaber unterschrieben und mit seiner Personalausweisnummer versehen sein. Eine Weitergabe der Einlaßkarten an »unbefugte« Personen konnte somit nicht erfolgen. Streifen der Kripo sollten etwas über die Stimmung der Bevölkerung in Erfahrung bringen, auf Fremde achten und die Hotels überwachen.[12] Rundum abgesichert, stand der Durchführung der zehn für die Öffentlichkeit bestimmten Gerichtsverhandlungen nichts mehr im Wege.

Am 19. Juni 1950, einen Tag vor Beginn der öffentlichen Verhandlungen, brachte die 3. Große Strafkammer ein vertagtes Verfahren zum Abschluß, das eine besondere Erwähnung verdient. Es war mit dem Schicksal einer Frau verbunden, die für viele Häftlinge in Waldheim zum Symbol dafür wurde, nicht aufzugeben und nicht die Menschenwürde zu verlieren.[13] Über die Gründe ihrer Internierung, den Weg durch die sowjetischen Speziallager Bautzen, Jamlitz, Mühlberg und Buchenwald bis nach Waldheim, ihre Verurteilung sowie über die Zeit bis zur Entlassung im April 1956 hat Margret Bechler ein eindrucksvolles und bewegendes Buch geschrieben. »Warten auf Antwort«, so der Titel, spricht für sich und bedarf keines Kommentars. Nachzutragen sind nur einige Fakten aus den heute erst zugänglichen Archivmaterialien, die Margret Bechler beim Schreiben ihres Buches nicht bekannt gewesen sein konnten.

In einem Bericht von P. Hentschel vom 17. Juni 1950, den der zuständige Abteilungsleiter im ZS der SED auch an W. Ulbricht weiterleitete, fand sich folgende Notiz: »Das Verfahren gegen die 1. Frau des Genossen Bechler wird ebenfalls nach erfolgter Vertagung am 19.6.1950 durchgeführt. Hierbei wurde durch eine staatliche Maßnahme die Anklage-Schrift und das Beweismaterial so gehalten, daß der Name ›Bechler‹ nicht genannt werden kann. Der ehemaligen Frau des Genossen Bechler wurde eröffnet, daß sie durch ein ordnungsgemäßes gerichtliches Verfahren von ihrem Mann geschieden ist, und daß sie in Hinblick auf ihr begangenes Verbrechen das Recht verwirkt habe, den Namen ›Bechler‹ zu tragen.«[14]

Nachdem sie schon auf Antrag ihres Mannes am 16. September 1946 für tot erklärt worden war, kam sie nun in Waldheim als Margret Dreykorn vor Gericht. Offensichtlich »kümmerte« sich W. Ulbricht selbst darum, daß die Weste des ehemaligen Innenministers des Landes Brandenburg und des zukünftigen Führungskaders der Streitkräfte der DDR sauber blieb. Er sollte nicht mit einer Person in Verbindung zu bringen sein, die zu den in Waldheim verurteilten Nazi- und Kriegsverbrechern gehörte. Wie bei anderen Verhandlungen in Waldheim, wo tatsächlich einmal schuldhaftes Verhalten eines Angeklagten eine Rolle spielte, bemühten sich die Richter nicht darum, die Fakten und konkreten Hintergründe des Geschehens genauer zu prüfen. Ihre Aufgabe bestand darin, hart zu strafen, und nicht darin, nach mildernden Umständen zu suchen. Und so handelten sie auch in diesem Fall. Das Urteil lautete: lebenslängliche Zuchthausstrafe, Einzug des Vermögens, Sühnemaßnahmen sowie Übernahme der Kosten des Verfahrens.[15] (Dok. 4/1)

Schwer wird zu klären sein, wer veranlaßte, daß Margret Bechler in Einzelhaft kam und in jenem Gang des neuen Zellenhauses untergebracht wurde, wo sich die Einzelzellen der zum Tode Verurteilten befanden. Entsprechend den Vorhaltungen bei der Urteilsbegründung, daß die Auslieferung eines Antifaschisten an die Nazijustiz und der damit durch sie mitverschuldete Tod dieses Mannes auch für sie die Anwendung der Todesstrafe rechtfertigen würde, mußte sie unter diesen Umständen annehmen, daß sie diese Strafe auch bekommen hatte. Einsicht in ihre Anklageschrift, ihr Urteil und einige andere Dokumente konnte Frau Bechler erst im März 1991 nehmen.[16]

Die Tatsache, daß sie eigentlich keine Todeskandidatin war und man sie »nur« als solche behandelte, ist ohne Bedeutung für den Wahrheitsgehalt ihres Buches. Die Verantwortlichen für die Urteile von Waldheim und deren Vollstreckung spekulierten offensichtlich damit, daß sich eine nicht ausgesprochene Todesstrafe vielleicht doch noch von selbst vollzog. Es liegt der Verdacht nahe, daß man mit der Androhung der Todesstrafe und mit der Einzelhaft in einer Todeszelle Margret Bechler physisch und psychisch zerbrechen wollte. Sie gehörte dann später zu jenen Waldheim-Verurteilten, die mit am längsten in Haft blieben. Ihre Entlassung im April 1956 erfolgte zu einem Zeitpunkt, da die SED-Führung annehmen konnte, daß keine Gefahr mehr für den zum General der NVA avancierten ehemaligen Ehemann bestand.

Die Verurteilung von Margret Bechler entsprach den Richtlinien für die Waldheimer Prozesse. Wenn ohne Bedenken Unschuldige bestraft werden mußten, dann erübrigten sich erst recht Bemühungen im Falle eines schuldhaften Verhaltens, um das Geschehene genauer zu ergründen. Unberücksichtigt blieb, unter welchen Bedingungen die Einzelperson gehandelt hatte, welchen Zwängen oder sogar eigenen Gefahren für Leib und Leben sie zur »Tatzeit« ausgesetzt war. »Zweifelsfälle« zugunsten des Angeklagten sowie Gerechtigkeit und gerechte Urteile waren für die Prozesse in Waldheim nicht vorgesehen.

Das traf selbst für jene zehn Prozesse zu, die nicht unter Ausschluß der Öffentlichkeit stattfanden, selbst wenn hier gegen Personen verhandelt wurde, die in die Kategorie der Nazi- und Kriegsverbrecher gehörten. Was mit diesen Verhandlungen demonstriert werden sollte, war für jeden Besucher noch einmal als Losung im Gerichtssaal angebracht: »Aburteilung der Nazi- und Kriegsverbrecher bedeutet Festigung unserer antifaschistisch-demokratischen Ordnung und Kampf um den Frieden!«[17] Als Beweis dafür galt es vor den Zuschauern »ein Bild unsäglicher Grausamkeiten, Folterungen und bestialischer Mordtaten« zu entrollen, damit niemand an der Notwendigkeit und Richtigkeit der Massenaburteilung in Waldheim zweifeln konnte. In diesem Sinne wählte das Amt für Information die Beispiele für eine Presseinformation vom 17. Juni 1950 im Vorfeld der öffentlichen Prozesse aus. Die Bevölkerung sollte den Eindruck bekommen, daß ausschließlich gefährliche Verbrecher von den Strafkammern verurteilt würden.

Der Pressebeitrag enthielt für den Leser dann folgerichtig einige passende Beispiele für die beabsichtigte Wirkung: »So hat der ehemalige Kommandant des berüchtigten Wehrmachtsgefängnisses Torgau, Heinicke, persönlich an der Erschießung einer großen Anzahl Wehrmachtsangehöriger teilgenommen. Im Gefängnis Radom (Polen), dessen Leiter Hummler war, sind 5000 bis 6000 polnische Patrioten erschossen worden. Der bei der Gestapo-Leitstelle in Pardobitz (CCSR) tätige Lehne hat 40 tschechoslowakische Freiheitskämpfer dem faschistischen Sondergericht überliefert. In Polen hat der SS-Gruppenführer Kendzia in seiner Eigenschaft als ›Treuhänder der Arbeit‹ die Verschleppung zahlloser polnischer Bürger zu unmenschlicher Zwangsarbeit nach Deutschland durchgeführt. In der Ukraine hat der Sonderführer Pietzsch die gleichen Verbrechen an der sowjetischen Bevölkerung verübt. Zahlreiche Angeklagte haben sich ungeheuerlicher Verbrechen an sowjetischen Kriegsgefangenen und zur Zwangsarbeit nach Deutschland verschleppten Sowjetbürgern schuldig gemacht. Diese Liste des Grauens könnte fast endlos fortgesetzt werden.«[18]

Alle namentlich genannten Personen hatten in Waldheim die Todesstrafe erhalten. Sie waren offensichtlich für konkrete Straftaten in der Zeit von 1933 bis 1945 verantwortlich zu machen, die gerichtliche Bestrafungen rechtfertigten und erforderten. Ein Blick in die Akte von Friedrich Heinicke bringt dafür entsprechende Anhaltspunkte. (Dok. 4/2) Schon allein die Kurzberichte der Fälle von Walter Lehne oder Ernst Kendzia lassen erkennen, daß es sich wahrscheinlich nicht um Unschuldige im Sinne der Anklage handelte. (Dok. 4/3) Wer sollte damals daran zweifeln, daß solche Menschen als Nazi- oder Kriegsverbrecher vor Gericht gestellt werden mußten?

Verschwiegen wurde allerdings in der Presse, wie die Urteile zustande gekommen waren. Selbst bei diesen Verfahren traf alles zu, was die Urteile letztlich unrechtmäßig machte. Zu prüfen wäre nach Meinung des Autors, ob nach rechtsstaatlichen Gesichtspunkten die Todesstrafe gerechtfertigt war. Das zu bewerten, muß Sache von Juristen nach eingehender Prüfung der Sachverhalte sein. Es ändert jedoch nichts daran, daß auch in den wenigen Prozessen, in denen sich Personen für begangene Verbrechen verantworten mußten, keine Rechtsprechung erfolgte.

Diese Art der Berichterstattung über die bis Mitte Juni 1950 in Waldheim durchgeführten Prozesse sollte der Öffentlichkeit vorspiegeln, daß in Waldheim alles nach Recht und Gesetz ablief. Bei den zehn Verhandlungen vor ausgewähltem Publikum und einigen Pressevertretern standen Personen vor Gericht, die Nazi- und Kriegsverbrecher im Sinne des geltenden Rechtes waren. Auf sie traf zu, was das Potsdamer Abkommen vom 2. August 1945 forderte: »Kriegsverbrecher und alle diejenigen, die an der Planung oder Verwirklichung nazistischer Maßnahmen, die Greuel oder Kriegsverbrechen nach sich zogen oder als Ergebnis hatten, teilgenommen haben, sind zu verhaften und dem Gericht zu übergeben.«[19] Sie gehörten zu den Personen, die sich entsprechend dem Kontrollratsgesetz Nr. 10 vom 20. Dezember 1945 für »Kriegsverbrechen oder Verbrechen gegen den Frieden oder gegen die Menschlichkeit« vor ordentlichen Gerichten für die von ihnen begangenen Straftaten zu verantworten hatten.[20]

Am 20. Juni 1950 fanden die ersten beiden Verhandlungen »im erweiterten Rahmen« im Rathaussaal von Waldheim statt. VP-Inspekteur H. Marquardt informierte am gleichen Tag seinen Chef in Berlin über die Aktion. Die 2. Große Strafkammer befaßte sich am Vormittag mit der Strafsache A. Schulz,

Meißen. »Bei Schulz handelte es sich um einen ehemaligen Kriminal-Sekretär der Stadt Meissen, welcher beschuldigt wurde, 1945 im März/April ausländische Zwangsarbeiter polnischer, italienischer und sowjetischer Staatsangehörigkeit durch Genickschuss getötet zu haben. Der Angeklagte war geständig und gab 10–12 Erschießungen zu.«[21] Fünf Zeugen bestätigten den Sachverhalt.[22] Das Urteil lautete auf lebenslänglich Zuchthaus.

Am Nachmittag des 20. Juni 1950 stand K. Lahrius vor Gericht. »Der Angeklagte war Mitglied der NSDAP und SA und hat sich 1933/34 an Mißhandlungen von verhafteten Antifaschisten beteiligt. Er leugnete bisher hartnäckig, kann aber durch 10 Zeugen, die vollzählig erschienen sind, überführt werden.«[23] Die 4. Große Strafkammer verurteilte ihn zu 15 Jahren Zuchthaus. In beiden Fällen war als Offizialverteidiger Dr. J. aus Görlitz eingesetzt. Ihn hatte man wie Dr. P. aus Dresden und Dr. K. aus Zwickau als Verteidiger für die öffentlichen Verfahren nach Waldheim verpflichtet.

Im Unterschied zu den normalen Verhandlungen bekam jeder Angeklagte einen Verteidiger zugewiesen, der sich etwas gründlicher auf den Prozeß vorbereiten konnte, auch wenn ihm als Arbeitszimmer nur eine Zelle zur Verfügung stand.[24] Eine weitere Besonderheit der öffentlichen Verhandlungen bestand darin, daß man sorgsamer bei der Absicherung der Anklageschrift vorging. Die VP führte zusätzlich zu den üblichen Vernehmungen auch Ermittlungen durch, und es wurden Belastungszeugen ausfindig gemacht, die dann vor Gericht aussagten.

Im nächsten Bericht des Stellvertretenden Leiters des U-Organs an seinen Vorgesetzten in Berlin vom 22. Juni 1950 machte er ihn auf die wichtigsten Verhandlungen aufmerksam: »Die bedeutendsten Prozesse sind der Hohnstein-Prozess, – Heinicker – am 21.6.1950, Bayerlein – Gestapo – Dresden am 23.6.1950, Peitsch – Gauobmann der DAF Sachsen als Höhepunkt am 26.6.1950, Oberbürgermeister Schmidt, Chemnitz am 30.6.1950.«[25] Die drei Erstgenannten erhielten die Todesstrafe. Zur Urteilsbilanz der öffentlichen Verhandlungen gehörten weiterhin drei lebenslängliche Haftstrafen sowie je einmal acht, zwölf, 15 und 25 Jahre Zuchthaus.[26]

Die anderen öffentlichen Gerichtsverhandlungen erfolgten am 22. Juni – Strafsache Junghans –, am 24. Juni – Strafsachen Ruprecht und Heuer – sowie am 28. Juni – Strafsache Baumann. Zu den »Höhepunkten« fanden sich natürlich einige besondere Gäste aus dem Justizministerium in Berlin ein wie M. Fechner, Minister der Justiz, Dr. K. Schumann, Präsident des Obersten Gerichts, Dr. H. Benjamin, Vizepräsidentin des Obersten Gerichts oder Dr. E. Melsheimer, Generalstaatsanwalt der DDR.[27]

Aus den polizeilichen Spitzelberichten über die Gespräche in den Zuhörerdelegationen des FDGB in den Pausen oder beim Mittagessen in der Gaststätte »Goldener Pflug« geht hervor, daß die Prozesse ihren Zweck erfüllten. Die Einwohner von Waldheim verhielten sich allerdings im allgemeinen zu den Verhandlungen teilnahmslos. Es gab hier sogar vereinzelte Meinungen, daß trotzdem auch Unschuldige verurteilt worden sind.[28] Alle Gäste sprachen sich jedoch für diese harten Strafen aus. Niemand von ihnen zweifelte wahrscheinlich daran, daß alle anderen Urteile ebenfalls das Ergebnis solcher Gerichtsverhandlungen waren. Die Berichterstattungen in der Presse, im Rundfunk sowie in der DEFA-Wochenschau »Der Augenzeuge« über die Prozesse hatten die gleiche Wirkung.[29]

Ähnlich wie in der Zeitung »Tägliche Rundschau« konnte der interessierte Leser in allen Zeitungen in jenen Tagen immer wieder lesen: »Auf dem Gebiet der DDR werden Kriegsverbrecher und Verbrecher gegen die Menschlichkeit ohne Erbarmen festgesetzt und verurteilt. Sie sollen nicht noch einmal Gelegenheit haben, ihre verbrecherischen Instinkte an anderen Menschen auszulassen. Im Westen hat der Faschist unter amerikanischer Führung wieder große Chancen und damit auch die faschistischen Massenmörder. In der DDR wird ihnen das Handwerk für alle Zeiten gelegt. Das ist der Sinn der Prozesse von Waldheim.«[30]

Wer außer den Betroffenen und deren Angehörigen sowie den unmittelbar Beteiligten sollte diese offizielle Wertung des

Geschehens in Waldheim beanstanden? Wer konnte dagegen sein, daß nazistische Verbrechen geahndet werden, um eine Wiederholung der faschistischen Diktatur in Deutschland zu verhindern? Dazu kam, daß im Westen Deutschlands manche Nazi- und Kriegsverbrecher kaum noch verfolgt wurden und nur mit geringen Strafen rechnen mußten. Beispielhaft dafür waren der Freispruch Hjalmar Schachts, einst Mitfinanzier Hitlers, oder die milden Strafen für Friedrich Flick, Hermann Röchling und die Angeklagten der IG-Farben als Mitverantwortliche für die Kriegsrüstung. Es gab Freisprüche für Marschälle und Generäle der ehemaligen faschistischen Wehrmacht sowie den Wiedereinsatz von Richtern, die der NSDAP oder einer ihrer Gliederungen angehört hatten. Im Gegensatz dazu wollte die DDR soviel wie möglich konsequenten Antifaschismus vorweisen, um sich als besserer deutscher Staat zu präsentieren.

Zehn sorgfältig vorbereitete und inszenierte Schauprozesse standen als Aushängeschild dafür, daß in Waldheim die Abrechnung mit mehr als 3000 Nazi- und Kriegsverbrechern erfolgte. Was die Massenmedien als konsequenten Antifaschismus vorführten, war in Wirklichkeit dessen Mißbrauch zur nachträglichen Rechtfertigung der sowjetischen Internierungspolitik in den ersten Nachkriegsjahren und diente der Unterdrückung politisch andersdenkender Menschen. Die Öffentlichkeit belog man mit halben Wahrheiten, um die wahren Hintergründe der Verurteilungsaktion zu vertuschen. Eine Form der Berichterstattung, die der Art der »Rechtsprechung« entsprach. Zu vermuten ist, daß keiner der Journalisten genau wußte, was tatsächlich in Waldheim ablief.

Zur Zeit der zehn öffentlichen Verhandlungen zwischen dem 20. und dem 29. Juni 1950 fanden in Waldheim vor einer Großen und zwei Kleinen Strafkammern auch noch etwa 130 der üblichen Prozesse statt. Allerdings wie sonst ohne Zulassung der Öffentlichkeit. Auch für Journalisten gab es keinen Zugang. Hier standen wieder jene Nazi- und Kriegsverbrecher vor Gericht, die man meist erst durch die Anklage und das darauf basierende Urteil dazu machte. Die Urteilsbegründungen eigneten sich wie in der überwiegenden Mehrzahl der Verfahren nicht einmal dazu, einer ausgewählten »erweiterten Öffentlichkeit« präsentiert zu werden. In den meisten Fällen wären eher die Richter und nicht die Gerichteten bloßgestellt worden.

Das sollen einige Urteile oder Urteilsauszüge noch einmal unterstreichen. Der Verfasser ist sich darüber im klaren, daß eine solche Auswahl unvollständig bleibt. Aber im Zusammenhang mit der Darstellung und den Dokumenten über die Vorbereitung und den Verlauf der Prozesse sind weitere Urteilsbeispiele wichtige Mosaiksteine, damit sich der Leser ein Bild vom tatsächlichen Geschehen machen kann. Die ausgewählten Beispiele stehen für die typischen Urteile in Waldheim. Sie stammen nicht aus solchen Ausnahmeverhandlungen, in denen Verbrecher vor Gericht standen. Aber auch hier muß noch einmal unmißverständlich festgestellt werden, daß die Verfahren gegen schuldige Straftäter ebenfalls nicht vor ordentlichen Gerichten nach rechtsstaatlichen Grundsätzen erfolgten.

Die junge DDR-Justiz nutzte nicht ihre Chance, zur Abrechnung mit Nazi- und Kriegsverbrechern einen anerkennenswerten Beitrag entsprechend den immer wieder verkündeten antifaschistisch-demokratischen Traditionen zu leisten. Es begann der konsequente Mißbrauch der Justiz zur Sicherung von Machtverhältnissen der führenden politischen Kraft, der SED. Die Waldheimer Prozesse sind ein anschauliches Beispiel für den Beginn dieser Bemühungen. Die verantwortlichen Funktionäre der SED nahmen es bewußt in Kauf, über 3400 Personen vor Gericht zu stellen und die Mehrheit dabei für Verbrechen zu bestrafen, die sie nicht begangen hatten.

Nicht jeder, der während 1933 und 1945 der NSDAP oder einer ihrer Gliederungen angehörte, mußte zwangsläufig zum Verbrecher geworden sein. Die Schuld der meisten, denen man in Waldheim den Prozeß machte, war keine andere, als sie auf alle Deutschen zutraf, die in dieser Zeit lebten und sich aus welchem Grund auch immer mit dem System arrangierten. Nach den Maßstäben für eine Anklage in Waldheim hätte sich der größte Teil des deutschen Volkes vor Gericht verantworten müssen. Die überwiegende Zahl der Urteile bestätigte: Es ging den zuständigen Organen der DDR in Übereinstimmung mit der Besatzungsmacht bei dieser Aktion nicht darum, alle wahrhaft Schuldigen für das in jener Zeit geschehene Unrecht zu finden und zu bestrafen. Entgegen den erklärten Zielen sorgen sie dafür, nachträglich nur noch schnell diejenigen zu verurteilen, die nach vier bis fünf Jahren Lagerhaft ohne Gerichtsurteil zufällig in die Obhut der VP gekommen waren.

Die Kurzfassung eines Straftatbestandes aus der Kartei der Generalstaatsanwaltschaft der DDR für einen gefährlichen Nazi- und Kriegsverbrecher lautet z.B.: »R. hat sich in einer führenden Stellung in der NSDAP betätigt. Gleichfalls hat er durch seine Stellung u. Tätigkeit der ns-Gewaltherrschaft ausserordentliche polit. u. propagand. Unterstützung gewährt.«[31] Ein Blick in die Begründung des Urteils von W. Reuter vom 3. Mai 1950 durch die 6. Große Strafkammer gab etwas mehr Aufschluß.

»Am 1.12.1931 trat er, wie er sich ausdrückte, aus innerer Überzeugung der NSDAP in Eisleben bei. Er fühlte sich zu dieser Partei hingezogen und kannte auch deren Programm, insbesondere durch die Lektüre des Buches ›Mein Kampf‹ von A. Hitler. Durch seine der Partei zugesicherte Treue wurde er bereits 1931 Kreisamtsleiter für Handel und Handwerk und übte diese Tätigkeit bis 1939 aus. Ausserdem war er noch von 1932 bis 1934 Kreisrevisor. In der DAF fungierte er als stellvertr. Kreisobmann und Kreisbetriebsgemeinschaftswalter. 1941 bewarb er sich im Frühjahr bei der Stadtverwaltung Kattowitz als kaufm. Angestellter und arbeitete bei der Schles. Autobuslinie – Zweckverband Kattowitz. Der Angeklagte hatte also verschiedene Funktionen innerhalb der NSDAP und ihrer Gliederungen ausgeübt. Es steht deshalb ausser allem Zweifel, dass der Angeklagte die Nationalsozialistische Gewaltherrschaft ausserordentlich politisch und propagandistisch unterstützt hat. Der Angeklagte wußte um die expansionistischen Ziele der NSDAP, er wußte um die Juden- und Marxisten-Verfolgung. Er hat am Aufmarsch der SA und SS 1933 in Eisleben teilgenommen, bei dem es zu einem Überfall auf die Arbeiter-Turnhalle in Eisleben kam, in dessen Verlauf eine große Anzahl Arbeiter mit den von der SA und SS mitgebrachten Feldspaten viehisch mißhandelt wurden. Er kannte den damaligen Hauptschläger, den SA-Mann Stenzeleit und will trotzdem von den vielen Verletzungen, die die Eisleber Arbeiter erlitten, und die sie lange Zeit im Krankenhaus festhielten, nichts gewußt haben, obwohl sich die Eisleber Nazis nach dem März 1933, als sie nicht mehr gerichtlich verfolgt werden konnten, ihrer ›Heldentaten‹ rühmten.

Der Angeklagte hat die Ausschreitungen gegen die Juden, insbesondere in der Kristallnacht erlebt, obwohl er in der Hauptverhandlung diese Verbrechen selbst als solche kennzeichnete, bis zum Schluß nicht die Konsequenzen gezogen, indem er sich durch den Austritt aus der NSDAP von diesen Verbrechen distanzierte.«[32]

Diese Mischung von Angaben aus dem Lebenslauf und allgemein bekannten Ereignissen, bei denen der Angeklagte noch nicht einmal nachweislich selbst beteiligt gewesen sein mußte, reichte aus für folgendes Urteil: »Der Angeklagte Wilhelm Reuter wird wegen Verbrechen gegen das Kontrollratsgesetz Nr. 10, Art. II lc, 2c und Direktive 38 des Kontrollrates Abschn. II Art. II Ziff. 6 zu einer Zuchthausstrafe von 20 Jahren verurteilt und als Hauptverbrecher gem. KDir. 38 eingestuft. Ausserdem werden ihm die Sühnemaßnahmen gem. Abschn. II, Art. VIII, II c – i auferlegt. Das Vermögen des Angeklagten wird mit Ausnahme der zum persönlichen Bedarf benötigten Gegenstände eingezogen. Die Dauer der Berufsbeschränkung wird auf 10 Jahre festgesetzt. Die seit der Übernahme des Angeklagten in den Gewahrsam der Deutschen Volkspolizei am 13.2.1950 erlittene Haft wird auf die bekannte Strafe angerechnet. Die Kosten des Verfahrens trägt der Angeklagte.«[33]

Man muß nicht Jurist sein, um Zweifel an einem solchen Urteil und seiner Begründung anzumelden. Zwei weitere Beispiele für diese Art Urteile fanden Aufnahme in den Dokumententeil. Im Fall von R. Carl, der 15 Jahre Zuchthaus bekam, heißt es in der Kurzfassung des Urteils: »C. hat sich als Hauptstellenleiter des Rückwanderamtes der ausländischen Organisationen der NSDAP in einer führenden Stellung in der NSDAP betätigt. Ausserdem hat er als Hauptstellenleiter des Rückwanderamtes der ausländischen Organisationen der NSDAP der nationalsozialistischen Gewaltherrschaft außerordentliche Unterstützung gewährt.«[34] Ohne auf alle Einzelheiten einzugehen, muß man bei R. Carl wissen, daß er 1934 aus der SA und 1935 aus der NSDAP ausgetreten war. 1936 und 1939 wurde er wegen Zersetzung der NSDAP sogar bestraft. In seiner Strafvollzugskartei stand dieser Sachverhalt als Vermerk in der Spalte »Vorstrafen«.[35] Strafmildernd spielte es in der Verhandlung keine Rolle. (Dok. 4/4)

Es ging in erster Linie darum, alles so zu werten, daß es im Sinne der Anklage als Nazi- und Kriegsverbrecher Verwendung finden konnte, wie auch bei R. Falk. Durch seine berufliche Tätigkeit als Stadtarchivar und Museumsdirektor hatte er sich schon lange vor 1933 u.a. mit Fragen der Familienforschung in seiner Heimat beschäftigt und bekam entsprechende Aufgaben bei der Zusammenstellung der sogenannten Ariernachweise übertragen. Für die Anklage ließ sich vor allem nutzen, daß er diese Tätigkeit im Auftrag der NSDAP ausübte. Daß mancher durch einen entsprechenden Ariernachweis der Verfolgung und Diskriminierung entzogen werden konnte, spielte wie alles, was für den Beschuldigten strafmildernd zu bewerten gewesen wäre, bei der Urteilsfindung keine Rolle.

Aus der Kenntnis von fast 3400 Urteilen in der verkürzten Form aus der Kartei der Generalstaatsanwaltschaft sowie von zahlreichen Originalurteilen kam der Autor zu der Auffassung, daß solche oberflächlichen und schematischen Urteile in Waldheim die Regel waren. Dazu einige weitere charakteristische Beispiele. Sie werden durch ausgewählte Urteile im Dokumententeil ergänzt. Der Leser bekommt damit die Möglichkeit, sich selbst einen Eindruck über die Art der Urteile und ihre Begründungen zu verschaffen. Dabei geht es darum, das Typische sichtbar zu machen. Der Autor maßt sich nicht die

Rolle des neuen Richters oder des Richters der Richter an. Die in Waldheim gefällten Urteile sind unrechtmäßig, unabhängig davon, daß einige wenige der Verurteilten als Nazi- und Kriegsverbrecher vor ein ordentliches Gericht gehört hätten.

Bei Beamten, Angestellten, Angehörigen der Polizei, Personen aus dem Bereich der Wirtschaft sowie aus Kunst und Kultur lautete die Begründung stets – »hat durch seine Stellung und Tätigkeit die nationalsozialistische Gewaltherrschaft wesentlich gefördert«. Konkrete Fakten für diesen »Tatbestand« finden sich kaum. Das Strafmaß betrug in solchen Fällen zehn bis 25 Jahre Zuchthaus, aber auch lebenslängliche Haft und Todesstrafen kamen vor.

Ein weiterer Kernsatz in den Urteilen war z.B. bei den Angehörigen der NSDAP oder einer ihrer Gliederungen – »führende und langjährige Mitgliedschaft in der NSDAP (oder der entsprechenden Gliederung von SA oder SS bis zur Arbeitsfront) und damit wesentliche Förderung der nationalsozialistischen Gewaltherrschaft«. Auch hier blieb die Anklage meist ohne Nachweis einer individuellen Schuld. Es gab meist Strafen zwischen 15 und 25 Jahren Zuchthaus sowie lebenslänglich und Todesstrafen.

Bei Juristen (Dok. 4/5), deren Strafen sich ebenfalls zwischen 15 Jahren Zuchthaus und der Todesstrafe bewegten, hieß die Standardbegründung: »... hat als Landgerichtsrat (oder in entsprechender Dienststellung) im Dienst des Nationalsozialismus sein Amt politisch mißbraucht und hat die nationalsozialistische Gewaltherrschaft wesentlich gefördert.« Dabei bemühten sich die Gerichte kaum darum, den Grad einer möglichen individuellen Schuld in dieser Tätigkeit zwischen 1933 bis 1945 herauszufinden. Wichtig war, daß der Beschuldigte in der Vernehmung Verurteilungen, möglichst Todesurteile, zugegeben hatte. Die Umstände und Sachverhalte für die Urteile und die Handlungsweise der Angeklagten spielten kaum noch eine Rolle. Für ausgesprochene oder beantragte Todesstrafen in einem Zivil- oder Kriegsgerichtsverfahren mußte in Waldheim mit der gleichen Strafe gerechnet werden.

Lehrer verurteilte man für »die Verbreitung der nationalsozialistischen Lehre« und dafür, daß sie »durch nationalsozialistische Erziehung die Jugend an Geist und Idealen vergiftet« hätten. Diesen Vorwurf konnte man fast allen Lehrern machen, die zwischen 1933 und 1945 unterrichteten. Zehn bis 15 Jahre Zuchthaus oder Gefängnis bekamen aber nur diejenigen Lehrer, die durch irgendwelche Umstände in die sowjetischen Speziallager gekommen waren. Aber das traf nicht nur auf diesen Berufsstand zu.

In den Fällen, wo die Beschuldigung nicht an ein Amt, die Mitgliedschaft in der NSDAP oder den Beruf gebunden werden konnte, lautete der Kernsatz der Urteilsbegründung oft: »... hat als überzeugter Anhänger des Nationalsozialismus durch Propaganda für die Gewaltherrschaft und die Verbreitung tendenziöser Gerüchte den Frieden des deutschen Volkes gefährdet.« Meist handelte es sich um jene Personen, die ihrer Unzufriedenheit mit der Besatzungsmacht oder den neuen Mitmachthabern in der SBZ zu laut Ausdruck verliehen hatten. Als Variation dazu kam auch als Begründung in Frage: »... hat nach dem 8. Mai 1945 durch Propaganda für Militarismus und Faschismus sowie durch die Verbreitung tendenziöser Gerüchte den Frieden der Welt gefährdet.«

In Waldheim stellte man auch etwa 70 Jugendliche vor Gericht, die bei ihrer Verhaftung meist etwa 15 bis 17 Jahre alt waren. Ihnen warf man die Zugehörigkeit zur HJ oder dem BDM vor. Nur wenige gehörten dabei in die Kategorie der maßgeblichen Führer dieser Organisationen. Einige von ihnen sollten dem sogenannten »Werwolf« angehört haben.

Die Verhaftung der Jugendlichen erfolgte meist nach Denunziationen durch Wichtigtuer, Übervorsichtige oder Leute, die sich bei der Besatzungsmacht Vorteile verschaffen wollten. Oft spielten dabei Waffen eine Rolle, die man bei den Jugendlichen gesehen hatte oder vermutete. Sich eine solche zu beschaffen, stellte am Ende des Krieges kein Problem dar, da genügend in den Wäldern oder in den Trümmern herumlagen. Ob jemand aus Neugier, Abenteuerlust oder zum Angeben eine Waffe an sich genommen hatte, blieb bei der Bewertung des Sachverhalts ohne Bedeutung. Wer eine Waffe besaß, galt für die Besatzungsorgane als potentieller Angreifer und mußte mit einer strengen Bestrafung rechnen. So fand sich mancher schneller auf der Anklagebank der Militärtribunale oder im Lager wieder, als ihm lieb war. Aber dazu genügte auch eine Anzeige oder eine Verdächtigung aus irgendwelchen anderen Gründen. Wer dazu noch in der HJ gewesen war, an der vormilitärischen Ausbildung teilgenommen hatte oder auch noch an seinen alten Idealen hing, konnte stets mit einer Festnahme rechnen. Für eine Anklage als »Werwolf« fand sich immer etwas.

Daß dies auch den Richtern, Schöffen und Staatsanwälten in Waldheim nicht schwerfiel, sie dazu zu machen, dürfte niemanden mehr verwundern. Um als Werwolf oder Angehöriger der HJ mit acht bis 15 Jahren Freiheitsentzug bestraft zu werden, genügte hier als Begründung ebenfalls die für fast alle Jugendlichen obligatorische Teilnahme an der militärischen Ausbildung in der HJ oder einem entsprechenden Lager. Zu welchen Urteilsbegründungen man sich dabei in den Prozessen verstieg, belegt das folgende Beispiel.

Harry Niekrenz, Jahrgang 1928, Maschinenschlosserlehrling und bei seiner Verhaftung 17 Jahre alt, warf man vor, als Agent für Ausschreitungen und sonstige Gewalttaten verantwortlich zu sein. In der Vernehmung gab er zu, daß er Mitglied der HJ und Luftwaffenhelfer gewesen war. Dazu warf man ihm vor, er habe der Wlassow-Armee beitreten wollen, um im Rücken der Sowjetarmee Sabotage zu betreiben. In der Urteilsbegründung hieß es dann:

»Danach ist erwiesen, daß der Angeklagte durch seine Zustimmung an der vorsätzlichen Zerstörung und Verwüstung von irgendwelchen Objekten teilgenommen hat, die nicht durch militärische Notwendigkeit gerechtfertigt wurde. Diese Teilnahme wird vom Gericht in dem Umstand erblickt, daß er sich zu einer Truppe meldete, deren Aufgabe es war, Terror in das Hinterland der Roten Armee zu tragen und Objekte aller Art zu zerstören. Daß diese Zerstörungen und Verwüstungen nicht durch militärische Notwendigkeiten gerechtfertigt waren, ergibt sich daraus, daß der Krieg zur Tatzeit bereits auf deutschem Boden tobte, und auch der Angeklagte wußte, daß die Niederlage Hitlers allenfalls noch hinauszuzögern, jedoch auf keinen Fall mehr aufzuhalten war. Verbrechen gem. Kontrollrats-Gesetz Nr. 10, Art. II, 1 b), 2 a).

Durch seinen Eintritt zu dieser militärischen Terror-Organisation hat der Angeklagte, auch wenn er noch keine konkrete gestellte Aufgabe erfüllt hatte, mitgewirkt, nicht nur an der zahlenmäßigen, sondern an der willensmäßigen Stärkung dieser Terrorgruppe, und ist insofern auch verantwortlich für die von ihr begangenen Gewalttaten, welche gerichtsbekannt sind.«[36]

Nach der Aufzählung der für das Urteil in Frage kommenden Artikel der Kontrollratsdirektive Nr. 38 vom 12. Oktober 1946 heißt es dann weiter: »Dem Angeklagten wurde das jugendliche Alter zugute gehalten, in dem er sich zur Tatzeit befand. Andererseits mußte er, der genügend Reife hatte, übersehen, daß seine Tat insoweit besonders verwerflich war, als sie zu einer Zeit erfolgte, zu der wesentliche Teile Deutschlands bereits besetzt waren und jeder weitere Widerstand daher nutzlos, und wegen der dabei notwendigerweise zu erbringenden Opfer an Menschenleben, verbrecherisch war. Strafverschärfend fällt der Umstand ins Gewicht, daß wenn der Angeklagte bei der Lösung der ihm konkret gestellten Aufgaben noch Erfolg gehabt hätte, er das Vermögen des deutschen Volkes, also des Volkes, für das er zu kämpfen vorgab, geschädigt hätte. Männer wie er waren es, auf deren Konto die unermeßlichen Zerstörungen zu buchen sind, die in Deutschland ausgeübt wurden und an deren Beseitigung das deutsche Volk noch jahrelang zu arbeiten haben wird. Die ausgeworfene Strafe ist daher angemessen und gerecht.«[37] Was von diesem Schlußsatz zu halten ist, muß nicht kommentiert werden.

Die 2. Große Strafkammer verurteilte Harry Niekrenz am 10. Juni 1950 zu 15 Jahren Zuchthaus als Hauptschuldigen, dazu die entsprechenden Sühnemaßnahmen, Vermögensentzug sowie die Übernahme der Kosten des Verfahrens. Auch solche Urteile waren in Waldheim keine Ausnahme. Als weitere Beispiele wurden die Urteilsbegründungen von Günther Richter und Rudolf Hinrichs in den Dokumententeil aufgenommen. (Dok. 4/6 und 4/7)

Die in diesem Kapitel und an anderer Stelle verwendeten Beispiele für in Waldheim gefällte Urteile sowie das Wissen über ihr Zustandekommen bestätigen erneut die Feststellung, daß es sich in der überwiegenden Mehrheit nicht um Prozesse gegen gefährliche Nazi- und Kriegsverbrecher handelte, die eine strenge Bestrafung verdienten. Darüber mußten sich auch diejenigen im klaren sein, die mit der Durchführung dieser Aktion betraut waren. Das änderte jedoch offensichtlich nichts daran, bis zum Abschluß der Prozesse an den entsprechenden politischen und juristischen Vorgaben festzuhalten. Bis zum 2. Juli 1950 sollten die Prozesse in Waldheim abgeschlossen werden.[38] Ganz hielt man diese Terminstellung dennoch nicht ein.

Es mußten noch einige »Restarbeiten« erledigt werden. Dazu gehörte die Durchführung der letzten Prozesse und einiger Verfahren, die durch den Revisionssenat zur erneuten Verhandlung an eine Strafkammer zurückverwiesen worden waren. Am 3., 5., 7. und 10. Juli 1950 fällten die 3. und die 9. Große Strafkammer noch etwa 70 Urteile. Das letzte Todesurteil sprach die 9. Große Strafkammer am 7. Juli 1950 in einem Revisionsverfahren aus. H. Hahn, von 1936 bis 1945 Generalstaatsanwalt in Naumburg, war am 7. Juni 1950 von der 6. Großen Strafkammer zu lebenslänglichem Zuchthausaufenthalt verurteilt worden. Die Staatsanwaltschaft und der Angeklagte beantragten die Revision dieses Urteils, der das Oberlandesgericht Dresden am 28. Juni 1950 zustimmte. Die Revisionsverhandlung ergab das genannte Urteil. Einen erneuten Revisionsantrag des nun zum Tode verurteilten H. Hahn vom 14. Juli 1950 lehnte das Oberlandesgericht am gleichen Tage ab.

Unabhängig davon, was H. Hahn wirklich an strafbaren Handlungen in seiner Tätigkeit als Generalstaatsanwalt begangen hat, macht ein Einblick in seine Akte deutlich, daß die Verurteilung das Entscheidende war und nicht die Feststellung der individuellen Schuld als Grundlage für ein gerechtes Urteil. Auch in den Ausnahmefällen, wo Personen in Waldheim vor Gericht kamen, die sich als Nazi- oder Kriegsverbrecher zu verantworten hatten, wurden aus Tätern Opfer. Sogar bei diesen Prozessen verbietet es sich, sie als rechtmäßig anzusehen.

Worauf es den verantwortlichen politischen Kräften bei diesen Prozessen ankam, machte selbst noch die wahrscheinlich letzte Gerichtsverhandlung am 14. Juli 1950 unmißverständlich klar. Die Vorgeschichte begann allerdings schon am 20. Juni 1950 auf dem Schlesischen Bahnhof in Berlin. An diesem Tag kam dort um 10.00 Uhr ein Zug aus Warschau an, in dem sich 15 Personen befanden, die ihre Strafe als Kriegsverbrecher verbüßt hatten oder freigesprochen worden waren. 14 sollten den englischen Behörden übergeben werden. Einen, H. Sch., übernahm die VP. Auf Anweisung des Kommissarischen Chefs der DVP brachte man ihn umgehend nach Waldheim zur Aburteilung, obwohl die polnischen Behörden ihm keine strafbaren Handlungen nachweisen konnten.[39] Aber wie in vielen anderen Fällen in Waldheim praktiziert, sah niemand darin einen Grund, ihn nicht zu verurteilen.

Der Leiter des U-Organs berichtete am 13. Juli 1950 der Abteilung Staatliche Verwaltung im ZS der SED über das Vorgehen in dieser Sache. Bezeichnend war die Begründung für die Aburteilung. »Eine Freilassung kann nicht in Frage kommen, da sich Sch. bei der Vernehmung äußerst aggressiv benommen hat und sich als Bürger des westdeutschen Staatsverbandes bezeichnete und demnach nicht der Gerichtsbarkeit der DDR unterliegen würde. Sch. ist der typische angeblich unpolitische Beamte, der immer nur im Verwaltungsdienst tätig gewesen sein will. Er hat aber jahrelang als Sachbearbeiter in der Personalabteilung des Reichssicherheitshauptamtes, Abteilung Sicherheitspolizei, gearbeitet. In dieser Dienststellung muß er auch ein Mitglied der NSDAP gewesen sein, obwohl er es leugnet.

Bei einer Freilassung würde der Betreffende auf Grund seiner Kenntnisse in den westlichen reaktionären Machtapparat eingebaut werden und somit gegen die DDR kämpfen.«[40] (Dok. 4/8) Dem braucht nichts hinzugefügt zu werden. Die 3. Große Strafkammer verurteilte H. Schneider als Hauptverbrecher gemäß Kontrollratsdirektive Nr. 38, Abschnitt II, Artikel II, Ziffer 6 in Verbindung mit dem Kontrollratsgesetz Nr. 10, Artikel II, Ziffer 1c, 2c und d zu 20 Jahren Zuchthaus sowie den üblichen Sühnemaßnahmen, Vermögensentzug und Übernahme der Verfahrenskosten.[41]

Für ebenso gefährlich hielten die Verantwortlichen in Waldheim wohl auch jene 72 Häftlinge, die wegen Krankheit als weder vernehmungs- noch verhandlungsfähig galten. Der schlechte Gesundheitszustand veranlaßte den Leiter des U-Organs nicht, die weitere Haftfähigkeit zu überprüfen. Noch nicht einmal in diesen Fällen wich man von der Vorgabe ab, daß auf jeden Fall eine Bestrafung zu erfolgen habe. Um den Anschein zu wahren, daß alles nach dem geltenden Recht ablief, und deshalb niemand ohne Urteil einfach in Haft behalten werden dürfe, erließ die Generalstaatsanwaltschaft Sachsen in Dresden für die 72 Schwerkranken Untersuchungshaftbefehle.

»Bei Genesung eines U.-Häftlings, ist er namentlich mit Az., unter genauer Angabe der Beschuldigung (lt. Originalauszug) dem Leiter der Hauptabteilung HS sofort zwecks Einleitung des Verfahrens zu melden. Jedoch muss in jedem einzelnen Fall ein ärztliches Gutachten über die Verhandlungsfähigkeit vorliegen. Die Leitung der Anstalt wird für die Durchführung und Kontrolle persönlich verantwortlich gemacht. Bei event. auftretenden Schwierigkeiten oder in Zweifelsfällen, ist der Leiter der Hauptabteilung HS sofort zu verständigen und seine Entscheidung einzuholen.«[42]

Wer von den 72 bis zum Sommer 1952 nicht verstarb, kam dann noch vor Gericht. Obwohl in diesen Fällen wegen des schlechten Gesundheitszustandes entsprechende Vernehmungen und Befragungen undurchführbar blieben, um eine Anklageschrift zu verfassen, wurden sie laut Haftbefehl als Hauptverbrecher festgehalten, ohne daß auch in diesen Fällen irgendwelche strafbaren Handlungen nachgewiesen werden konnten. Aus der Kartei der Generalstaatsanwaltschaft geht hervor, daß 21 von ihnen noch im Jahre 1950 ihren Leiden erlagen. Bis zu den erwähnten Prozessen, auf die im nächsten Kapitel eingegangen wird, starben noch weitere 17, deren

Namen auf der Liste der 72 nicht verhandlungs- und nichtvernehmungsfähigen Gefangenen standen.

Die gleiche Anweisung des Leiters des U-Organs vom 6. Juli 1950 an den Leiter der Haftanstalt entschied über das Schicksal von acht weiteren Häftlingen. »Gemäss der erstellten Gutachten durch den Oberarzt als Sachverständigen von der Landesanstalt Waldheim (Heil- und Pflegeanstalt), Herrn Dr. med. Irro, leitender Arzt, sind 8 Häftlinge in der Landesanstalt zur weiteren Behandlung wegen geistiger Umnachtung untergebracht worden. Darunter 2 U.-Häftlinge, die auf Grund ihres geistigen Zustandes, gem. § 51, Absatz 1, des STGB z.Zt. nicht zur Verantwortung gezogen werden können.«[43] Er legte fest, ihren weiteren Gesundheitszustand nach der Einweisung in die Anstalt zu beobachten und vierteljährlich einen Krankheitsbericht anzufordern. Obwohl dieses Schreiben dazu keine Aussagen enthielt, kann man vermuten, daß diesen Personen im Fall einer Genesung ebenfalls noch ein Gerichtsverfahren drohte.

Zu den noch zu erledigenden Dingen in der Abschlußphase der Prozesse gehörte die Anfertigung von ärztlichen Gutachten über den Geisteszustand der zum Tode verurteilten Häftlinge. Die Leute vor Ort machten sich offensichtlich schon Gedanken über die Vollstreckung dieser Strafen. Verantwortlich für diese Untersuchungen zeichnete die Abteilung Gesundheitswesen der Landesbehörde der VP Sachsen. Der Leiter der Abteilung Gesundheitswesen, VP-Inspekteur Dr. Hisek, führte sie bis Mitte Juli 1950 durch.[44] Die Auswertung dieser Unterlagen sollte von entsprechenden Fachleuten vorgenommen werden. Beim Lesen bestätigte sich, daß der allgemeine gesundheitliche Zustand aller schlecht war, wofür als wesentliche Ursachen vor allem die langjährige Lagerhaft und die schlechten Haftbedingungen in Waldheim ausschlaggebend waren.

Die vorläufigen Schlußpunkte der Aktion zur Aburteilung von Nazi- und Kriegsverbrechern im Zuchthaus von Waldheim setzten die Abschlußberichte der Abteilung Staatliche Verwaltung beim ZS der SED, angefertigt durch P. Hentschel als Parteibeauftragten am Ort des Geschehens, und des U-Organs der VP (Dok. 4/9), verfaßt von dessen stellvertretendem Leiter, VP-Inspekteur H. Marquardt. Diese Berichte machten deutlich, wie man die Prozesse gewertet haben wollte. Dafür nahmen die Berichterstatter in Kauf, daß dabei die Wahrheit über wesentliche Zusammenhänge und Vorgänge keine Rolle spielen durfte.

Der erste Punkt des Abschlußberichtes der Abteilung Staatliche Verwaltung vom 5. Juli 1950 enthielt z.B. Zahlenangaben, bei deren Vergleich mit anderen Berichten einige Unstimmigkeiten auftraten. Gemeldet wurden 3392 durchgeführte Verfahren einschließlich 84 vertagter Verhandlungen. 88 Häftlinge verstarben seit Übernahme durch die VP im Februar 1950. Aus der Kartei der Generalstaatsanwaltschaft ergab sich, daß gegen 77 Personen kein Prozeß geführt werden konnte, weil sie schon vorher ihren Leiden erlagen. Dazu kamen 75 Häftlinge, bei denen die Verhandlungen wegen der schweren Erkrankungen nicht stattfinden konnten. Summiert man diese Angaben, so müßten in Waldheim mehr als die offiziell gemeldeten 3442 Häftlinge gewesen sein.[45] Die entsprechenden Zahlenangaben im Bericht des U-Organs vom 14. Juli 1950 waren dann wieder so abgestimmt, daß die Endsumme stets 3442 Gefangene betrug.

Bei den unterschiedlichen Angaben hinsichtlich der Anzahl der aus den Speziallagern übernommenen Internierten und den etwa 100 zusätzlichen Gefangenen im Bericht vom 5. Juli liegt die Vermutung nahe, daß wie im Fall H. Sch. einige Personen in Waldheim vor Gericht standen, die erst nach der Übernahmeaktion dorthin gebracht worden waren. Ob diese Vermutung stimmt oder nicht, ändert nichts an der grundsätzlichen Einschätzung der Prozesse selbst. Eine andere mögliche Erklärung für diese Differenzen könnte auch die ungenaue Arbeit des Berichterstatters sein.

Die im zweiten Punkt vorgenommene Bewertung der Arbeit des U-Organs enthielt im wesentlichen lobende Worte. Kritik gab es nur an einigen Polizisten der Bewachungsmannschaft, die im Gegensatz zu den Vernehmern nicht das »erforderliche

Maß an Klassenbewußtsein und Abstand gegenüber den Häftlingen bewahrt« hatten. Nicht vergessen wurde der Einsatz von Kriminalpolizisten bei der »Ergründung der Stimmung und zur Feststellung der Arbeit des Gegners«. Was die VP in dieser Richtung für wichtig hielt, übergab sie den Organen der Staatssicherheit. Insgesamt war der Parteibeauftragte mit dem U-Organ zufrieden.

Er bewertete in einem weiteren Abschnitt des Berichtes natürlich auch die Tätigkeit der Strafkammern. P. Hentschel hob noch einmal kritisch hervor, daß bei einigen Richtern, Staatsanwälten und Schöffen ungenügende ideologische Klarheit über den politischen Charakter der Aufgabe bestand. Diese Schwächen zeigten sich besonders dann, wenn »eine Verurteilung aus politischen Gründen erfolgen musste, und die für die formale juristische Urteilsfindung erforderliche lückenlose Beweisführung fehlte«. Er vergaß weiterhin nicht, noch einmal darauf aufmerksam zu machen, daß manche Richter und Staatsanwälte die Richtigkeit der Auszüge aus den sowjetischen Protokollen bezweifelten. Durch ernsthafte politische Diskussionen mit den Zweiflern konnte das Problem gelöst werden.

Da der Bericht nicht veröffentlicht werden sollte, brauchte man nichts zu verschleiern. Unter Führung der SED war es gelungen, die Verurteilung von über 3400 ehemaligen Internierten der sowjetischen Besatzungsorgane als Nazi- und Kriegsverbrecher schnell und reibungslos durchzuführen. Dabei interessierte keinen der Verantwortlichen, daß die überwiegende Mehrheit nicht in diese Kategorie gehörte und nur wenige tatsächlich strafbare Handlungen begangen hatten, die eine gerichtliche Bestrafung als Nazi- oder Kriegsverbrecher rechtfertigten.

Was in Waldheim unter dem Deckmantel der konsequenten Abrechnung mit Faschismus und Militarismus ablief, belegte anschaulich, über welche Machtpositionen die SED-Führung schon zu diesem Zeitpunkt verfügte. Ihr Einfluß auf Polizei und Justiz erwies sich inzwischen als so stark, daß diese Organe genutzt werden konnten, die politische Herrschaft der SED und ihrer Verbündeten abzusichern. In der Schlußbemerkung hieß es dann folgerichtig: »Das Ergebnis der Tätigkeit in Waldheim zeigt, dass unsere staatlichen Organe befähigt sind, auch auf diesem Gebiet die Grundlinie der Politik unserer Partei durchzusetzen.«[46]

Die Aktion in Waldheim zeigte, daß Weisungen aus dem Parteiapparat der SED ohne nennenswerten Widerstand selbst dann zu realisieren waren, wenn zur Machtsicherung sowie zur Ausschaltung politischer Gegner Recht und Gesetz gebrochen werden mußten. Wer von den Mitgliedern der SED zu erkennen gab, daß er damit nicht einverstanden sein wollte, mußte sich dafür vor entsprechenden Parteigremien verantworten. Aus dem Punkt »Personalpolitische Beurteilung der Richter und Staatsanwälte« geht hervor, daß einige der über diesen Personenkreis angefertigten Beurteilungen an die Zentrale Parteikontrollkommission weitergeleitet wurden. Das konnte zur Einleitung eines Parteiverfahrens führen. Auf jeden Fall mußte der Betreffende damit rechnen, daß seine weitere berufliche und politische Entwicklung nicht unbeobachtet blieb.

Unter dem Berichtspunkt »Gegnerische Tätigkeit« registrierte P. Hentschel sogar die Anfragen und Stellungnahmen leitender SED-Funktionäre oder von Ortsgruppen der SED, die sich für die sogenannten Kriegsverbrecher und deren Schicksal interessierten. Wo auf dem Parteiweg keine Disziplinierung möglich erschien, kamen die Organe des Ministeriums für Staatssicherheit zum Einsatz. Der Bericht enthielt noch einmal die Bestätigung dafür, daß die besondere Aufmerksamkeit der Mitarbeiter des MfS dem ehemaligen Anstaltspfarrer Irmler und der Familie G. galt, deren Aktivitäten der Verfasser an anderer Stelle dieses Buches schon erwähnte. Bei Anfragen von Persönlichkeiten aus dem öffentlichen Leben zu den Vorgängen in Waldheim mußten die zuständigen Mitarbeiter sich im ZS der SED etwas mehr Mühe geben mit einer Antwort, wie an einem Beispiel aus dem weiteren Geschehen gezeigt wird.

Insgesamt machte der Bericht des Parteibeauftragten des ZS der SED deutlich, daß man mit dem Ablauf und den Ergebnissen der Waldheimer Prozesse zufrieden sein konnte. Polizei und Justiz funktionierten als Stützen der Macht. Die vorgegebene Linie für die Prozesse war durchgesetzt worden. Man hatte sich des Vertrauens der sowjetischen Besatzungsorgane würdig erwiesen und alle ehemaligen nichtverurteilten Internierten streng bestraft. Die gefällten Urteile unterschieden sich tatsächlich nicht von denen, die sowjetische Militärtribunale bei gleichen »Vergehen« in dieser Zeit aussprachen.

Unter Mißbrauch antifaschistisch-demokratischer Traditionen wollte die SED-Führung die DDR als den besseren Teil Deutschlands präsentieren. Ohne Skrupel machte sie dafür in Waldheim aus vielen ehemaligen Mitgliedern der NSDAP und ihrer Organisationen, aus Mitläufern und Sympathisanten, aus Menschen, die in der Zeit der Herrschaft der NSDAP gelebt und gearbeitet hatten, und sogar aus Unschuldigen gefährliche Nazi- und Kriegsverbrecher. Diejenigen der ehemaligen Internierten, die durch irgendwelche Umstände schuldig geworden waren, weil sie anderen Menschen geschadet hatten, durften auf keine gerechte Beurteilung ihrer Handlungen hoffen. Bis auf wenige Ausnahmen erfolgte nicht einmal die Berücksichtigung der Haftzeit in den sowjetischen Speziallagern. Die wenigen tatsächlichen Verbrecher bekamen nicht ihre gerechte Strafe in ordentlichen Gerichtsverfahren. Mancher von ihnen konnte sich vor dem Hintergrund der Waldheimer Prozesse vielleicht sogar nach und nach als unschuldig Verurteilter fühlen.

Der abschließende Bericht der Leitung des U-Organs der VP vom 14. Juli 1950 enthielt ähnliche Aussagen zu den Vorgängen in Waldheim wie der an die Führung der SED. Die zahlenmäßigen Angaben wurden wahrscheinlich sorgfältiger abgestimmt, damit sie beim Addieren auch immer 3442 übernommene Gefangene ergaben. Hier war nun von 3324 Verurteilungen die Rede im Gegensatz zu den 3385 aus dem Bericht vom 5. Juli. Auch bei der Auflistung der Strafmaße stimmt nicht alles überein, wobei teilweise andere Einteilungen zugrunde lagen. Als in der Untersuchungshaft verstorben führte er nur noch 43 Häftlinge auf. Aber auch hier muß noch einmal betont werden, daß dies alles nichts daran ändert, was die grundsätzliche Wertung der Waldheimer Prozesse betrifft.

Einen größeren Raum nahm in diesem Bericht von VP-Inspekteur H. Marquardt die Würdigung der Leistungen der VP ein. »Die geleistete Arbeit der VP-Angehörigen ist besonders hoch zu bewerten, wenn in Betracht gezogen wird die räumlichen Verhältnisse, unter denen gearbeitet werden mußte. Die Schreibkräfte wie auch die Vernehmer haben in engen Zellen von morgens 7.00 Uhr bis abends 23.00 Uhr und oftmals darüber hinaus bei elektrischer Beleuchtung auch tagsüber ununterbrochen mit einer Mittagspause von meistens nur 20 Minuten gearbeitet. Aus gesundheitlichen Gründen mußten die Räume dauernd desinfiziert werden, was natürlich keine angenehme Luft schaffte.«[47]

Es nahm niemand Anstoß daran, daß in solchen engen Zellen unter noch schlechteren Bedingungen die meisten Verurteilten noch einige Jahre verbringen mußten. Viele sollten sich von den in den Haftjahren erlittenen gesundheitlichen Schäden nie wieder erholen. Aber das lag alles außerhalb der Denkweise des Berichterstatters. Aus seiner Sicht waren die Waldheimer Prozesse eine große Aufgabe, die in »verhältnismäßig kurzer Zeit zufriedenstellend gelöst worden ist«.

Einen vergleichbaren Abschlußbericht aus dem Justizministerium fand der Autor nicht. Dafür verfaßte die von diesem Ministerium für die Aktion in Waldheim verantwortlich gemachte Hauptabteilungsleiterin, Dr. H. Heinze, einen Beitrag für die Zeitschrift »Neue Justiz«.[48] Darin wiederholte sie eigentlich nur alles, was an offiziellen Stellungnahmen zu diesen Prozessen bis dahin veröffentlicht worden war. Neben den bekannten Angaben über die Auflösung der sowjetischen Internierungslager und neben der Würdigung der Verdienste der Besatzungsmacht bei der Aburteilung der Kriegsverbrecher verbreitete sie erneut jene Lügen, die sich als brauchbar erwiesen, um den Prozessen wenigstens nach außen den Anschein von Rechtmäßigkeit zu geben.

Vor Gericht standen demnach »ausschließlich faschistische Verbrecher und Hauptverbrecher«. Sie erweckte den Anschein, daß bei allen Prozessen die Öffentlichkeit zugelassen war. Die zehn vor »erweiterter« Öffentlichkeit vorgeführten Verfahren stellte sie als charakteristisch für alle Gerichtsverhandlungen hin. Es stimmt zwar, daß im Rathaussaal ein »Bild ungeheurer Verbrechen entrollt« wurde, aber darin bestand der Sinn dieser Veranstaltungen. Jeder sollte glauben, daß alle in Waldheim Abgeurteilten schuldige Verbrecher waren. Daß die überwiegende Mehrheit nicht als Nazi- und Kriegsverbrecher auf die Anklagebank gehörte, verschwieg Dr. H. Heinze natürlich in ihrem Artikel.

Ihre Ausführungen über die Strafzumessungen bei den Prozessen entsprachen ebenfalls nicht der Realität. Von der »konsequenten Differenzierung zwischen hauptverantwortlichen Tätern und solchen Tätern, die zwar auch vollverantwortlich sind, aber doch nur als Werkzeuge der faschistischen Machthaber gehandelt haben«, hatten die meisten Angeklagten nichts gemerkt. Alle erhielten eine Strafe als gefährliche Verbrecher. Wenn man es nicht besser wußte, mußte man den Ausführungen in diesem Artikel glauben. Sie vergaß selbstverständlich nicht, abschließend noch einmal den beteiligten VP-Angehörigen sowie den Richtern und Staatsanwälten für die geleistete Arbeit zur Stärkung der demokratischen Entwicklung Deutschlands zu danken.

Der Artikel schloß mit der Ankündigung, daß in der DDR Strafverfahren gegen Naziverbrecher abgeschlossen würden, damit sich die Justiz auf die »neuen Kriegsverbrecher und ihre Helfershelfer« konzentrieren könne. In Waldheim war es der SED-Führung mit Hilfe der VP und der Justiz im Interesse der Sicherung der politischen Machtverhältnisse in der DDR gelungen, aus mehr als 3400 sowjetischen Internierten Nazi- und Kriegsverbrecher zu machen. Wahrscheinlich ahnten wohl damals nur wenige beim Lesen dieses Beitrages, wie schnell es gehen würde, politische Gegner oder Andersdenkende als »neue Kriegsverbrecher« anzuklagen, wenn juristische Mittel zu deren Ausschaltung gebraucht wurden.

In Waldheim selbst führte die VP Mitte Juli 1950 nur noch »eine Reihe notwendiger Abwicklungsarbeiten« durch, wie aus einem Bericht des stellvertretenden Leiters des U-Organs vom 20. Juli 1950 hervorgeht. Dazu gehörten die Vorbereitungen zur Beschlagnahme des Vermögens. Die gesamten Akten des U-Organs und der Justiz kamen unter Verschluß. Eine Entscheidung über den weiteren Verbleib sollte die Hauptabteilung HS in der Hauptverwaltung der VP in Berlin fällen. Aus den Strafakten der 31 zum Tode Verurteilten fertigte man Auszüge an, die für das Kabinett des Landes Sachsen bestimmt waren, welches über die Vollstreckung dieser Urteile entscheiden sollte. Der Berichterstatter hielt alle Todesurteile für gerecht, und damit konnten die Gnadengesuche ohne weiteres abgelehnt werden.[49]

Nach der Aktion von Waldheim löste die Hauptverwaltung der VP ihre Untersuchungsorgane gemäß Befehl Nr. 201 der SMAD vom 16. August 1947 auf. Das geht aus einem Schreiben des Ministeriums der Justiz vom 15. Juli 1950 an das Ministerium für Staatssicherheit hervor, welches nun einen Teil der bisher auf diesem Gebiet von der VP geleisteten Arbeit zu übernehmen hatte.[50]

Für die in Waldheim Verurteilten bedeutete der Abschluß der Gerichtsverfahren noch kein Ende ihres Leidensweges. Die Akten bekamen wahrscheinlich in den meisten Fällen den Vermerk, daß die Verurteilung zum Tragen der Verfahrenskosten niedergeschlagen wurde, weil keiner der Verurteilten über entsprechende Mittel verfügte. Als letztes Blatt heftete man in die Gerichtsakte einen Vordruck mit dem Datum vom 15. Juli 1950. Er enthielt die Feststellung, daß alle Strafen »für vollstreckbar erklärt und die Akten der Vollstreckungsabteilung zur Einleitung der Vollstreckung übergeben« worden seien. Für die meisten Häftlinge bedeutete das die Fortsetzung des tristen Zuchthausalltages mit der Aussicht, noch viele Jahre eingesperrt zu bleiben. Für die Todeskandidaten begann das Bangen über die Vollstreckung ihrer Strafen.

Anmerkungen

1 Vgl. Tägliche Rundschau, 17. Juni 1950
2 Ebenda
3 Vgl. ebenda
4 Vgl. ZPA IV 2/13/432
5 Vgl. ZPA IV 2/13/431
6 Vgl. ebenda
7 Vgl. VAMdI 39740
8 Vgl. ZPA IV 2/13/432
9 Vgl. ZPA IV 2/13/431
10 Vgl. ZAMdI, 11/1571
11 Vgl. ebenda
12 Vgl. VAMdI, 39740
13 Auf eine ausführlichere Darstellung des Schicksals von Margret Bechler verzichtet der Verfasser. Das kann der interessierte Leser viel besser in ihren Erinnerungen nachlesen. M. Bechler, M. Stalmann, Warten auf Antwort. Ein deutsches Schicksal, München 1978.
14 ZPA IV 2/13/431
15 Vgl. Kartei der Generalstaatsanwaltschaft, BAP, AB, Kartei
16 Kopien dieser Dokumente, die sich im Besitz des Autors befinden, konnte er im März 1991 Frau Bechler übergeben. Sie bestätigen anschaulich, was Margret Bechler in ihren Erinnerungen beschrieben hat.
17 ZAMdI, 11/1571
18 Landes-Zeitung Schwerin, Demokratische Justiz im Dienste des Friedens, 17. Juni 1950. Beim erwähnten »Hummler« handelt es sich um R. Rummler.
19 Zur Deutschlandpolitik der Anti-Hitler-Koalition, Dokumentation, Berlin 1966, S. 73
20 Vgl. ZAMdI, 7/420. Was als Verbrechen galt, erläuterte der Artikel II:
»a) Verbrechen gegen den Frieden. Das Unternehmen des Einfalls in andere Länder und des Angriffskrieges als Verletzung des Völkerrechts und internationaler Verträge einschließlich der folgenden, den obigen Tatbestand jedoch nicht erschöpfenden Beispiele: Planung, Vorbereitung eines Krieges, Beginn oder Führung eines Angriffskrieges oder eines Krieges unter Verletzung von internationalen Verträgen, Abkommen oder Zusicherungen; Teilnahme an einem gemeinsamen Plan oder einer Verschwörung zum Zwecke der Ausführung einer der vorstehend aufgeführten Verbrechen.
b) Kriegsverbrechen. Gewalttaten oder Vergehen gegen Leib, Leben oder Eigentum, begangen unter Verletzung der Kriegsgesetze oder -gebräuche, einschließlich der folgenden, den obigen Tatbestand jedoch nicht erschöpfenden Beispiele: Mord, Mißhandlung der Zivilbevölkerung der besetzten Gebiete, ihre Verschleppung zur Zwangsarbeit oder anderen Zwecken oder die Anwendung der Sklavenarbeit in den besetzten Gebieten selbst, Mord oder Mißhandlung von Kriegsgefangenen, Personen auf hoher See; Tötung von Geiseln; Plünderung von öffentlichem oder privatem Eigentum; vorsätzliche Zerstörung von Stadt oder Land oder Ver-

wüstungen, die nicht durch militärische Notwendigkeit gerechtfertigt sind.

c) Verbrechen gegen die Menschlichkeit. Gewalttaten und Vergehen, einschließlich der folgenden, den obigen Tatbestand jedoch nicht erschöpfenden Beispiele: Mord, Ausrottung, Versklavung, Zwangsverschleppung, Freiheitsberaubung, Folterung, Vergewaltigung oder andere an der Zivilbevölkerung begangene unmenschliche Handlungen; Verfolgung aus politischen, rassischen oder religiösen Gründen, ohne Rücksicht darauf, ob sie das nationale Recht des Landes, in welchem die Handlung begangen worden ist, verletzen.

d) Zugehörigkeit zu gewissen Kategorien von Verbrechervereinigungen oder Organisationen, deren verbrecherischer Charakter vom internationalen Militärgerichtshof festgestellt worden ist.«

21 VAMdI, 39740

22 Vgl. ZAMdI, 11/1571

23 VAMdI, 39740

24 Vgl. ZAMdI, 11/1571

25 VAMdI, 39740

26 Vgl. ZPA 2/13/432

27 Vgl. ZAMdI, 11/1571

28 Vgl. ebenda sowie VAMdI, 39740

29 Beispiele für Berichte über die Prozesse findet man u.a. im ND vom 22., 23., 24., 27. und 28. Juni 1950

30 Tägliche Rundschau, 22. Juni 1950

31 Vgl. Kartei der Generalstaatsanwaltschaft der DDR. BAP, AB, Kartei

32 BAP, AB, StVE Bautzen I K 69

33 Ebenda. Zum Wortlaut des Artikels II des Kontrollratsgesetzes Nr. 10 – vgl. Anm. 20. In der Kontrollratsdirektive Nr. 38, Abschn. II, Art. II wird erklärt, wer als Hauptschuldiger gilt. Punkt 6 lautet: »Wer der nationalsozialistischen Gewaltherrschaft außerordentliche politische, wirtschaftliche, propagandistische oder sonstige Unterstützung gewährt hat oder wer aus dieser Zusammenarbeit für sich oder andere erheblichen Nutzen gezogen hat.« ZAMdI, 7/420

34 Kartei der Generalstaatsanwaltschaft, BAP, AB, Kartei

35 Vgl. Blatt R. Carl aus der Strafvollzugskartei der Strafvollzugsanstalt Waldheim

36 BAP, AB, StVE K 158 A.)

37 Ebenda

38 Vgl. VAMdI, 39740

39 Vgl. ZPA IV 2/13/431

40 Ebenda

41 Vgl. Kartei der Generalstaatsanwaltschaft, BAP, AB, Kartei

42 VAMdI, 39740

43 Ebenda

44 Vgl. VAMdI, 39471 und 39472

45 Vg. ZPA 2/13/432

46 Ebenda

47 Ebenda. Der Bericht vom 14. Juli 1950 existiert auch noch in einer

Fassung vom 17. Juli 1950. Die Inhalte sind gleich. Vgl. ZAMdI, 11/1571

48 H. Heinze, Kriegsverbrecherprozesse in Waldheim. In: Neue Justiz, 7/1950, S. 250

49 Vgl. VAMdI, 39740

50 Vgl. BAP, P – 1, MdJ, 818

Dokumente

Verzeichnis der Dokumente

4/1

Landesbehörde der Volkspolizei
Sachsen
Abt. K U.-Organ
Aktenzeichen: W/743/50/333/201

Waldheim, am 27.4.1950

Aus der Haft vorgeführt – erscheint und erklärt zur Wahrheit ermahnt:

I. Zur Person:

1. Familienname: D r e y k o r n   Vornamen: Margret, Helene
2. Geboren: 2.2.14 Hamburg-Altona
3. Beruf: o.B.
4. Zuletzt beschäftigt: entfällt
5. Staatsangehörigkeit: deutsch Familienstand: gesch. Kinder: zwei, 9 und 10 Jahre
6. Wohnung oder letzter Aufenthalt: Altenburg/Th. Barbarastr. 26
7. Vermögenslage: s. Vermögenserklärung
8. Im öffentlichen Dienst gemaßregelt, Ihres Postens enthoben: entf.
9. Vollkommen oder teilweise enteignet? entf.
10. Ihr höchster Dienstrang bei: entf.
    Aus diesen Organisationen ausgeschlossen oder ausgetreten: entf.
11. Vorbestraft: angeblich nicht
12. Führerschein: nein   Reisepaß: nein
13. Ehegatte: geschieden
14. Vater: Georg Dreykorn, Marineoffizier, Dresden, Beyreutherstr. 4
15. Mutter: Alice geb. Döll, o.B. Wohnung wie oben
16. Kinder: siehe oben.
17. Vormund–Pfleger: entfällt

II. Zur Sache:

(Tatsachen und Vermutungen oder von dritten Personen Gehörtes trennen, aber mit angeben. Ort, Zeit, Namensangabe, Personenbeschreibung nicht vergessen)

Mitglied der NSDAP oder einer ihrer Nebenorganisationen war ich nicht. Ich lebte nur für meinen Mann und meine Kinder.

Mein Mann meldete sich 1931 freiwillig zur damaligen Reichswehr und war bis 1942 zum Major befördert worden. Ich gebe zu, dass er damals (er war im vorgenannten Jahre an der Ostfront eingesetzt) mir mündlich und auch schriftlich klar zu machen versuchte, dass die Ideen Hitler die einzig richtigen für Deutschland seien und er alles daran setzen werde, für Deutschland zu handeln.

Am 9.2.43 erhielt ich seitens der Wehrmacht den Bescheid, dass mein Mann vermisst sei (bei Stalingrad). Ich stand nun vor der Frage, lebt er oder ist er tot? Ich glaubte jedoch zu fühlen, dass er noch lebt und war der Meinung, dass wir siegen müssen, da ich das für das grösste Glück unseres Landes hielt. Ich muss aber hierzu bemerken, dass meine erwähnte Meinung nicht parteipolitisch gedacht war, sondern rein fürs Gute Deutschlands.

Selbigen Jahres, am 2. Sept. gegen 8.30 Uhr erschien bei mir in der Wohnung eine mir fremde männliche Person und brachte mir Grüsse von meinem Mann. Auf meine Frage, ob er von meinem Mann persönlich käme, antwortete er mir nein und sagte weiter, dass mein Mann im Sender »Freies Deutschland« spreche u. ich könnte ihn da auch selbst hören. Er ging zu meinem Radioapparat und stellte den Sender ein. Es setzte mich in Erstaunen, mit welcher Sicherheit er mit meinem Apparat den betr. Sender sofort fand. Ich glaubte seinen Angaben nicht, worauf er mir jedoch sagte, dass ich wohl auf dem Monde lebe. Weiter versuchte er mir klar zu machen, dass mein Mann der Meinung ist, dass Deutschland den Krieg verlieren werde und ich sollte mir das selber anhören, wobei er mir noch die Wellenlänge und die Sendezeiten des Senders »Freies Deutschland« bekannt gab. Auf unsere OKW-Berichte sollte ich nicht hören. Nach etwa 20 Minuten verliess er wieder meine Wohnung.

Anschliessend erschien der Postbote und brachte mir ca. ein Dutzend Briefe. Bis auf zwei waren sie alle ohne Absender u. eine Unterschrift war in keinem gezeichnet.
Der Inhalt der Briefe waren Grüsse von meinem Mann, besonders an die Kinder und er wäre im nationalen Komitée und spreche im Sender »Freies Deutschland«.

In den nächsten Tagen häuften sich die Briefe an und es waren auch Postkarten dabei. Aus der Gefahr heraus, die mir dadurch entstand, indem ich ja annehmen musste, dass die Gestapo den Sender selbst auch abhören wird u. demzufolge sie mich beobachten wird und auch daß ich selbst, wie ich zugeben muss, mit den illegalen Tätigkeiten nicht einverstanden war, ging ich mit allen erhaltenen Briefen und Karten, insgesamt 30 Stck, ausser den zweien die einen Absender trugen, (ich hatte kein Interesse daran, irgend eine Familie unglücklich zu machen, oder eine Person anzuzeigen, sondern wollte mit meinem Hingehen zur Gestapo nur die Haltung unserer Familie zum Ausdruck bringen), zur Gestapo.

Ich erzählte hier die Begebenheiten mit der fremden männl. Person und den Briefen. Seitens der Gestapo wurde mir erklärt, dass sie an dem Mann mehr Interesse habe, als an den Briefen und man zeigte mir 2 Briefe, die bereits von mir bei der Gestapo eingegangen waren und an mich adressiert waren. Auf welchem Wege sie zur Gestapo gelangt waren, entzieht sich meiner Kenntnis.

Letzten Endes wurde mir doch noch klar gemacht, dass es sich hierbei um staatsfeindliche Umtriebe handele und ich ihnen die nächsten Besucher bringen müsste. Ich erklärte hierzu, dass ich doch eine alleinstehende Frau mit zwei kl. Kindern sei, wie ich das machen soll, ich könne doch keinen Mann verhaften. Man erwiderte mir, dass ich doch nicht alleine wohne, die Mitbewohner des Hauses und die in der Nähe liegende Wehrmacht würde mir schon behilflich sein.

Seitens der Gestapo wurde der Standort-Offizier entsprechend unterrichtet und ausserdem legte man von der Kaserne her in meine Wohnung eine Klingelleitung. Sie funktionierte jedoch nicht, was wir beim Probieren feststellten. Selbige klingelte nur ganz schwach und am nächsten Tag nach einem Regen überhaupt nicht mehr. Etwa um den 20. September 1943 herum zur gleichen Morgenstunde machte mich eine Mitbewohnerin des Hauses (Frau M.) darauf aufmerksam, dass wieder so ein Mann im Hause sei und zwar zu mir wollte und ob sie die Kaserne benachrichtigen solle. Ich anwortete ihr mit nein, gleich darauf klingelte es und ich ging zur Wohnungstür (die Frau M. blieb in meinem Schlafzimmer zurück), wo mir der Fremde klar machte, mich sprechen zu müssen. Ich lehnte jedoch ab, mit ihm zu sprechen und forderte ihn zum Gehen auf. Er zog dann einen Brief aus der Tasche und sagte, er hätte ihn geschrieben, nun er aber hier ist, will er mich sprechen. Ich lehnte wieder beides ab, er steckte den Brief wieder ein und ich machte die Türe zu. Ich hörte ihn dann selbst noch, wie er im Treppenflur mit jemandem sprach und sagte, dass ich komisch sei, mein Mann wäre überzeugt, dass die Sache für Deutschland schief ginge und er hätte es schon so vielen Leuten gesagt, warum ich es nur nicht anhören wolle.

Anschliessend kam die Hausbewohnerin B. und fragte mich, ob ich gehört hätte, was er gesagt hat. Hier würde doch etwas nicht stimmen und ob sie ihm nachlaufen solle.
Ich sagte ihr »ja« und zwar deshalb, weil die Frau B. nicht zuverlässig war in dieser Sache und ich auch annehmen musste, dass die Hausbewohner sowieso von Zeit zu Zeit nach meinem Verhalten befragt werden. Ich muss ehrlich sagen, dass ich auch etwas böse auf diesen Mann war, weil er Hausbewohnern gegenüber über die politische Umstellung und der hitlergegnerischen Tätigkeit meines Mannes offen gesprochen hatte.

Ich rief dann von meiner Wohnung aus die Kriminalpolizei in Altenburg an, der ich meldete, dass wieder ein Besucher bei mir war u. aber schon weg sei. Auf die Frage wohin, gab ich zur Antwort, dass er wahrscheinlich in Richtung Bahnhof sei.

Nach dem Anruf lief ich ihm selbst nach, er hatte jedoch einen Vorsprung von etwa 500 Mtr. Er war jedoch gut zu sehen, da er mitten auf der Fahrbahn mit offenem Mantel und in hastigem Tempo lief. Unterwegs begegnete ich einem Bahnbeamten der mich fragte, warum ich so laufe, worauf ich auf den Mann verwies und ihn mit dem Fahrrad nachschickte, wo ihn der Bahnbeamte anhielt. Ich muss bemerken, dass sich der mir immer noch unbekannte Mann sehr ungeschickt verhalten hat, denn er hätte können in dem an der Strasse liegenden Wald verschwinden.

Inzwischen kam die Polizei auf Fahrrädern und nahm ihn fest. Ich wurde aufgefordert mit zur Vernehmung zu kommen, wo ich die ganze Angelegenheit so angab, wie sie sich zugetragen hat.
In meiner Anwesenheit untersuchte die Polizei seine Brieftasche, in der er noch den Brief, den er mir geben wollte, hatte und auch russische Papiere. Hierbei wurde ich gewahr, dass er ein Albert oder Artur *Jacob* aus Zwickau war.

Etwa 4 Wochen später wurde in meiner Wohnung eine Hausdurchsuchung seitens der Gestapo durchgeführt, wobei alle schriftlichen Sachen meines Mannes, Briefe von ihm, Fotographien, sowie die noch bei mir vorhandenen anonymen Briefe, insgesamt hatte ich etwa an 200 empfangen, mitgenommen wurden. Ich muss bemerken, dass insgesamt etwa 6 mal Haussuchungen bei mir durchgeführt wurden.

Ungefähr ein Jahr später erhielt ich von meinem Rechtsanwalt (Name unbekannt) die Nachricht, dass *Jakob* vom Volksgericht wegen Hochverrat zum Tode verurteilt worden ist und ob ich dazu nochmal Stellung nehmen wolle.

In meiner Stellungnahme an den Rechtsanwalt gab ich sinngemäss an, dass ich ja im Einzelnen nicht weiss, warum J. verurteilt wurde, und dass mir das Schicksal seiner Frau nahe geht.

Ich gebe zu, dass ich durch mein o.a. Verhalten und meine Handlungsweise zu einem Verfahren zum Schaden eines anderen beigetragen habe, wobei ich aber besonders darauf hinweisen möchte, dass ich das nicht aus parteipolitischen Gründen getan habe, sondern in der Meinung, dass dies für Deutschland überhaupt nur zum Guten sein könne. Heute sehe ich ein, dass ich sehr falsch gehandelt habe und würde es nicht wiederholen.

Weiteres kann ich zu der mir vorgehaltenen Sache nicht aussagen. Meine Angaben entsprechen der Wahrheit, ich habe dieselben freiwillig und ohne Zwang zu Protokoll gegeben.

Geschlossen: selbst gelesen, genehmigt und unterschrieben:

Sachbearbeiter (Margret Dreykorn)

Hauptverwaltung Deutsche Volkspolizei
Hauptabteilung HS
Untersuchungsorgan Waldheim

Waldheim, 7.6.1950

Az.: W/743/50/333/201 B/St.

An die
Kleine Strafkammer (201)
beim Landgericht Chemnitz

in Waldheim

4 Ausfertigungen
1. Ausfertigung

Anklageschrift

Familienname:	D r e y k o r n
Vornamen:	Margarete Helene
Geburtstag u. -ort:	2.2.1914 in Hamburg-Altona
Beruf:	ohne Beruf
Familienstand:	geschieden
Wohnort:	Altenburg/Thür.
Strasse:	Barbarastr. 26
Jetziger Aufenthalt:	z.Zt. in Haft Strafanstalt Waldheim
Vorstrafen:	angeblich keine

wird auf Grund des Befehls 201 der SMAD vom 16.8.1947 angeklagt:

1. im Jahre 1943 in Altenburg als Spitzel und Denunziantin die Einleitung eines Verfahrens zum Schaden des Antifaschisten *Jacob* wegen seiner politischen Gegnerschaft gegen den Nationalsozialismus herbeigeführt zu haben (Verbrechen gem. Kontrollratsdirektive 38, Abschnitt II, Artikel III A II, Ziffer 8 in Verbindung mit Artikel II, Ziffer 1c und 2a des Gesetzes Nr. 10 des Alliierten Kontrollrates vom 20.12.1945)

WESENTLICHES ERMITTLUNGSERGEBNIS:

Nach eigenen Angaben war die Beschuldigte nicht Mitglied der NSDAP noch einer ihrer Gliederungen.
Der Ehemann der Beschuldigten, der sich während des faschistischen Raubkrieges als Soldat an der Ostfront befand, war durch seine Gefangennahme bei Stalingrad in das Lager der Antifaschisten gestossen und sprach über den Sender »Freies Deutschland«.
Die Beschuldigte, die von diesem Umstand von dem Antifaschisten *Jacob* aus Zwickau erfuhr, setzte sich mit der Gestapo in Verbindung und veranlasste dessen Festnahme, die die spätere Hinrichtung des aufrechten Kämpfers gegen den Faschismus zur Folge hatte.

Der auf Grund ihrer Tätigkeit bestehende Verdacht, die Beschuldigte sei

Verbrecher

im Sinne der Kontrollratsdirektive 38 und des Gesetztes Nr. 10 des Alliierten Kontrollrates, ist durch die weitere Untersuchung bestätigt worden.

Die Beschuldigte, deren Mann am 9.2.1943 durch die deutsche Wehrmacht als bei Stalingrad vermisst gemeldet wurde, erhielt im September des gleichen Jahres von dem Antifaschisten Jacob entsprechende Nachricht, dass ihr Mann über den Sender »Freies Deutschland« spreche. Zur gleichen Zeit erhielt sie Briefe ohne Absender, in denen Grüsse ihres Mannes überbracht wurden. Anstatt sich davon überzeugen zu lassen, dass ihr Mann erkannt hatte, in welchen Abgrund das nationalsozialistische Gewaltregime führt, war sie noch fest von einem Sieg Hitler-Deutschlands überzeugt und lehnte diese illegale Verbindung zu antifaschistischen Kreisen ab. Sie ging zur Gestapo und hinterbrachte die erwähnten Vorkommnisse unter gleichzeitiger Abgabe der Briefe. Ein ausgeklügeltes Spitzelsystem, das mit Hilfe der Beschuldigten durch die Gestapo aufgebaut wurde, ermöglichte die Festnahme des Antifaschisten Jacob. Der Genannte war bereits weit von der Wohnung der Beschuldigten entfernt, als die Polizei und Strassenpassanten auf den Ruf der Beschuldigten hin, die die Verfolgung mit besonderer Initiative aufnahm, ihn stellten. Einige Zeit später erhielt die Beschuldigte die Nachricht vom Volksgerichtshof, dass der aufrechte Antifaschist wegen angeblichem Hochverrat zum Tode verurteilt worden ist.

Die Beschuldigte gibt den geschilderten Sachverhalt zu. Gründe, die zu ihren Gunsten wirken, liegen nicht vor. Sie ist der Verantwortlichkeit als

Verbrecher

gem. Kontrollratsdirektive 38, Abschnitt II, Artikel III A II, Ziffer 8 in Verbindung mit Artikel II, Ziffer 1c und 2a des Gesetzes Nr. 10 des Alliierten Kontrollrates überführt und als solche zu bestrafen.

Beweismittel: 1. Geständnis der Beschuldigten

2. Auszug vom 11.7.1945 als Urkunde über die Zusammenfassung der bisherigen Aussagen der Beschuldigten und des Ergebnisses der Ermittlungen.

Es wird beantragt,

die Hauptverhandlung vor der Kleinen Strafkammer (201) des Landgerichts Chemnitz in Waldheim anzuberaumen.

Bestätigt:

Staatsanwalt Beyer

V.P.-Rat

Landgericht Chemnitz
in Waldheim
3. Gr. Strafkammer (201)

Az.: StKe 1420/50

Rechtskräftig am 14.7.1950
Waldheim, den 15.7.1950
Der Urkundsbeamte der Geschäftsstelle
beim Landgericht Chemnitz in Waldheim

IM NAMEN DES VOLKES

In der Strafsache

gegen die berufslose Margarete Dreykorn
geboren am 2.2.1914 in Hamburg-Altona
wohnhaft in Altenburg, Barbarastr. 26

z.Zt. in Haft in Strafanstalt Waldheim

wegen Verbrechens nach Dir. 38 und KG 10

hat die 3. Grosse Strafkammer (201) des Landgerichts Chemnitz in Waldheim in der öffentlichen Sitzung vom 19. Juni 1950, an der teilgenommen haben

1. Landrichter F.
   (als Vorsitzender)
2. Landrichter G.
   (als beisitzender Richter)
3. der Angestellte Ewald D.
4. der Angestellte Otto U.
5. Die Arbeiterin Elsbeth G.
   (als Schöffen)

Staatsanwalt K.
(als Vertreter der Staatsanwaltschaft)

Angestellte S.
(als Urkundsbeamtin der Geschäftsstelle)

für Recht erkannt:

Die Angeklagte Margarete Dreykorn ist schuldig des Verbrechens gegen die Menschlichkeit gem. KG 10, Ziff. 1c und 2a. Sie ist Belastete nach Dir. 38. Abschn. II, Art. III, A II, Ziff. 8 und wird deshalb zu einer lebenslänglichen Zuchthausstrafe verurteilt. Ihr Vermögen wird eingezogen.
Ferner werden gegen sie die Sühnemassnahmen der Dir. 38, Art. IX, Ziff. 3–9 auf Lebenszeit verhängt.
Die Kosten des Verfahrens trägt die Angeklagte.

Gründe:

Die Angeklagte entstammt einer Offiziersfamilie. Ihr Vater war Fregattenkapitän. Sie hatte die Möglichkeit, das Gymnasium zu besuchen und machte ihr Abitur. Bis zum Jahre 1938 arbeitete die Angeklagte als Buchhalterin und heiratete dann. In der Folgezeit war sie Hausfrau. Ihr Ehegatte war als Offizier in sowjetische Kriegsgefangenschaft geraten und beteiligte sich am Komitee »Freies Deutschland«. Er sprach über den sowjetischen Rundfunk und liess seine Frau, die Angeklagte und seine beiden Kinder, grüssen. Am 2.9.1943 brachte ein ihr unbekannter Mann, der diesen Sender abgehört hatte, persönlich die Nachricht, dass ihr Ehegatte sie grüssen liesse und schilderte die Umstände, wie er davon gehört habe. Der unbekannte Mann zeigte ihr auch die Einstellung am Rundfunkgerät, auf dessen Welle sie den betreffenden Sender hören könne. Am gleichen Tage brachte die Post Briefe und Postkarten teils ohne, teils mit Absender, die dasselbe ausdrückten. Insgesamt will die Angeklagte 200 schriftliche Bestätigungen von den Grüssen ihres Mannes erhalten haben, von denen ca. 20 mit Absender versehen gewesen seien. Am nächsten Tage sprach sie sich mit ihrem Vater ab und nach dieser Aussprache ging sie zur Polizei mit den Briefen und Karten ohne Absender. Die mit Absender versehenen Briefe will sie aufbewahrt haben. Bei der Polizei habe sie aus freien Stücken davon erzählt, dass bereits ein Mann bei ihr persönlich vorgesprochen habe. Die Polizei legte ihr nahe, den Mann bei erneutem Vorsprechen festzuhalten. Die Angeklagte wies auf den Umstand hin, dass sie als Frau allein dazu nicht imstande sei. Auf diesen Hinweis hin wurde die Militär-Kommandantur veranlasst, eine Klingelleitung zu legen, um beim Auftauchen des Unbekannten sofort die Militärwache zu ihr alarmieren. Die Leitung wurde auch gelegt, soll aber angeblich nicht funktioniert haben. Nach ca. 10–14 Tagen nach dem Erscheinen des ersten Mannes sei ein zweiter fremder Mann erschienen. Dieser habe erst im Hause herumgefragt, wo die Angeklagte wohne. Noch bevor der Unbekannte bei ihr geklingelt habe, sei eine Frau M. gekommen und habe ihr berichtet, dass wieder so ein Mensch nach der Angeklagten gefragt habe. Die Frau M. habe sich erboten, die Wache zu alarmieren. Daraus ist ersichtlich, dass in dem Haus alles mit Hilfe der Angeklagten getan wurde, um Menschen den faschistischen Organen auszuliefern, die nichts weiter taten, als einer Menschenpflicht zu genügen. Die Angeklagte will dann auf das Klingeln an der Wohnungstür geöffnet haben, um ihn abzuweisen, während die Frau M. im Schlafzimmer verblieben sei. Der fremde Mann bestellte dieselben Grüsse ihres Mannes und auf ihre Abweisung hin habe er noch gesagt, dass der Krieg doch nicht mehr zu gewinnen sei und dass ihr

Mann dieselbe Überzeugung habe. In diesem Augenblick sei die Hausmannsfrau B. aufgetaucht, die gerade die Treppe gekehrt habe und hinter dem Rücken Zeichen gemacht habe, aus der die Angeklagte entnommen haben will, dass die Brau B. gewillt gewesen sei, die Polizei zu verständigen. Sie habe durch Kopfschütteln abgelehnt. Mit den Worten: »Gehen Sie, aber gehen Sie schnell« will die Angeklagte den Fremden verabschiedet haben und die Wohnungstür vor ihm ins Schloss gezogen haben. Sie will durch die Frau B. später erfahren haben, dass der Mann, der sich später als Jakob herausstellte, zu ihrer Nachbarin und zu Frau B. sinngemäss geäussert habe, dass er die Angeklagte nicht verstehe, dass sie keine Grüsse von ihrem Manne entgegennähme, da der Krieg doch nicht mehr zu gewinnen sei. Frau B. habe dann bei ihr geklingelt und sie gefragt, ob sie ihm nachlaufen solle, er renne davon. Die Angeklagte sagte ja und während Frau B. weggegangen sei, habe sie die Kriminalpolizei telefonisch verständigt. Obwohl die Angeklagte nicht gewusst haben will, wohin sich Jakob gewendet hatte, erklärte sie dem Beamten, dass er vermutlich zum Bahnhof laufe. Sie erzählte telefonisch davon, dass der Mann ihr auch einen Brief überreichen wollte, den er bereits geschrieben bei sich trug, aber selber gekommen sei und den sie nicht angenommen habe. Sie erhielt den Auftrag, dem Mann nachzulaufen und festzuhalten. Die Angeklagte will den Mann nicht mehr gesehen haben, da der Weg nach 200 m um die Ecke geht. Trotz des Zeitverlustes durch den Anruf und trotz der Tatsache, dass sie nicht schnell laufen kann, sei der Mann erst 300 m von der Ecke entfernt gewesen, als sie selber die Strasse zu überblicken vermochte. Zufällig sei ihr ein bekannter Mann namens K. mit dem Rad entgegengekommen. Dieser habe sie gefragt, was denn los sei, weil ein Mann mit wehendem Mantel mitten auf dem Fahrdamm gelaufen war und dahinter zwei Frauen. Die Angeklagte bat ihn, den Mann mit dem Rade einzuholen und festzuhalten. Dieser Herr K. tat dies und stellte den Mann ca. 500 m von der Wohnung der Angeklagten entfernt. Zufällig habe ein Polizist in Uniform aus dem Fenster gesehen, unter dem K. mit Jakob stand als die Angeklagte hinzukam. Die Angeklagte bat den Polizisten, den Mann mit ihr zum Bahnhof zu begleiten. Dieser habe, ohne von dem Vorfall zu wissen, der Bitte Folge geleistet. Auf dem Bahnhofsvorplatz hätte sich inzwischen die Kriminalpolizei eingefunden gehabt, die den Jakob in Empfang nahm und sich von der Angeklagten den Sachverhalt schildern liess. Die Angeklagte wurde dann gebeten, alles zu Protokoll zu geben. Zunächst habe man sie nach Hause entlassen und am Nachmittag ging sie zur Vernehmung. Dort will sie dann an Hand der Papiere, die in der Brieftasche des Verfolgten gefunden wurden, dessen Namen erfahren haben. Der Angeklagten wurde von der Polizei zum Abschied gesagt, dass sie,wenn die Sache zum Volksgerichtshof kommt, als Zeugin auftreten müsse. Jakob wurde dann vom Volksgerichtshof zum Tode verurteilt, ohne dass die Angeklagte als Zeugin auftrat. Der Verteidiger des Jakob teilte dieses der Angeklagten mit und bat sie, für seinen Mandanten ein Bittgesuch einzureichen, um ihn vor dem Tode zu bewahren. Die Angeklagte unterliess das und will vordem mit ihrem Vater gesprochen haben, der einen RA befragt habe und ihr geraten habe, nichts zu schreiben. Jakob wurde als aufrechter Kämpfer für den Frieden hingerichtet.

Diesen Sachverhalt hielt das Gericht für erwiesen aufgrund der eigenen Einlassung der Angeklagten, die sich mit dem Protokoll (Blatt 1 d. A.) deckt.

Die Angeklagte gibt als Motiv an, als getreue Anhängerin des deutschen Staates gehandelt zu haben. Sie sei bis zuletzt vom Siege überzeugt gewesen und hätte es mit ihrer Ehre und Treue nicht vereinbaren können, dass ein Verrat am Kriege begangen wurde. Sie habe an ihre Situation gedacht und da ihr die Methoden der Gestapo der Sippenhaftung bekannt gewesen seien, habe sie sich nach klarer und reiflicher Überlegung entschlossen, sich keiner Bedrängnis durch die faschistischen Abwehrorgane auszusetzen. Weil sie so viele Mitwisser gehabt habe, sei sie genötigt gewesen, alles zu tun, um den Menschen, der ihr Nachricht brachte, der Polizei auszuliefern. Sie habe auch erkannt, dass es eine Gefahr für sie bedeuten würde, wenn sie für Jakob eine Bittschrift gefertigt hätte, da inzwischen der 20. Juli 1944 gekommen war.

Die Angeklagte hatte mit nüchterner Überlegung einen Menschen im Jahre 1943 der Verfolgung durch die nazistischen Abwehrorgane ausgesetzt. Sie selber war durch ihren eigenen Verwandtenkreis keineswegs auch nur annähernd so gefährdet wie der einfache und ehrliche J. Gerade weil dieser durch seine Ehrlichkeit den anerzogenen Dünkel der Angeklagten verletzte, hat sie sich zur Preisgabe dieses Menschen entschlossen. Sie hat durch ihre intensive Mitarbeit, indem sie alles tat, was zur Verhaftung und weiteren Verfolgung des J. führte, ein Verfahren zum Schaden eines anderen herbeigeführt. Sie erfüllte somit den Tatbestand der Dir. 38, Abschn. II, Art. III., A II, Ziff. g.

Gleichzeitig liegt darin eine Verfolgung des Jakob seiner politischen Einstellung wegen. Das stellt ein Verbrechen gegen die Menschlichkeit dar im Sinne des KG 10, Art.II, Zif. 1c. Die Angeklagte hat so intensiv in dem ganzen Treiben mitgewirkt, dass eine Mittäterschaft gegeben ist und die Angeklagte als Täter nach Ziff. 2a vorliegt.

Im Jahre 1943 war es offensichtlich, wieweit die Gestapo und die faschistische Abwehr bereit war, mit den rigorosesten Mitteln Gegner auszuschalten. Die Angeklagte konnte den Erfolg, nämlich die Verurteilung

zum Tode und die Vollstreckung des Jakob voraussehen. Sie hat diesen Erfolg gebilligt, was darin zum Ausdruck kommt, dass sie die Erstellung eines Bittgesuches für Jakob ablehnte. Sie war somit aus dem KG 10, aus dem härteren Gesetz, zu bestrafen.
Bei der Strafzumessung musste der Erfolg der Handlung der Angeklagten erschwerend berücksichtigt werden. Der anerzogene Standesdünkel der Angeklagten hebt diese Erschwerung nicht auf, sondern vervielfacht sie nur. Die Angeklagte hat durch ihr Verhalten nicht nur zur Liquidierung eines Menschen beigetragen, sondern sie hat einen Menschen beseitigen geholfen, der durch seine Geradheit imstande gewesen wäre, den Widerstand gegen den verbrecherischen Krieg zu organisieren, so dass dieser vorzeitig sein Ende gefunden hätte. Dass noch so viele Menschen durch den Krieg vernichtet werden konnten, kommt auf das Konto der Angeklagten mit. Das Gericht hielt unter Berücksichtigung aller dieser Umstände die erkannte Strafe für angemessen.
Das Gericht konnte das Bestehen eines Notstandes nicht anerkennen, da die Angeklagte die Situation sich selber geschaffen hatte. Auch ihr Verhalten vor Gericht bewies, dass in ihr keinerlei Einsicht in das verbrecherische Treiben des Faschismus vorherrscht. Ihre falsche Vorstellung von Treue und Pflicht bürgt gerade in sich die gesellschaftsgefährdenden Momente.
Die Einstufung als Belastete zieht zwangsläufig die Sühnemassnahmen der Dir. 38, Art. IX, Ziff. 3–9 nach sich, die auf Lebenszeit verhängt werden.
Zu Wiedergutmachungszwecken wird ihr Vermögen gem. Ziff. 2 des obigen Artikels eingezogen.
Die Kostenentscheidung beruht auf § 465 StPO.

4/2

Landgericht Chemnitz in Waldheim
6. Gr. Strafkammer (201)

Az.: StKs 1802/50

IM NAMEN DES VOLKES!

In der Strafsache

gegen den am 7.6.1892 in Chemnitz geborenen Offizier Friedrich Heinicke, wohnhaft Chemnitz, Walter-Oertel-Straße 50 B III z.Zt. in der Haftanstalt Waldheim

wegen Verbrechen nach der Kontrollratsdirektive 38 vom 12.10.1946 und dem Kontrollratsgesetz 10 vom 20.12.1945

hat die 6. Grosse Strafkammer (201) des Landgerichts Chemnitz in Waldheim in der öffentlichen Sitzung am 9. Juni 1950, an der teilgenommen haben

Landrichter W.
(als Vorsitzender)

Landrichter H.
(als Beisitzer)

Angestellter S.
Maurer U.
Angestellter T.
(als Schöffen)

Staatsanwalt K.
(als Vertreter der Staatsanwaltschaft)

J.-Angestellte T.
(als Urkundsbeamtin der Geschäftsstelle)

für Recht erkannt:

Der Angeklagte wird wegen Verbrechen nach der Kontrollratsdirektive 38, Abschn. II, Art. II, Ziff. 1 und 3 und dem Kontrollratsgesetz Nr. 10, – Art. II, Ziff. 1 c, 2 b und c, d

zum Tode verurteilt

und als Hauptverbrecher eingestuft.

Sein Vermögen wird eingezogen.
Die Kosten des Verfahrens trägt der Angeklagte.

4/3

16. A.Z.: W/1305/50/2941/201

Name, Vorname: Lehne, Walter, Wilhelm

Gründe:

Der Angeklagte gehörte nach Beendigung des ersten Weltkrieges bis Anfang 1920 dem Freikorps »Merker« an, welches in Mitteldeutschland eingesetzt wurde zur Unterdrückung der revolutionären Arbeiterschaft. Anschließend wurde er bei der Polizei in Hamburg angestellt und kam 1923 zur Abteilung I A der berüchtigten politischen Polizei der Weimarer Republik.

Hier war er in einem Dezernat beschäftigt, in welchem Streiks bearbeitet wurden. Später gehörte es zu seinen Dienstobliegenheiten, politische Versammlungen zu besuchen und zu überwachen. Im Jahre 1932 wurde er Mitglied der NSDAP. Im Jahre 1933 kam er zur Gestapoleitstelle Altona, wo er Landesverrat, Hochverrat und andere politische Delikte bearbeitete.

Im Sommer 1939 kam der Angeklagte nach der Tschechoslowakei und wurde stellvertretender Dienststellenleiter bei der Gestapodienststelle Pardubice. Hier organisierte er einen Kreis von Agenten und Spitzeln, bestehend aus sogenannten Volksdeutschen, welche tschechische Patrioten gegen Bezahlung von 20–25.– RM denunzierten. Die festgenommenen Patrioten und Widerstandskämpfer kamen entweder in ein Konzentrationslager oder wurden dem Sondergericht Prag zugeführt, das in den meisten Fällen auf Todesstrafe erkannte.

Nach den eigenen Einlassungen des Angeklagten war ihm bekannt, daß den von ihm verhafteten Personen die schwersten Strafen, einschließlich Todesstrafen, drohten.

Der Angeklagte gehörte der Gestapo an, einer Organisation, deren verbrecherischer Charakter vom Internationalen Militärgerichtshof in Nürnberg festgestellt wurde.

Er war somit Mitglied einer Organisation, die mit der Planung und Ausführung von Verbrechen gegen die Menschlichkeit in Zusammenhang stand.

In Anerkennung seiner gewissenlosen Brutalität wurde er zum SS-Untersturmführer ernannt.

12. A.Z.: W/1112/50/1125/201

Name, Vorname: Kendzia, Ernst Karl

geb. am: 2.4.1893 in Breslau

Gründe:

Nach den eigenen Einlassungen des K. trat er 1931 aus Überzeugung der NSDAP bei und wurde bereits 1932 Zellenleiter. 1938 vertrat er für die Dauer von 4–5 Monaten den Ortsgruppenleiter für Danzig-Langfuhr. Er setzte sich jederzeit für die Ziele der Partei ein und wirkte in propagandistischer Hinsicht in der Öffentlichkeit.
Ab 1934 Finanzrevisor bei der DAF, 1935 durch Befürwortung der NSDAP eingestellt in die Abteilung Sozialwesen beim Senat in Danzig. 1936 zum Regierungsrat und 1938 zum Oberregierungsrat ernannt. Bis 1939 war er als »Treuhänder der Arbeit« tätig. In dieser Dienststellung arbeitete er eng mit der Geheimen Staatspolizei zusammen.
Im Jahre 1940 wurde der Verurteilte vom Reichsarbeitsministerium zur Behörde des Reichsstatthalters, Abt. Wirtschaft und Arbeit nach Posen versetzt. Hier war er erneut als »Treuhänder der Arbeit« für die polnische Bevölkerung tätig. Hier unterstand er dem Generalbevollmächtigten für Arbeitseinsatz, Sauckel. In dieser Stellung ist der Verurteilte verantwortlich gewesen für die Zwangsverschleppung polnischer Männer, Frauen und Kinder nach Deutschland. Es ist bekannt, daß diese Zwangsarbeiter unter menschenunwürdigen Bedingungen arbeiten mußten und ein großer Teil von ihnen durch Hunger und faschistischen Terror zu Grunde gingen. Für diese Tätigkeit wurde er 1941 ehrenhalber zum SS-Standartenführer ernannt.

4/4

Abschrift
Landgericht Chemnitz
in Waldheim
3. Grosse Strafkammer (201)

Azst.: StKs. 1585/50

IM NAMEN DES VOLKES!

In der Strafsache

gegen den am 15.7.92 in Berlin geborenen Reichsbeamten
Richard Carl
wohnhaft in Hohenneuendorf b. /Berlin,
in den Rotphulen 35/36
z. Zt. in Haft in Strafanstalt Waldheim

wegen Hauptverbrechens nach Direktive 38 und KG 10

hat die 3. Grosse Strafkammer (201) des Landgerichts Chemnitz in Waldheim in der öffentlichen Sitzung vom 6. Juni 1950, an der teilgenommen haben

1. Landrichter F.
(als Vorsitzender)
2. Landrichter G.
(als beisitzender Richter)
3. der Werkschutzmann Max G.
4. der Angestellte Paul B.
5. der Angestellte Fritz B.
(als Schöffen)

Staatsanwalt U.
(als Vertreter der Staatsanwaltschaft)

Angestellte S.
(als Urkundsbeamtin der Geschäftsstelle)

für Recht erkannt:

Der Angeklagte Richard Carl ist schuldig gem. Dir. 38 Abschn. II, Art. II, Ziff. 4 und 6 in Verbindung mit KG 1c, Art. II Ziff. 1c und 2b und c und wird deshalb als Hauptschuldiger eingestuft und zu einer Zuchthaus-

strafe von 15 Jahren (i. W. fünfzehn) verurteilt. Sein Vermögen wird eingezogen.
Ferner werden gegen ihn die obligatorischen Sühnemaßnahmen der Dir. 38 Art. VIII, Ziff. c–i verhängt, wovon die Ziff. g auf 10 Jahre beschränkt wird.
Die seit dem 10.2.50 erlittene U-Haft wird auf die erkannte Strafe im vollen Umfange angerechnet.
Die Kosten des Verfahrens trägt der Angeklagte.

Gründe:

Der Angeklagte ist der Sohn eines Kellners und Gastwirtes und hat die Volksschule besucht. Später war er noch Gasthörer bei verschiedenen Hochschulen und Universitäten. Durch diese Schulbildung kam er beim Auswärtigen Amt im Jahre 1911 eine Anstellung. Er kam u.a. in die deutschen Konsulate in Litauen, England und Amerika. Vor 1933 war er politisch nicht organisiert. Im Jahre 1933 kam der Angeklagte aus Amerika zurück und trat sofort freiwillig der NSDAP bei, und zur gleichen Zeit wurde er Mitglied der SA. In dieser Organisation wurde er schon nach wenigen Monaten Scharführer. Seine Schar von 8–10 Mann hatte er militärisch auszubilden. Im Jahre 1934 hatte der Angeklagte sich bereits ein solches Vertrauen bei der Parteiführung erworben, dass man ihn in der Organisation für deutsche Rückwanderer in der Auslandsorganisation der NSDAP einbaute. Noch im gleichen Jahre wurde er hauptamtlicher Hauptstellenleiter und trug auch die Uniform dazu. Er erfasste sämtliche Auslandsdeutschen, die nach Deutschland einwanderten listenmäßig, damit man diese Leute besser überwachen konnte. Die NSDAP fürchtete, dass unter ihnen Menschen sein könnten, die sich der deutschen Willkür ablehnend verhalten würden. Die Listen wurden dann dem Sicherheitshauptamt übergeben. Dieser Sachverhalt ist erwiesen durch die eigenen Angaben des Angeklagten sowie durch das Protokoll der sowj. Besatzungsmacht (Blatt 1 d. A.).
Der Angeklagte hat somit in der Auslandsorganisation als Hauptstellenleiter in einer führenden Stellung gearbeitet und gleichzeitig damit dem Naziregime die Möglichkeit gegeben, sich aller der Kräfte zu erwehren, die aufgrund ihrer Auslandstätigkeit mit den brutalen Massnahmen im deutschen Reiche nicht einverstanden erklären konnten. Die Menschen, die im Auslande gelebt haben, waren nicht dem Einfluss der deutschen Entwicklung unterlegen gewesen und konnten deshalb gefährlich werden. Diese Möglichkeit wurde durch eine Registrierung eingedämmt, da jeder bewacht werden konnte. Darin liegt eine ausserordentliche politische Unterstützung der faschistischen Gewaltherrschaft. Gleichzeitig damit hat der Angeklagte Beihilfe geleistet, für die

Verbrechen, die durch die Überwachungsorgane an den Menschen begangen haben, die über Deutschland enttäuscht gewesen sind. Im weiteren Ausmass liegt eine Beihilfe zu den Gesamtverbrechen der Faschisten vor, da durch die Tätigkeit des Angeklagten die Stellung des Faschismus gefestigt wurde und er so rigoroser seine verbrecherischen Massnahmen zur Durchführung gelangen lassen konnte. Der Angeklagte hat zu den Verbrechen des Faschismus anlässlich der Antifaschistenverfolgung im Jahre 1933 und innerhalb der Röhmaffäre 1934 zugestimmt, indem er Mitglied der NSDAP auch nach dieser Zeit blieb. Er war somit schuldig nach Dir. 38 Abschn. II, Art. II, Ziff. 4 und 6 sowie nach KG 10 Ziff. 1c und 2b und c.

Bei der Strafzumessung mussten insbesondere der Intelligenzgrad des Angeklagten sowie die Auswirkungen seiner Handlung straferschwerend berücksichtigt werden. Der Angeklagte hat durch seine Darstellung über sein Verhalten nach 1936 dem Gericht die Urteilsfindung erschwert. Er hat über diese Zeit eine so märchenhafte, mysteriöse Erklärung abgegeben, dass daraus keine Milderungsgründe hergeleitet werden konnten. Das Gericht hielt deshalb die erkannte Strafe für angemessen. Der Angeklagte rühmte sich grosser Verdienste in der Abwehr faschistischer Massnahmen und hätte für die sowjetische Besatzungsmacht gearbeitet, sô dass man ihn gelobt hätte und dass er auf freien Fuss gesetzt werden sollte. Da der Angeklagte von der Besatzungsmacht den deutschen Behörden zur Aburteilung übergeben wurde, hat bewiesen, dass der Angeklagte seine ganze Darstellung erfunden hat.

Die Einstufung des Angeklagten als Hauptschuldiger zieht die Verhängung der Sühnemassnahmen der Dir. 38 Art. VIII, Ziff. b–i nach sich. Aus der Ziff. b wird zu Wiedergutmachungszwecken die Vermögenseinziehung hergeleitet. Für die Ziff. g der obligatorischen Sühnemassnahmen wird die Mindestdauer für ausreichend erachtet.

Die Anrechnung der U-Haft entspricht der Billigkeit und ergibt sich aus § 60 StGB.

Die Kostenentscheidung beruht auf § 465 StPO.

gez. F gez. G.

4/5

Abschrift

Ausfertigung

Landgericht Chemnitz in Waldheim
11. Große Strafkammer
nach Befehl 201

Az.: 11. Gr. 132/50 StKs 1838/50

IM NAMEN DES VOLKES!

Strafsache

gegen den	am 18.9.1891 in Prenzlau geb. Erich Krumwiede, zuletzt wohnhaft in Bergen a. Rügen, Mühlenstraße 4, z.Zt. in Untersuchungshaft in der Haftanstalt Waldheim,
wegen	Hauptverbrechens nach Kontrollratsdirektive 38 und Kontrollratsgesetz Nr. 10

Das Landgericht 11. Große Strafkammer – nach Befehl 201 beim Landgericht Chemnitz in Waldheim hat in der Sitzung vom 13. Juni 1950, an der teilgenommen haben:

Landrichter H.
als Vorsitzender,

Landrichter P.
als Beisitzer,

Otto S., Angestellter
Josef K., Rentner

Wilhelm L. Polier
als Schöffen,

Staatsanwalt W.
als Vertreter der Staatsanwaltschaft,

J.-Angestellte S.
als Urkundsbeamtin der Geschäftsstelle,

für Recht erkannt:

Der am 18.9.1891 in Prenzlau geb. Erich *Krumwiede,* wird für schuldig befunden eines fortgesetzten Verbrechens nach KD. 38 Abschn. II Art. II Ziff. I in Verbindung mit KG 10 Art. II Ziff. 1 c und 2 a-d, er wird als

Hauptschuldiger gemäß Abschn. II Art. I Ziff. 1 der Direktive 38 eingestuft und zu

18 (achtzehn) Jahren Zuchthaus

kostenpflichtig verurteilt.

Desweiteren werden die obligat. Sühnemaßnahmen nach Art. VIII Ziff. II b–i verhangen, die unter g auf die Mindestdauer von 10 Jahren. Das Vermögen des Angeklagten wird bis auf die unpfändbaren Gegenstände zu Gunsten der DDR eingezogen.
Die erlittene Untersuchungshaft wird dem Angeklagten voll angerechnet.

Gründe

Als Sohn des Manufakturwarenhändlers ist der Angeklagte am 18.9.1891 geboren. Zunächst besuchte er die Volksschule, dann das Gymnasium und studierte im Anschluß in Göttingen, Leipzig und Marburg Jura. 1922 legte er sein Staatsexamen ab und fand dann Beschäftigung als Assessor bei verschiedenen Amtsgerichten. Von 1926 ab war er in Greifswald und in Bergen auf Rügen als Richter tätig. Nach der Machtübernahme verblieb er weiterhin im Dienst und war bis 1940 in Bergen als Richter tätig. 1940 wurde er Soldat und kam als Kriegsgerichtsrat zum Luftgaukommando 12. Der Standort dieses Kriegsgerichtes war in Wiesbaden und der Angeklagte hatte hier zunächst den Vorsitz. So standen folgende Fälle zur Verhandlung, Wachvergehen, Gehorsamsverweigerung und kleinere Delikte. In diesen Fällen hat der Angeklagte Gefängnisstrafen von einem Jahr ausgesprochen. Am 8.4.1940 übernahm er den Vorsitz des Kriegsgerichtes beim Luftgaukommando 3 in Berlin-Steglitz. Hier führte er insgesamt 600 bis 700 Verhandlungen wegen Wachvergehen, Gehorsamsverweigerung und Fahnenflucht durch. Bei Fahnenflucht hat er Zuchthausstrafen von 7 bis 8 Jahren und wegen anderer Delikte nur Gefängnisstrafen und Arreststrafen ausgeworfen. Aber nicht nur Delikte, wie Fahnenflucht und unerlaubte Entfernung standen zur Verhandlung, sondern der Angeklagte hat auch Wehrmachtsangehörige, die abfällige Äußerungen über die faschistische Staatsführung gemacht haben, mit hohen Strafen belegt. Er wollte damit die Manneszucht, die straffe Disziplin und das Rückgrad der Wehrmacht dadurch stärken. 1942 wurde der Angeklagte als Kriegsgerichtsrat abgelöst und kam nach Bergen auf Rügen, wo er als Amtsgerichtsrat nur in Zivilsachen bis zur Kapitulation tätig war. Todesstrafen hat der Angeklagte nicht ausgesprochen. Der Partei gehörte der Angeklagte nicht an, sondern war seit 1934 Mitglied des Rechtswahrerbundes und der NSV.
Dieser festgestellte Sachverhalt beruht auf den Aussagen des Angeklagten und Blatt 1 der Hauptakte.

Hiernach ist der Angeklagte überführt, aus politischen Beweggründen gegen Gegner der nat.-soz. Gewaltherrschaft Verbrechen begangen zu haben. Nachdem er sein Staatsexamen abgelegt hat, war er als Assessor und später als Richter bei verschiedenen Amtgerichten tätig. 1940 wurde er Soldat und kam zum Luftgaukommando 12, wo er den Dienst als Kriegsgerichtsrat beim Standort Wiesbaden versehen hat. Hier hat der Angeklagte wegen kleinster Vergehen und Fahnenflucht sowie unerlaubter Entfernung große Gefängnis- und Zuchthausstrafen ausgeworfen. Er hat damit das Rückgrad der Truppe stärken wollen. Er wußte, daß bei den Fahnenflüchtigen es sich um Gegner der NS-Gewaltherrschaft handelte. Trotzdem er nicht Mitglied der NSDAP war, billigte er diese Verbrechen und hat selbst Menschen die mit solchen Verbrechen nicht einverstanden waren, verurteilt. Dem Angeklagten waren desweiteren die Verhaftungen nach 1933 bekannt. Auch hier erklärte er sich mit diesen Verbrechen einverstanden, verblieb weiterhin im Amt und billigte alle diese Maßnahmen, um sich nur persönliche Vorteile dadurch zu verschaffen. Er war als Richter alleine in Bergen tätig und sagt aus, daß er keine Antifaschisten wegen Wahlpropaganda oder anderer Delikte im Jahre 1932 oder später verurteilt hat. Diesen Aussagen des Angeklagten kann man keinen Glauben schenken, zumal er in der heutigen Hauptverhandlung aussagt, daß er nicht Antifaschisten, sondern SA-Leute während dieser Zeit wegen verschiedener Vergehen verurteilt hat. Wenn der Angeklagte dieses getan hätte, so hätte er seine Stellung bis zu seiner Einberufung nicht inne gehabt und auch später nach seiner Entlassung aus dem Wehrdienst nicht wieder erhalten. Weil er aber diese Verbrechen billigte und selbst durch die von ihm gesprochenen Urteile mitmachte, hat er somit auch den Tatbestand des Art. II Ziff. 1 c und 2 a–d des KG 10 erfüllt.
Der Angeklagte, welcher nicht der NSDAP angehörte, hat sich als treuer Diener der NS-Gewaltherrschaft zur Verfügung gestellt und verurteilte während des Krieges Personen, die nicht mit den Gewaltmaßnahmen der NS-Gewaltherrschaft einverstanden waren. Da er als Jurist über einen bestimmten Bildungsgrad verfügt, ist seine Handlungsweise um desto verwerflicher. Aus diesen Gründen folgte das Gericht dem Antrage der Staatsanwaltschaft und verurteilte den Angeklagten zu der im Urteilstenor verkündeten Strafe. Da die Tat in Tateinheit zu werten ist und hier zwei Gesetze verletzt wurden, wurde die Strafe den schwersten Gesetz, und zwar dem KG. 10 und die ihm auferlegten Sühnemaßnahmen dem Art. VIII der Dir. 38 entnommen. Die Untersuchungshaft seit der Übergabe an die deutsche Verwaltung wurde dem Angeklagten gemäß § 60 StGB angerechnet. Sein Vermögen wird zur Wiedergutmachung eingezogen. Die Kostenentscheidung beruht auf § 465 St.C.

(gez.) H. (gez.) P.

4/6

Urteilsbegründung
2. kleine Strafkammer vom 6. Juni 1950 im Fall Günter Richter

Gründe

Der Angeklagte gehörte seit dem 20.4.40 dem Deutschen Jungvolk und seit dem 20.4.43 der Hitlerjugend an. Er nahm auch an dem Dienst zwecks Ausbildung regen Anteil. Nach dem Kriegsende, und zwar im Juli 1945, fand er im Walde, welcher sich in der Nähe seines Ortes befindet, eine Pistole mit 20 Schuß Munition. Diese Pistole, einschl. Munition versteckte er im Walde. Seine beiden Freunde, Rudolf Langer und Heinz Langer, besaßen ebenfalls je eine Pistole. Auch diese beiden versteckten ihre Pistolen im Walde. Der Angeklagte wußte, daß Schußwaffen und Munition der Besatzungsmacht abgegeben werden mußten. Aber auch noch einige andere Jugendliche waren im Besitz von Pistolen und versteckten diese ebenfalls. Da alle Jugendlichen der Hitlerjugend angehört hatten, lag der Verdacht nahe, daß sie diese Waffen für die noch zu gründende Wehrwolf-Organisation bereithalten wollten. Die Anklage wirft dem Angeklagten vor die Absicht gehabt zu haben, die Waffe gegen Funktionäre der heutigen demokratischen Republik zu richten. Der Angeklagte bestreitet das zwar, wird aber durch die Zeugenaussagen und durch den Auszug aus der Urkunde Bl. 1 der Akten überführt.
Auf Grund dieses Sachverhalts wurde der Angeklagte in die Gruppe der Verbrecher eingestuft, da er nach dem 8. Mai 1945 im Besitz einer Schußwaffe war, Propaganda für den Wehrwolf machte und die Absicht hatte Angehörige des demokratischen Staates zu erschiessen. Er hat somit den Frieden des deutschen Volkes gefährdet und war gem. Kontr. Dir. 38 Abschn. II Art. III A III in Verbindung mit Befehl 160 der SMAD vom 3.12.50 zu bestrafen.
Bei der Strafzumessung mußte in Betracht gezogen werden, daß durch die Gründung des Werwolfes, und zwar nach dem Zusammenbruch 1945, dem deutschen Volke erheblichen Schaden entstanden ist. Da der Wehrwolf die Aufgabe hat die terroristischen Maßnahmen der früheren faschistischen Gewalthaber illegal fortzusetzen, muß der Gefährlichkeit wegen bei der Beurteilung dieser Organisation, insbesondere zur Unschädlichmachung, ein besonderer Maßstab angelegt werden. Wenn der Angeklagte dennoch zu einer niederen Gefängnisstrafe verurteilt worden ist, so aus dem Grunde, weil er bei Begehung der Tat erst 16 Jahre alt war und seine Tat wohl mehr der Erziehung und der Beeinflussung durch frühere Faschisten zuzuschreiben ist.

Die ausgesetzte Gefängnisstrafe von 8 Jahren erfüllt den Strafzweck und kann als ausreichende Sühne betrachtet werden.
Die obligatorischen Sühnemaßnahmen ergeben sich zwingend aus der Kontr.Dir. 38, Art. 9, Ziffer 3–9, die Einziehung des Vermögens aus Ziffer 2.
Die Anrechnung der Untersuchungshaft beruht auf § 60 StGB.
Die Kostenentscheidung rechtfertigt § 465 StGB.

gez. P.

Urteilsbegründung
2. kleine Strafkammer vom 3. Juni 1950 im Fall Rudolf Hinrichs

Gründe

Der Angeklagte trat am 1. April 1943 in den staatlichen Rennstall Graditz in Hoppegarten in die Lehre, um Jockay zu werden. Der Rennstall wurde am 5. Februar 1945 nach Celle bei Hannover verlegt. Der Angeklagte war von 1938 bis 1943 Mitglied des Jungvolkes und wurde dann automatisch in die Hitlerjugend übernommen. Auf Grund seiner Aktivität als Hitlerjunge wurde er am 27. März 1945 in ein Wehrertüchtigungslager versetzt, und genoß dort seine Wehrausbildung. Später wurde das Lager nach Rensburg in Schlesw.Holstein verlegt. Hier geriet er in amerikanische Gefangenschaft und wurde unmittelbar nach dieser Gefangennahme entlassen. Er begab sich dann wieder nach Celle, in der Annahme, dort seine Lehre fortsetzen zu können. In Celle angekommen, mußte er feststellen, daß sämtliche Pferde von den Amerikanern beschlagnahmt und abtransportiert worden waren. Er blieb noch bis Dezember 1945 in Celle und reiste dann nach Berlin zu seinen dort wohnenden Eltern. Hier hielt er sich 4 Tage auf, ohne sich polizeilich gemeldet zu haben; dann wurde er verhaftet. Der Angeklagte bestreitet ganz entschieden irgend einen Auftrag seitens der westlichen Besatzungsmächte erhalten zu haben. Er will lediglich Heimweh bekommen haben und ist daraufhin nach Berlin zu seinen Eltern zurückgekehrt.
Feststeht, daß der Angeklagte trotz seiner jungen Jahre, sich in der Hitlerjugend aktiv betätigt hat und durch Tragen der Militäruniform die Absicht kund tat, noch in den letzten Tagen des Krieges, sich am Kampf zu beteiligen. Dieser Sachverhalt wurde auf Grund eigener Angaben des Angeklagten festgestellt. Er mußte somit in die Gruppe der Aktivisten eingestuft werden, da er durch seine Tätigkeit die nat.soz. Gewaltherrschaft wesentlich gefördert hat.
Verbrechen nach Kontr.Dir. 38, Abschn. II, Art. III Ziffer 1.
Bei der Strafzumessung mußte in Betracht gezogen werden, daß der Angeklagte bei seinen Handlungen noch sehr jung war. Auch ist seine Tat bezüglich des Einsatzes im Kriege nicht zur Vollendung gekommen. Andererseits steht aber fest, daß er auf Grund seiner Bildung für seine aktive Tätigkeit in der HJ voll verantwortlich zu machen ist. Die ausgesetzte Gefängnisstrafe von 8 Jahren kann als ausreichende Sühne betrachtet werden.
Die obligatorischen Sühnemaßnahmen ergeben sich zwingend aus der

Kontr.Dir. 38, Art. 9, Ziffer 3–9, die Einziehung des Vermögens aus Ziffer 2.
Die Anrechnung der Untersuchungshaft beruht auf § 60 StGB, die Kostenentscheidung rechtfertigt § 465 StPO.

gez. P.

4/8

Leiter des U.-Organs Waldheim, den 13.7.1950

An die
Abteilung Staatliche Verwaltung
z. Hd. des Genossen H.
Berlin

Betr.: Ehemaligen Oberinspektir bei der Sicherheitspolizei Breslau (RSHA) Sch., Hellmuth, geb. 18.7.1913 in Tsingtau (China)

Mit Schreiben vom 19. Juni 1950 verständigte die Polnische Diplomatische Mission das Ministerium für Auswärtige Angelegenheiten, daß am 20. Juni dieses Jahres, um 10.00 Uhr in Berlin auf dem Schlesischen Bahnhof mit einem Zug aus Warschau 15 Kriegsverbrecher eintreffen, von denen 14 ihre Strafe verbüßt haben und den englischen Behörden an der Grenzstation Marienborn/Helmstedt zu übergeben sind. Der Fünfzehnte, ein gewisser Sch., geb. am 18.7.1913, ein ehemaliger SS-Obersturmführer, wurde am 27.4.1948 von den sowjetischen Behörden an die polnische Behörde übergeben.
Soweit das Schreiben der Polnischen Diplomatischen Mission.
Auf Anweisung des kommissarischen Chefs der Deutschen Volkspolizei, Herrn Generalinspekteur Seifert, ist Sch., dem U.-Organ Waldheim übergeben worden zur Anklageerhebung und Aburteilung durch die zur Zeit noch tätigen Strafkammern des Landgerichtes Chemnitz in Waldheim.
Mit Datum vom 8.7.1950 wurde Anklage erhoben auf Grund des Befehls 201 der SMAD vom 16.8.47 in Verbindung mit der Kontrollratsdirektive 38 vom 12.10.46 und Kontrollratsgesetz Nr. 10 vom 20.12.45.
Der Fall wurde vom Ob.STA. Krügelstein der 3. Großen Strafkammer, Vorsitzender Landrichter F., Beisitzer Richter W., zur Verhandlung übergeben.
Trotz des klaren Sachverhaltes weigerte sich die Strafkammer den Fall weiter zu verhandeln und vertagte die Verhandlung bei Beginn der Beweisaufnahme.

Gründe

Beisitzer W. führte aus, daß dieser Fall zu diplomatischen Verwicklungen mit der Volksrepublik Polen führen kann, da Sch. vor dem Lubliner Bezirksgericht freigesprochen wurde wegen Zugehörigkeit zur SS, NSDAP und auch keine Kriegsverbrechen begangen hat. W., wie auch

der Vorsitzende F., zweifeln an, daß der Chef der Volkspolizei berechtigt ist, eine solche Anweisung zur Aburteilung zu geben, da der Betreffende eben bereits freigesprochen wurde. Beide verlangten eine schriftliche Genehmigung von Seiten der sowjetischen Kontrollkommission für die Aburteilung. Dabei äußerte sich W. wörtlich, er würde sich von der sowjetischen Kontrollkommission nicht einsperren lassen.
W. vertritt den Standpunkt, daß S c h . nicht hätte den Organen der DDR übergeben werden müssen, sondern der sowjetischen Kontrollkommission, da ihn die polnischen Behörden von derselben übernommen haben.
Beide äußerten sich, wenn die Partei einverstanden wäre, würden sie die Verurteilung durchführen.

Nach Ansicht des U.-Organs kann eine Aburteilung nach dem Befehl 201 durchgeführt werden, unabhängig von dem Freispruch in Polen. Wenn dem Betreffenden in Polen keine Kriegsverbrechen nachzuweisen sind, so beweist das nicht seine Unschuld während seiner Tätigkeit in Deutschland.
Zweifellos hat S c h . als Angehöriger der SA seit 1933, ehemaliger SS-Obersturmführer, Oberinspektor der Sicherheitspolizei in Breslau eine Tätigkeit ausgeübt, die den Nationalsozialismus außerordentlich förderte und in diesem Sinne ist er entsprechend zu verurteilen.
Eine Freilassung kann nicht in Frage kommen, da sich Sch. bei der Vernehmung äußerst aggressiv benommen hat und sich als Bürger des westdeutschen Staatenverbandes bezeichnete und demnach nicht der Gerichtsbarkeit der DDR unterliegen würde.
Sch. ist der typisch angeblich unpolitische Beamte, der immer nur im Verwaltungsdienst tätig gewesen sein will. Er hat aber jahrelang als Sachbearbeiter in der Personalabteilung des Reichssicherheitshauptamtes, Abteilung Sicherheitspolizei, gearbeitet. In dieser Dienststellung muß er auch Mitglied der NSDAP gewesen sein, obwohl er es leugnet. Bei einer Freilassung würde der Betreffende auf Grund seiner Kenntnisse in den westlichen reaktionären Machtapparat eingebaut werden und somit gegen die DDR kämpfen.

(Marquardt)
VP.-Inspekteur

Hauptverwaltung Deutsche Volkspolizei
Hauptabteilung HS Waldheim, den 14.7.1950
Untersuchungsorgan Waldheim

Betrifft: Abschluß-Bericht über die Durchführung der Kriegs- und Nazi-Verbrecher-Prozesse in Waldheim in der Zeit vom 1.4. bis 15.7.1950.

In den Monaten Januar und Februar ds. Js. wurden von der SKK aus den aufgelösten Internierungslagern der Hauptverwaltung Deutsche Volkspolizei – Hauptabteilung HS – 3442 Kriegs- und Nazi-Verbrecher übergeben zur weiteren Untersuchung und evtl. Aburteilung durch die Organe der Justiz nach der Kontrollrats-Direktive 38 und dem Befehl 201.
Zu diesem Zweck wurde die Haftanstalt Waldheim/Sa. als Untersuchungsgefängnis eingerichtet und die übergebenen Kriegsverbrecher dort in Untersuchungshaft gebracht.
Nach dem Befehl 201 hat die Volkspolizei als Untersuchungsorgan die Anklage zu erheben. Zur Durchführung dieser Aufgabe wurde das Untersuchungs-Organ Waldheim gebildet und bewährte VP-Angehörige aus allen Landesbehörden der Volkspolizei nach Waldheim abgeordnet.
Durch Generalinspekteur Meyer, welcher persönlich in Waldheim anwesend war und die Richtlinien für die Arbeit des U.-Organs festlegte, wurde VP-Inspekteur Mellmann – stellvertretender Leiter der Hauptabteilung K – mit der Leitung des U.-Organs betraut. Als Stellvertreter wurde der Unterzeichnende von der Hauptabteilung HS bestimmt.

Das U.-Organ setzte sich zusammen aus	97	VP-Angehörigen, abgeordnet aus den einzelnen Landesbehörden der VP
	und 101	VP-Angehörige einschl. Lehrer der VP-Schule für Kriminalistik Arnsdorf
	Gesamtstücke: 200	

Ausserdem waren noch 60 VP-Angehörige als Wachkommando für das Justiz-Gebäude tätig, welche auch gleichzeitig den Justiz-Dienst versahen und die Häftlinge zuführten.
Um die gestellte Frist von 4 Wochen einzuhalten, d. h. für 3442 Kriegs- und Nazi-Verbrecher Vernehmungen durchzuführen und Anklage-Schriften zu erstellen, mussten täglich 142 Vorgänge zur Übergabe an die Justiz abgeschlossen werden.
Diese Aufgabe konnte nur gelöst werden durch eine gute Einteilung und Organisierung der Arbeit, welche einen reibungslosen Ablauf gewährleistete.
Das U.-Organ wurde deshalb in 3 Arbeitsgruppen und 1 Kontroll-Abteilung – welche die fertigen Vorgänge vor Abgabe an die Justiz auf ihre Richtigkeit überprüfte – eingeteilt.
Von der SKK war bei der Überstellung dieser Kriegsverbrecher über Jeden ein beglaubigter Auszug übergeben worden, der das bisherige Ermittlungsergebnis enthielt. Die sowjetischen Organe haben diese Ermittlungen mit grösster Genauigkeit und Sorgfalt geführt und in mühevoller Kleinarbeit die Beweise für die Schuld der übergebenen Verbrecher erbracht.
Dieser Auszug wurde zur Grundlage der Arbeit des U.-Organs gemacht. Fast ausnahmslos konnten die Beschuldigten an Hand dieses Auszuges bei ihren Vernehmungen der ihnen zur Last gelegten Verbrechen überführt werden.

Arbeit der Justiz

Zur Aburteilung dieser Kriegsverbrecher stand den Organen der Justiz eine Frist von 6 Wochen zur Verfügung. Für die Zeit dieser Prozesse waren vom Justizministerium der DDR Frau Dr. Heinze – Hauptabteilungsleiterin – und Oberreferent Reisler in Waldheim anwesend.
Entsprechend den gesetzlichen Bestimmungen wurde das Landgericht Chemnitz mit der Durchführung dieser Prozesse beauftragt und bildete zu diesem Zweck 12 Grosse und 8 Kleine Strafkammern mit Sitz in Waldheim.

Es waren tätig:	Staatsanwälte	18
	Richter	37
	Schöffen	29
	Schreib- u. Verwaltungs-Kräfte	46
	insgesamt:	130

Am 26.4.1950 nahmen die Kammern ihre Tätigkeit auf und tagten jeden 2. Tag. In der Zeit bis zum 14.7.1950 wurden insgesamt 3324 Kriegsverbrecher rechtskräftig verurteilt.
davon

bis 4 Jahre	5
von 5–9 Jahre	290
von 10–14 Jahre	947
von 15–25 Jahre	1 901
lebenslänglich Zuchthaus	146
Todesstrafe	33
Unterbringung in eine Heil- und Pflegeanstalt als geistesgestört:	2
	3 324

Ende Mai 1950 nahm das Oberlandesgericht Chemnitz mit Sitz in Waldheim als Revisionssenat seine Tätigkeit auf. Insgesamt wurden bearbeitet bis zum 14.7.1950 1 317 Revisionsverfahren.

Davon wurden eingelegt:

I.	allein von der Staatsanwaltschaft	123
II.	durch den angeklagten und der Staatsanwaltschaft (vorsorglich)	1156
III.	beiderseits durch Staatsanwalt u. Angeklagten	38
		1317 Revisionen.

Vom Oberlandesgericht als Revisionssenat wurden zurückverwiesen an die Kammern zur nochmaligen Verhandlung 159
In 154 Fällen wurde bei nochmaliger Verhandlung die Strafe erheblich erhöht. In 5 Fällen wurde die Todesstrafe aufgehoben und

in 3 Fällen	in lebenslänglich Zuchthaus
in 1 Fall	in 25 Jahre Zuchthaus
und 1 Fall	in Überweisung in die Heil- und Pflegeanstalt

umgewandelt.

Alle Verhandlungen waren öffentlich. Zu diesem Zweck wurden Einlaß-Karten vom Landgericht Chemnitz herausgegeben. Auf Grund der beengten Räumlichkeiten konnte das Publikum nur in beschränktem Umfange den Verhandlungen beiwohnen.

Auf Grund des grossen Interesses, welches aus der breiten Öffentlichkeit den Prozessen in Waldheim entgegengebracht wurde, sind vom 20.6. bis 29.6.1950 im Rathaussaal Waldheim 10 Verhandlungen vor erweiterter Öffentlichkeit durchgeführt worden.
Bei diesen Verhandlungen war die demokratische Presse anwesend, des weiteren bei einigen auch der Rundfunk und der Augenzeuge.
Vom FDGB erschienen Delegationen aus den Betrieben von Waldheim, Döbeln, Dresden, Meissen und Leipzig. Insgesamt waren ständig ca. 120 Personen als Zuhörer anwesend.
Die Sicherung der Verhandlungen lag in den Händen des U.-Organs.

Insgesamt sind bei diesen Verhandlungen im Rathaus-Saal Waldheim folgende Strafen ausgeworfen worden:

8 Jahre Zuchthaus	12 Jahre Zuchth.	15 Jahre Zuchth.	25 Jahre Zuchth.	lebenslängl. Zuchth	Todesstrafe
1	1	1	1	3	3

Es ist zu keinerlei Störungen oder Provokationen von Seiten antidemokratischer Kräfte gekommen.

<u>Arbeit des U.-Organs:</u>
Die VP-Angehörigen des U.-Organs gingen im Durchschnitt gesehen mit dem notwendigen politischen Bewusstsein und Diensteifer an die Lösung der ihnen gestellten Aufgaben.
VP-Inspekteur Mellmann war auf Grund seiner guten Kenntnis des Befehls 201 in der Lage, den VP-Angehörigen laufend eine gute Anleitung und praktische Hilfe zu geben. Es wurden ständig Dienstbesprechungen durchgeführt, Fehler und Mängel der Tagesarbeit aufgezeigt und Hinweise zu ihrer Beseitigung von der Leitung des U.-Organs gegeben.
Als Mangel stellte sich heraus, dass einige VP-Angehörige nicht in genügendem Masse mit den historischen Begebenheiten der Weimarer Republik und der faschistischen Gewaltherrschaft vertraut waren.
Unter den Arbeitsgruppen wurde ein Wettbewerb organisiert unter Zugrundelegung von Einzel- und Kollektiv-Leistungen mit dem Ziel, die Arbeit ständig zu qualifizieren.

Zum Tag der Volkspolizei wurden für besonders gute Leistungen auf Vorschlag der Leitung des U.-Organs von dem verstorbenen Chef der Deutschen Volkspolizei, Dr. Fischer, ausgezeichnet:

Mit dem Ehrenzeichen	15 Angehörige des U.-Organs,	
	davon	9 Lehrgangsteilnehmer und 3 Lehrer der VP-Schule für Kriminalistik
mit Geldprämien der Stufe I	10 Angehörige des U.-Organs	
	davon	6 Lehrgangsteilnehmer und 2 Lehrer der VP-Schule für Kriminalistik
mit Geldprämien der Stufe II	25 Angehörige des U.-Organs	
	davon	11 Lehrgangsteilnehmer der VP-Schule für Kriminalistik
mit Geldprämien der Stufe III	22 Angehörige des U.-Organs	
	davon	14 Lehrgangsteilnehmer der VP-Schule für Kriminalistik
mit einer Armbanduhr	5 Lehrgangsteilnehmer der VP-Schule für Kriminalistik	

Bei einer Gesamtstärke von 200 Angehörigen des U.-Organs wurden ausgezeichnet

VP-Angehörige aus den Landesbehörden der Volkspolizei	27
von der Schule für Kriminalistik Arnsdorf	50
zusammen:	77

also fast 30 % der Gesamtstärke.

Alle VP-Angehörigen mit wenigen Ausnahmen sind im Verlauf ihrer Arbeit mit ihren Aufgaben gewachsen und haben zweifellos ihre fachlichen Kenntnisse wie auch ihr politisches Bewusstsein verbessert.
Die Disziplin war gut und die VP-Angehörigen hielten sich im grossen und ganzen an die ihnen von der Leitung gegebenen Richtlinien über ihr Verhalten und Auftreten in der Öffentlichkeit in Waldheim. In 3 Fällen musste disziplinarisch eingeschritten werden, da sich die Betreffenden grobe Pflichtverletzungen zuschulden kommen liessen. Sie wurden ihren Dienststellen überstellt. Davon führte 1 Fall zu Entlassung aus der Volkspolizei.
Die geleistete Arbeit der VP-Angehörigen ist besonders hoch zu bewerten, wenn in Betracht gezogen wird die räumlichen Verhältnisse, unter

denen gearbeitet werden musste. Die Schreibkräfte wie auch Vernehmer haben in engen Zellen von morgens 7,00 Uhr bis 23,00 Uhr abends und oftmals darüber hinaus bei elektrischer Beleuchtung auch tagsüber ununterbrochen mit einer Mittagspause von meistens nur 20 Minuten gearbeitet.

Aus gesundheitlichen Gründen mussten die Räume dauernd desinfiziert werden, was natürlich keine angenehme Luft schaffte.

Hierbei muss besonders das kameradschaftliche Verhalten untereinander hervorgehoben werden. Jeder war bestrebt, dem Anderen bei der Durchführung seiner Arbeit zu helfen und unnötige Reibereien zu vermeiden.

Zur Koordinierung der Arbeit mit der Justiz wurde eine Kommission geschaffen, der die Leitung des U.-Organs, die Leitung der Justiz, und zwar Frau Dr. Heinze und Oberreferent Reisler, sowie Oberstaatsanwalt Krügelstein, und vom Zentralsekretariat der Partei der Gen. Hentschel angehörten.

Eine grosse Hilfe für die Durchführung der gesamten Aufgaben war der Genosse Hentschel, welcher für die ganze Zeit mit kurzen Unterbrechungen in Waldheim anwesend war und ständig die notwendige politische Anleitung und Hilfe gab.

Die Leitung des U.-Organs nahm auch an den Besprechungen der Justiz, wo Richter und Staatsanwälte anwesend waren, teil, um Mängel und Schwächen der Anklage-Schriften abzustellen, andererseits auch der Justiz Hinweise zu geben für eine gerechte Urteilsfindung.

Frau Dr. Heinze, Oberreferent Reisler sowie auch Oberstaatsanwalt Krügelstein waren gleichfalls ständig bemüht, den einzelnen Kammern, ohne sie in ihrer Selbständigkeit zu beeinträchtigen, die notwendige Anleitung zu geben.

Anfang Juni kam der Justizminister Fechner nach Waldheim und nahm an einigen Verhandlungen der Strafkammern teil. Er äusserte sich anerkennend über die korrekte Durchführung der Verfahren.

Ebenfalls war Staatssekretär Dr.Dr. Brandt vom Justiz-Ministerium 1 Tag anwesend und nahm an den Verhandlungen der Kammern teil, wobei er sich gleichfalls zufriedenstellend äusserte.

Während der Verhandlungen in erweitertem Rahmen der Öffentlichkeit war der Herr Generalstaatsanwalt der DDR, Dr. Malzheimer sowie die Fizepräsidentin des Obersten Gerichts, Frau Hilde Benjamin, der Vorsitzende des Obersten Gerichts, Dr. Schuhmann und der Justizminister der DDR, Herr Fechner anwesend. Alle Genannten sprachen sich anerkennend über die Arbeit der Strafkammern aus.

Die Leitung der Strafanstalt unterstützte die Arbeit des U.-Organs in Bezug auf Ausstattung der Räumlichkeiten und war auch sonst bestrebt, beizutragen an der Erfüllung dieser großen Aufgabe. Das Verhältnis zum U.-Organ war jederzeit ein gutes.

Um über die Stimmung der Bevölkerung orientiert zu sein, wie auch auf Agenten und reaktionäre Kräfte zu achten, wurden 5 VP-Angehörige zu besonderen Zwecken eingesetzt. 2 Personen – 1 Mann und 1 Frau aus Berlin – wurden Anfang Mai verhaftet, da sie versucht hatten, einen VP-Angehörigen zu bestechen, um einem in der Strafanstalt Waldheim einsitzenden Häftling einen Brief zuzustellen. Beide wurden dem Organ der Staatssicherheit in Döbeln übergeben.
Der VP-Angehörige wurde anlässlich des Tages der Volkspolizei durch eine Geldprämie für sein Verhalten ausgezeichnet.
Ein angeblicher Student aus Leipzig namens K. machte sich verdächtig, indem er versuchte, Informationen über die Prozesse von VP-Angehörigen zu sammeln. Auch hier wurden die Staatssicherheits-Organe Döbeln verständigt, welche die weitere Beobachtung übernahmen.
Ausser diesen Vorfällen sind keine besonderen Umtriebe reaktionärer Kräfte festgestellt worden.
Im Grossen gesehen war die Bevölkerung in Waldheim und auch die Betriebsdelegationen positiv zu den ausgesprochenen Strafen eingestellt. Besonders die Betriebsdelegationen nahmen mit Empörung während der Prozesse vor erweiterter Öffentlichkeit Kenntnis von den begangenen Grausamkeiten der faschistischen Verbrecher.
Der gestellte Termin, von Seiten des U.-Organs bis zum 22.5.50 alle Anklage-Schriften zu erstellen, konnte nicht ganz eingehalten werden, jedoch waren bis Mitte Juni alle Anklagen erhoben.
Der gestellte Termin für die Justiz wurde Überschritten auf Grund der zahlreichen Revisionsanträge, jedoch sind mit Datum vom 14.7.1950 alle übergebenen Kriegsverbrecher rechtskräftig verurteilt bis auf 72, die auf Grund ärztlicher Gutachten z. Zt. nicht verhandlungsfähig sind, und gegen die Haftbefehl von Seiten des U.-Organs in Verbindung mit der Justiz erlassen wurde.
Während der Untersuchungshaft sind 43 Häftlinge verstorben. In 2 Fällen wurde von einer Verurteilung abgesehen, da 1 Untersuchungshäftling die amerikanische und der andere die sowjetische Staatsangehörigkeit hat. Beide Fälle wurden der SKK unterbreitet.
Als Schlussbetrachtung kann gesagt werden, dass eine große Aufgabe in verhältnismässig kurzer Zeit zufriedenstellend gelöst worden ist.

Leiter des Untersuchungsorgans
(M.)
VP-Inspekteur

Kapitel 5

»Waldheim, das war der Gipfel der Niederträchtigkeit«

Am 20. Juli 1950, einem Donnerstag, durften die 31 Todeskandidaten vor ihren Zellen auf dem Hocker unter Aufsicht des Wachpersonals ihre Gnadengesuche schreiben. Bis auf W. Klitzke machten alle davon Gebrauch.[1] Zwei Seiten standen jedem zur Verfügung, um seine Gründe für eine mögliche Begnadigung zu formulieren. Aus den meisten Schreiben ging nicht hervor, an wen sie gerichtet waren.[2] Ein Blick in die Akten ließ beim Verfasser den Verdacht aufkommen, daß man wie bei den Prozessen den Anschein erwecken wollte, alles verliefe nach Recht und Gesetz. Jeder zum Tode Verurteilte sollte ein Gnadengesuch schreiben können, ohne daß diese Aktion eine reale Chance hatte, etwas zu bewirken.

Die Angehörigen der zum Tode Verurteilten bemühten sich in vielen Fällen ebenfalls darum, durch Gnadengesuche eine Umwandlung der Todesstrafe in eine Freiheitsstrafe zu erbitten. Die Aussicht, auf diesem Wege Unterstützung und Hilfe zu finden, blieb im Grunde gering. Eine der betroffenen Ehefrauen schilderte in einem Brief an den Ministerpräsidenten des Landes Sachsen, wie es ihr bei dem Versuch erging, für ihren Mann etwas zu tun. »Wie ich die Nachricht von der Verurteilung erhielt, bin ich sofort nach Berlin gefahren und habe alles versucht, um meinem Mann zu helfen. Erreichte aber nichts. Es gelang mir weder den Herrn Staatssekretär noch den Herrn Justizminister zu sprechen. Am 25. 8. war ich in Dresden, um Sie, Herr Ministerpräsident, zu sprechen. Sie waren in Berlin, wurde mir gesagt, und ich sprach Herrn Staatssekretär Dreger.«[3] Das war kein Einzelfall. Auf solche Bemühungen der Angehörigen, auf dem Gnadenweg die drohende Vollstreckung des Todesurteils aufzuhalten, erfolgte oft keine Antwort, weil sich niemand dafür zuständig fühlte.

Ein anschauliches Beispiel dafür lieferte ein Brief des Justizministers des Landes Sachsen, J. Dieckmann, vom 21. Juli 1950. Als bei ihm in Dresden ein solches Gesuch einging, schrieb er an den Justizminister der DDR in Berlin: »Das sächsische Ministerium der Justiz ist nicht in der Lage, zu dem Gnadengesuch Stellung zu nehmen, da die hier in Frage kommenden Waldheimer Prozesse von einem Justizkollegium abgewickelt worden sind, dessen personelle Zusammensetzung und dessen Arbeitsrichtlinien vom Ministerium der Republik bestimmt worden sind. Das sächsische Ministerium der Justiz war demgemäß an der Durchführung dieser Prozesse, bei denen es sich um die Aburteilung der in deutsche Hand überführte ehemalige Internierten handelte, nicht beteiligt und hat infolgedessen auch keine Möglichkeit der Akteneinsicht usw.«[4] Der sächsische Justizminister versuchte damit erst einmal, den Vorgang nach Berlin abzuschieben. Daß ihm dies nicht gelingen würde, ahnte er zu diesem Zeitpunkt noch nicht.

Dieses Gerangel um die Zuständigkeit und das Hinhalten der um Gnade bittenden Angehörigen ging sogar in manchen Fällen dann noch weiter, als die Todesurteile schon längst vollstreckt waren. Der Rechtsanwalt von Frau E. Schneider, Ehefrau des zum Tode verurteilten K. Schneider, wandte sich noch am 4. Dezember 1950 an die Landesregierung Sachsen, um eine Begnadigung zu erwirken, nachdem die Präsidialkanzlei in Berlin auf die Zuständigkeit der Regierung in Sachsen verwiesen hatte.

Die Bitten und Gnadengesuche blieben wohl insgesamt ohne nennenswerte Reaktion. Man nahm sie nach der Festlegung einer zuständigen Instanz zur Kenntnis, aber Zweifel an den Urteilen oder sogar ihre Revisionen standen nicht zur Debatte. Worauf viele Betroffene hofften, brachte ein Rechtsanwalt aus Dresden in seinem Brief vom 25. Oktober 1950 an den Präsidenten der DDR, W. Pieck, zum Ausdruck. Er vertrat vier Frauen zum Tode Verurteilter und bat W. Pieck in deren

Namen darum, einen Gnadenerweis nur dann zu verweigern, wenn er auch nach seiner eigenen Auffassung und Überzeugung es wirklich nicht für angebracht hielt, die Todesstrafe in eine Freiheitsstrafe umzuwandeln.

»Die Frauen«, hieß es weiter in diesem Brief, »der Verurteilten leiden unsäglich unter der Ungewißheit, in die das Todesurteil, welches in den meisten Fällen bereits im Juli verhängt wurde, sie versetzt hat. Sie erhielten in allen mir bekannten Fällen die Mitteilung auf einer Karte mit 15 Worten in Blockschrift, jedoch keinerlei amtliche Mitteilung, welches Verbrechen ihren Männern zur Last gelegt wurde. Selbstverständlich klammern sie sich alle an die Möglichkeit eines Gnadenerweises und hoffen von Tag zu Tag, dass ihnen eine Mitteilung hierrüber wird.

Wenn ich Sie deshalb bitte, den Angehörigen der Verurteilten des Bewusstsein einer nach jeder Richtung hin einwandfreien Prüfung ihrer Gesuche zu geben und dafür zu sorgen, dass sie mindestens in die Lage versetzt werden, alles, was an entlastendem Material vorhanden wäre und vielleicht doch in manchen Fällen zu einer anderen Beurteilung des Anklagematerials führen würde, vorzulegen, tue ich dies aus meinem menschlichen Pflichtbewusstsein heraus.«[5]

Keiner der Verantwortlichen in der SED-Führung, im MdI oder im MdJ wollte eine ernsthafte Überprüfung der in Waldheim gefällten Urteile, die inzwischen als »rechtskräftig« galten. In den Prozessen war man ohne Entlastungszeugen ausgekommen. Wozu jetzt nach solchen suchen oder sogar Gnade vor Recht ergehen lassen? Was die Angehörigen zur Entlastung vorbrachten, zählte wohl kaum und reichte nicht aus, wenigstens bei den Todesurteilen noch einmal genauere Untersuchungen einzuleiten. Die Entscheidungen darüber, welche Todesurteile zu vollstrecken waren und welche nicht, mußten schnell fallen, damit die leidige Aktion auch in dieser Richtung abgeschlossen werden konnte.

Mit der Erklärung vom 15. Juli 1950, daß die Urteile vollstreckbar sind, begannen die ersten Aktivitäten, um die Vermögenseinzüge in die Wege zu leiten. Auf der Grundlage der

Vermögenserklärung, die jeder Häftling vor dem Prozeß gemacht hatte, wurden vorrangig erst einmal jene Personen ausgesucht, bei denen etwas zu holen war. Die Geschäftsstelle beim Landgericht Chemnitz fertigte Teilabschriften der Urteile an und schickte diese zur Vollstreckung an die Innenministerien der Länder, Hauptabteilung Amt zum Schutz des Volkseigentums. Von dort aus bekamen die entsprechenden Dienststellen in den Kreisen den Auftrag, die Einziehung des Vermögens vorzunehmen.

So wie am Beispiel des Falles von R. Ahlers[6] geschildert, in Waldheim wegen seiner Tätigkeit als Schriftsteller verurteilt, lief der Vermögenseinzug ebenfalls bei vielen anderen Familien der Verurteilten ab. (Dok. 5/1) Die Vollstreckungen dieser Festlegungen der Waldheimurteile zogen sich bis 1951 hin. In manchen Fällen erfolgte sie sogar erst Mitte der fünfziger Jahre. Die zuständigen Abteilungen zum Schutz des Volkseigentums prüften selbst dort in vielen Fällen nach, wo die in Waldheim abgegebene Erklärung keine Angaben über Vermögenswerte enthielt. Man nahm noch nicht einmal Rücksicht, wenn die Betroffenen inzwischen verstorben oder die Todesstrafen vollstreckt waren.[7]

Während die Aktivitäten zum Vermögensentzug begannen, fand das Gerangel um das Schicksal der zum Tode Verurteilten zwischen den Justizministerien in Dresden und Berlin seine Fortsetzung. Der Regierung der DDR in Berlin lag seit Anfang Juli 1950 der von O. Nuschke und den CDU-Ministern initiierte Antrag vor, die Waldheim-Urteile für rechtsungültig zu erklären und sämtliche Prozesse öffentlich und ordnungsgemäß nochmals zu verhandeln. Bei einer Behandlung der Gnadengesuche der Verurteilten oder von deren Angehörigen in diesem Gremium hätte wahrscheinlich die Gefahr bestanden, daß die Zweifel am rechtmäßigen Verlauf der Aktion in Waldheim neue Nahrung bekamen. Die Verantwortlichen in der SED-Spitze sorgten dafür, daß die Entscheidungen über die Gnadensachen nun die Regierung des Landes Sachsen übernehmen mußte.

Alle Bemühungen des sächsischen Justizministers, sich dieser heiklen Aufgabe wieder zu entledigen, scheiterten. Am 3. August 1950 unternahm er einen letzten Versuch, den Präsidenten der DDR davon zu überzeugen, daß nicht die Regierung Sachsens zuständig sein kann. Aber gerade in dessen Kanzlei war man schon am 17. Juli 1950 zu der Auffassung gekommen, daß das Begnadigungsrecht dem Ministerrat des Landes Sachsen zusteht. Gern schloß man sich im MdI und im Justizministerium in Berlin dieser Auffassung an.

Der Chef der DVP teilte dem Ministerpräsidenten Sachsens, M. Seydewitz, am 11. August 1950 mit, daß die Auszüge aus den Gerichtsakten für das Kabinett zur Beschlußfassung über die Vollstreckung der Todesurteile bereitgestellt werden. Damit die Minister in Dresden sich nicht allzu viele Gedanken machten, regte er zugleich an, wie zu verfahren sei. »Bei den verurteilten Kriegs- und Naziverbrechern handelt es sich um fanatische Anhänger des Faschismus, welche laufend bedenkenlos die schwersten Verbrechen gegen die Menschlichkeit begangen haben und heute noch fanatische Faschisten, Feinde des Friedens und Gegner unserer demokratischen Ordnung sind. Sie stellen somit eine Gefahr für den Frieden und eine fortschrittliche, demokratische Entwicklung in Deutschland dar.« Und damit es kein Zweifel gab, was man in Berlin erwartete, stellte er unmißverständlich fest: »Der Tatbestand rechtfertigt nicht eine Befürwortung der eingereichten Gnadengesuche.«[8]

Ein Schreiben des sächsischen Ministers der Justiz an seinen Ministerpräsidenten vom 16. August 1950 ließ erkennen, daß man in Berlin und anderswo froh war, alle anfallenden Gnadengesuche nun nach Dresden abschieben zu können. Wie Recht er damit hatte, bestätigte später ungewollt E. Naumann, als Staatsanwältin in Waldheim eingesetzt und danach wieder als Staatsanwältin bei der Generalstaatsanwaltschaft in Dresden tätig, in einem Brief vom 5. September 1950.

Sie gab darin eine Meinungsäußerung des Generalstaatsanwalts von Sachsen über Waldheim an den Chef der Kanzlei des sächsischen Ministerpräsidenten weiter. »Nachdem Pieck und Grotewohl mit den Schweinereien, die in W. gemacht worden sind, nichts zu tun haben wollten und auch Fechner es abgelehnt hat, hat man die Sache Seydewitz und Dreger (Empfänger des weitergeleiteten Briefes und Chef der Kanzlei des sächsischen Ministerpräsidenten – der Verfasser) übergeben. Die wußten aber auch nichts davon. Da hat man eben Dich (die Schreiberin des Briefes – der Verfasser) rangeholt.«[9] Es ging wahrscheinlich um Auskünfte zu Waldheim für die Bearbeitung der Gnadengesuche in Dresden. Und damit Staatssekretär Dreger verstand, wie der Generalstaatsanwalt von Sachsen über Waldheim urteilte, vergaß sie nicht diese Äußerung mitzuteilen: »Wir würden schon noch merken, was in W. für Mist gemacht worden sei.« Ob diese Information den Staatssekretär nachdenklich machte, ging aus den Akten nicht hervor.

Wie aus dem erwähnten Brief vom 16. August ersichtlich, ahnte wohl Justizminister J. Dieckmann schon eher, welche unangenehmen Entscheidungen auf ihn und sein Ministerium zukamen. »Nicht nur das von mir geführte Ministerium der Justiz, sondern auch zahlreiche andere Stellen des Landes bzw. der Republik werden in den letzten Wochen mit Zuschriften von Familienangehörigen der in den Waldheimer Prozessen Verurteilten geradezu überschwemmt.«[10] Daß sein Ministerium sich außerstande sah, ohne Akteneinsicht die Flut von Petitionen zu bearbeiten, mochte seine geringste Sorge sein angesichts der Delegierung der Verantwortung für diese Dinge nach Dresden. Aber bevor man sich diesen Aufgaben stellte, waren erst einmal Entscheidungen über den Vollzug der Todesstrafen zu treffen.

Um diesen Vorgang zu beschleunigen, wandte sich der Minister der Justiz der DDR am 22. August 1950 an den Ministerpräsidenten in Sachsen. Er erwartete eine schnelle Erledigung der Angelegenheit durch das Gesamtministeriums. M. Fechner vergaß nicht, auch seinerseits darauf hinzuweisen, daß eigentlich außer der Beschlußfassung nichts mehr zu tun blieb in Dresden. »Obwohl die Gnadengesuche keine neuen Tatsachen enthalten, habe ich sie doch zum Anlaß genommen, in jedem Falle eine Überprüfung der Urteile zu veranlassen. Das Ergebnis gibt mir keine Veranlassung, in dem einen oder anderen Falle das Gnadengesuch zu befürworten.«[11] Diese auf die Todesurteile bezogene Feststellung fand dann Verwendung für die Antworten auf viele andere Gesuche zu Waldheimurteilen, die später in Dresden bearbeitet werden würden.

Am Donnerstag, den 31. August 1950, sollten in den Regierungssitzungen in Berlin und Dresden wichtige Entscheidungen in Sachen Waldheim fallen. Im Ministerrat der DDR ließ dessen Vorsitzender, O. Grotewohl, ohne vorherige Debatte über die CDU-Forderung zur Aufhebung der Urteile von Waldheim abstimmen. Da die meisten Minister der SED angehörten, war das Ergebnis von vorneherein klar. Damit wurde zwar das Prinzip durchbrochen, daß alle Minister des antifaschistisch-demokratischen Blocks einheitlich hinter einer Entscheidung standen, aber man hatte dafür das Problem erst einmal vom Tisch.[12] Mit Blick auf die Wahlen im Herbst konnten es sich die führenden politischen Kräfte nicht leisten, der Öffentlichkeit vielleicht doch noch Einsicht in das wahre Geschehen von Waldheim zu ermöglichen. Über den Prozessen von Waldheim und den übernommenen SMT-Verurteilten mußte weiter der Mantel des Schweigens ausgebreitet bleiben.

Der Tagesordnungspunkt 15 der Sitzung des Gesamtministeriums des Landes Sachsen sah die Beschlußfassung über Anerkennung oder Ablehnung der Gnadengesuche sowie in einem Fall der Anwendung oder Nichtanwendung des Begnadigungsrechtes zu den 31 Todesurteilen von Waldheim vor. Laut Protokoll verlief erst einmal alles programmgemäß. »Ministerpräsident Seydewitz berichtet über die Urteile gegen die in den Waldheim-Prozessen zum Tode Verurteilten und verliest ein Schreiben des Ministers Fechner, wonach das Gesamtministerium über die Gnadengesuche der in den Waldheim-Prozessen Verurteilten zu entscheiden habe, bzw. die Entscheidung nach § 453 Absatz 1 der StPO zu treffen habe. Er teilt mit, dass die Kanzlei des Ministerpräsidenten die Ablehnung der Gnadengesuche und im Falle 8 (W. Klitzke – der Verfasser) die Nichtausübung der Gnadenbefugnis vorschlägt.«[13]

Dann geschah etwas, was den Ministerpräsidenten aus dem

Konzept brachte. Der Minister der Justiz, J. Dieckmann, LDP, gab eine Erklärung zum Tagesordnungspunkt 15 ab, die seine erwartete schnelle Erledigung verhinderte. Sie beinhaltete zwei wesentliche Punkte. Im ersten Punkt stellte er fest, daß die Unterlagen nur einen Tag zur Verfügung standen. Er wäre nicht in der Lage gewesen, »in einer solch kurzen Frist und nur aufgrund von Aktenauszügen über Gnadenerweise für 31 zum Tode verurteilte Personen« zu Entscheidungen zu kommen. Dazu forderte J. Dieckmann erst einmal volle Akteneinsicht.

Im Punkt zwei der Erklärung machte er noch einmal auf seine Bemühungen aufmerksam, Klarheit darüber zu erhalten, welche Instanz für die Gnadengesuche zu den Waldheimurteilen zuständig war. Da die Gnadenentscheidungen nun beim sächsischen Gesamtministerium lagen, bestand er darauf, den »für jedes ordentliche Gerichtsverfahren in Sachsen vorgeschriebenen Gnadenweg« einzuhalten. »Demgemäß beantrage ich, die Entschließung über 31 Gnadengesuche heute auszusetzen, den Mitgliedern der Regierung die Einsichtnahme in die Akten zu ermöglichen und die sächsischen Gnadeninstanzen zu hören.«[14]

Diesen Ausführungen schloß sich der Minister für Gesundheitswesen, Dr. W. Thürmer, ebenfalls LDP, an. Erneut brachten damit führende Leute aus einer Blockpartei den zügigen Abschluß der Waldheimaktion mit einer unbequemen Haltung in Gefahr. Einen offenen Angriff auf solche Spitzenpolitiker der mit der SED verbündeten Parteien wagte die SED-Führung im Vorfeld der Wahlen im Oktober nicht in jedem Fall.

In Dresden konnte man zu diesem Zeitpunkt nicht wissen, wie kurz zuvor in Berlin eine schnelle Entscheidung herbeigeführt worden war. Man begann mit einer Diskussion, um doch noch zu einer einheitlichen und einstimmigen Beschlußfassung zu kommen. Es führt zu weit, die Einzelheiten dieser Auseinandersetzung wiederzugeben. Neben den Verfahrensfragen machte J. Dieckmann im Verlauf der Debatte darauf aufmerksam, daß in ihm bekannten Gnadengesuchen Gründe geltend gemacht wurden, die es rechtfertigten, weitere Informationen zu dem entsprechenden Fall zu beschaffen.[15] Aber man hielt sich dann doch lieber an den Verfahrensfragen fest, um nicht Gefahr zu laufen, Zweifel an den Verfahren selbst anmelden zu müssen. So weit wollten die beiden Minister offensichtlich nicht gehen, denn sie verstanden sich nicht als Opposition der SED.

Sie erreichten letztlich, daß sich das Gesamtministerium gründlicher mit den Gnadengesuchen beschäftigen mußte als ursprünglich geplant. Es kam zu keiner pauschalen Ablehnung aller Gesuche. Zu jedem Gnadengesuch erfolgte eine Einzelabstimmung, nachdem der Chef der Kanzlei des Ministerpräsidenten anhand der Vorlagen und Aktenauszüge Vortrag erstattete. Alle 30 erbetenen Gnadenerweise wurden bei zwei Stimmenthaltungen mit acht Stimmen abgelehnt. In zwei Ausnahmen, bei E. Pietzsch und H. Knöffler, erfolgte eine vorläufige Ablehnung bis durch die Kanzlei ergänzende Auskünfte eingeholt seien. Bei W. Klitzke machte man bei zwei Stimmenthaltungen und acht Zustimmungen keinen Gebrauch vom Begnadigungsrecht. Die endgültige Entscheidung über Ablehnung oder Gewährung der Begnadigung sollte in einer abschließenden Beratung am 2. September 1950 erfolgen.[16]

Aus dem Protokoll der 141. Sitzung des Gesamtministeriums vom 14. September 1950 geht hervor, daß die für den 2. September vorgesehene Abschlußberatung und Abschlußentschließung zum Punkt 15 der Tagesordnung der 140. Sitzung nicht stattfinden konnte. Auf Vorschlag des sächsischen Ministerpräsidenten verschob das Gesamtministerium die endgültige Entscheidung über die Gnadengesuche auf einen Termin nach dem 15. Oktober 1950, dem Tag der Wahlen zur Volkskammer, zu den Landtagen, Kreistagen, Stadtverordnetenversammlungen und Gemeindevertretungen.

Im Vorfeld dieser Wahlen wollte man mit der Bestrafung von Nazi- und Kriegsverbrechern keine Wähler mehr verunsichern, denn diese Aktion galt in der DDR offiziell als abgeschlossen. Am 14. September 1950 verbreitete das Amt für Information eine entsprechende Mitteilung. Darin hieß es: »Heute, fünf Jahre nach der Unterzeichnung des Abkommens von Potsdam kann die Regierung der Deutschen Demokratischen Republik erklären, daß die Durchführung des Abkommens auch in diesem Teil (Behandlung der Kriegsverbrecher – der Verfasser) grundlegend abgeschlossen ist. Den wesentlichen Abschluß dieser Maßnahmen bildete die jetzt beendete Aburteilung der Personen, die bei der Auflösung der Internierungslager im Januar 1950 den deutschen Justizorganen übergeben wurden und sich schwerer Kriegsverbrechen und Verbrechen schuldig gemacht haben.«[17]

Erneut verbreitete man die bekannten Halbwahrheiten und Lügen über die Waldheimprozesse als konsequente Abrechnung mit gefährlichen Nazi- und Kriegsverbrechern im Interesse von Demokratie und Frieden. »Bei der Durchführung all dieser Maßnahmen machte die Regierung der Deutschen Demokratischen Republik einen strengen Unterschied zwischen den Kriegsverbrechern und den Naziaktivisten einerseits und jenen ehemaligen Mitgliedern der Nazipartei, die persönlich keine strafbaren Handlungen begangen haben.«[18] Gerade dieses Herangehen war jedoch für die Prozesse in Waldheim nicht charakteristisch. Der überwiegenden Mehrzahl der Verurteilten konnte man keine persönlich begangenen strafbaren Handlungen vorwerfen. Besonders dafür zusammengestellte Gerichte verurteilten alle als gefährliche Verbrecher.

Daß solche Sondergerichte unrechtmäßig waren, vergaß man nicht nur in der Pressemitteilung vom 14. September.[19] Aber sie war weder für die Verurteilten bestimmt noch dazu, Sachverhalte richtig darzustellen. Neben der Herausstellung der Verdienste der DDR bei der Bekämpfung von Nazi- und Kriegsverbrechern galt es, einer bestimmten Personengruppe ein Signal zu setzten. »Die demokratischen Justizorgane werden auch weiterhin ohne Nachsicht gegen diejenigen vorgehen, die im Auftrage der Kriegstreiber und ihrer Helfer den Frieden und den demokratischen Aufbau zu stören versuchen. Dagegen wurde und wird auch noch in Zukunft den einfachen Mitgliedern der Nazipartei die Möglichkeit gegeben, am demokratischen Aufbau aktiv teilzunehmen.«[20]

Mit anderen Worten hieß das mit Blick auf die Wahlen im

Oktober 1950, daß bei einem Arrangement mit den herrschenden politischen Kräften kein ehemaliges Mitglied der NSDAP mehr etwas zu befürchten hatte. Für die Waldheim- und SMT-Verurteilten bedeutete das andererseits, daß sich an der ihnen zugedachten Rolle als Beweis für den strengen und gerechten Umgang der DDR mit Nazi- und Kriegsverbrechern nichts ändern durfte, egal ob sie dazu gehörten oder nicht.

Während die Minister der sächsischen Regierung in Dresden die endgültigen Entscheidungen über die Vollstreckung der Todesurteile aufgrund der Haltung des Justiz- und Gesundheitsministers hinausschieben mußten, sorgte die der VP mit entsprechenden Maßnahmen dafür, die Geheimhaltung des Geschehens in Waldheim abzusichern. Von den Verurteilten brauchte man erst einmal nichts befürchten. Ihre Kontakte zur Außenwelt standen unter Kontrolle. Als wichtigste Quelle, um etwas über die Waldheimer Prozesse zu erfahren, kamen die Untersuchungs- und Gerichtsakten in Betracht. Um Akteneinsicht baten z. B. alle Rechtsanwälte, die im Auftrag der Angehörigen der Verurteilten Nachforschungen anstellen sollten. Auch in Dresden gaben sich nicht alle Minister mit den Aktenauszügen zufrieden und forderten Akteneinsicht.

Damit kein Unbefugter durch einen Zufall oder durch eine Nachlässigkeit doch einen Blick in diese oder jene Akte werfen konnte, nahm die VP sie unter Verschluß. Am 4. September 1950 übernahm ein Kommando der HA Haftsachen der HVDVP in der Strafvollzugsanstalt Waldheim alle dort vorhandenen Untersuchungs- und Gerichtsakten. 3346 Akten wurden Stück für Stück listenmäßig erfaßt und gemeinsam mit vorhandenen Effekten übergeben. Der Transport ging nach Berlin. Hier kamen sie in die Obhut der HA HS. Zugang erhielt man nur über den zuständigen Hauptabteilungsleiter.[21] Damit waren die Akten vor neugierigen Blicken absolut sicher, und so sollte es bleiben.

In Berlin, um dem weiteren Weg der Akten vorzugreifen, lagerten sie bis zum November 1955. Am 3. September 1955 ordnete der Leiter der HA Strafvollzug (SV; aus der HA HS hervorgegangen) an, die Gerichts- und Untersuchungsakten der vom Landgericht Chemnitz in Waldheim Verurteilten im Interesse der sicheren Aufbewahrung in die Strafvollzugsanstalt Brandenburg zu überführen. Der Leiter dort bekam die Weisung, niemanden Einsicht in die Akten zu gewähren. Der Lagerraum durfte nur durch ihn oder seinen Stellvertreter betreten werden. Dazu bedurfte es der Anweisung durch den Leiter der HA SV oder seiner Stellvertreter aus Berlin. Man befürchtete, daß »eine Kenntnisnahme des Inhalts dieser Akten durch Unbefugte zu antikommunistischer Propaganda Anlaß geben könnte«.[22]

Die Übernahme und der Transport nach Brandenburg erfolgten am 11. November 1955 als Aktion »Winter«. Laut Übergabeprotokoll brachte man 2363 Gerichtsakten, 2367 Untersuchungsakten und 400 Gefangenenakten nach Brandenburg. Auch diesmal registrierte man jede einzelne Akte in einer Liste und quittierte ihre Übernahme. Die danach noch in Berlin belassenen Waldheimakten kamen in der Zeit vom 24. Januar bis zum 19. Juni 1957 ebenfalls unter strengen Sicherheitsvorkehrungen in das »Waldheim-Archiv«, wie es laut Protokoll hieß.[23] Es blieb bis Ende der 60er/Anfang der 70er Jahre in Brandenburg hinter Gittern.[24] Danach erfolgte der Rücktransport nach Berlin, angeblich zur Sicherheitsverfilmung. Seit dem Ende der 80er Jahre sind sie verschollen.[25]

Zurück in das Jahr 1950. Im September und Oktober warteten dic zum Tode Verurteilten vergeblich auf eine Antwort auf ihre Gnadengesuche. Die Vorbereitung und Durchführung der Wahlen vom 15. Oktober ließ den führenden Politikern der SED in Berlin und in Sachsen keine Zeit, sich um solche »Kleinigkeiten« zu kümmern. Nachdem es mit der Wahl gelungen war, die politische Macht der SED und der mit ihr verbündeten Blockparteien zu festigen, konnte man sich wieder Einzelfragen zuwenden. Dazu gehörte, endlich das Kapitel Waldheim abzuschließen und in der Frage der Vollstreckung der Todesurteile eine Entscheidung herbeizuführen.

Damit sich das Gesamtministerium in Dresden nicht wieder an Verfahrensfragen aufhielt und sich in Details verzettelte, befaßte sich am 31. Oktober 1950 das Politbüro des Zentralkommitees (ZK)[26] der SED als Punkt 5 der Tagesordnung mit den Todesurteilen in Waldheim. Es kam zu klaren Festlegungen. In Dresden hatte das Gesamtministerium sich noch einmal mit den Gnadengesuchen zu beschäftigen. Damit die LDP-Vertreter, gemeint waren die Minister J. Dieckmann und W. Thürmer, sich zufriedengaben, sollten einige Gnadengesuche überprüft werden. Das Politbüro hielt es sogar für »statthaft«, einigen zuzustimmen.

Selbst den Termin für die Regierungssitzung in Dresden bestimmte W. Ulbricht, wie aus einem handschriftlichen Vermerk von ihm auf dem Protokollauszug der Politbürositzung für Dresden hervorging.[27] Sie sollte am 2. November noch vor dem Zusammentritt des Landtages stattfinden. (Dok. 5/2) Wie bei den gesamten Prozessen in Waldheim praktiziert, wollte man nun auch diese Urteile schnell und ohne Aufsehen vollstrecken. Die Verantwortlichen verbanden damit wohl die Hoffnung, daß danach nichts mehr zu ändern wäre und niemand auf die Idee käme Waldheimurteile in Zweifel zu ziehen oder neue Nachforschungen anzustellen.

Für die meisten Todeskandidaten gab es keine Hoffnung mehr auf Gnade, aber sie ahnten noch nichts davon. Am 2. November 1950 trat das Gesamtministerium wie festgelegt zu seiner 147. Sitzung zusammen. Der Schriftführer vermerkte: »Nach der um 21 Uhr erfolgten Eröffnung der Sitzung findet eine nochmalige eingehende Einzelberatung jedes zur Entscheidung stehenden Gnadengesuches bzw. Gnadenfalles der von den Strafkammern nach Befehl 201 beim Landgericht Chemnitz in Waldheim zum Tode Verurteilten statt, um die nach dem Beschluß des Gesamtministeriums vom 31.8.1950 vorgesehenen Abschlußberatungen und Abschlußentscheidungen vorzunehmen. Dabei werden auch die in der vorhergehenden Beratung am 31.8.1950 in zwei Fällen noch als notwendig erachteten ergänzenden Auskünfte und die seit diesem Zeitpunkt noch neu eingegangenen Gnadengesuche besprochen. Auch die in einzelnen Fällen inzwischen neu aufgetretenen Gesichtspunkte werden bei der Aussprache gewürdigt.«[28]

Anschließend erfolgte die Abstimmung über jeden einzelnen Gnadenfall. Alle Entscheidungen fielen diesmal einstimmig. In fünf Fällen wandelte das Gesamtministerium die Todesstrafe auf dem Gnadenwege in eine lebenslängliche Zuchthausstrafe um. J. Müller, J. Hommel, W. Zieger, H. Hunger und W. Knöffler verdankten den anfangs aussichtslos erscheinenden Bemühungen der sächsischen Minister J. Dieckmann und W. Thürmer wahrscheinlich ihr Leben. Dazu beigetragen hatten bestimmt auch die Bemühungen der Angehörigen der Angeklagten sowie die durch O. Nuschke initiierten Bestrebungen zur Aufhebung der Waldheimurteile. Damit steht für den Verfasser außer Zweifel, daß andere Urteile ebenfalls solche Entscheidungen zugelassen hätten.

Ein weiterer Vorstoß J. Dieckmanns und W. Thürmers, den Vollzug der Todesstrafen abzuwenden, blieb erfolglos. Im Protokoll heißt es dazu, daß eine von ihnen noch einzureichende Erklärung aufgenommen werde. Darin stellten sie u.a. fest, daß nach ihrer »Auffassung selbst in solchen Fällen, in denen der Schuldgehalt eines Verbrechens einen Gnadenerweis für den Täter ausschließt, um der Möglichkeit menschlichen Irrtums willen von der Vollstreckung der Todesstrafe Abstand zu nehmen ist«.[29] Diese Erklärung kam am 11. November 1950 wie beschlossen in das Protokoll der 147. Sitzung. Zu diesem Zeitpunkt waren die Urteile allerdings schon vollstreckt. Ob die beiden Minister davon wußten, geht nicht aus den Unterlagen hervor.

In den Akten befand sich neben der offiziellen Erklärung auch noch eine sogenannte »24 Uhr – Erklärung« der beiden Minister. Es handelte sich dabei um eine namentliche Aufstellung, aus der hervorgeht, daß sie sich bei 16 Gesuchen für eine Ablehnung, bei 6 für eine Begnadigung und bei 9 für eine Stimmenthaltung entscheiden würden.[30] Das Protokoll enthielt keine Hinweise darauf, welche Rolle diese Bemühungen spielten, wenigstens die Vollstreckung der Todesurteile zu verhindern. Vielleicht gaben sich beide letztlich mit den erreichten Begnadigungen zufrieden und beugten sich den Gepflogenheiten, einstimmige Entscheidungen in der Regierung zu fällen, als Ausdruck der gemeinsamen Verantwortung aller politischen Kräfte.

Der Verlauf der Ereignisse zeigte, daß offensichtlich niemand wagte, anders zu handeln, als es der Politbürobeschluß vom 31. Oktober vorsah. Die SED-Führung wollte endlich einen Schlußstrich ziehen und die Waldheimer Prozesse zu den Akten legen. Zweifel an der Rechtmäßigkeit der Todesurteile hätten auch neue Fragen zu den vielen anderen Prozessen heraufbeschwören können. Das Aussetzen der Vollstreckung der Todesurteile wäre aus der Sicht der Verantwortlichen in Berlin einem Eingeständnis gleichgekommen, daß etwas mit den Todesurteilen nicht in Ordnung sei. Die gewährten fünf Begnadigungen hatten die unbequemen LDP-Minister in Dresden zum Schweigen gebracht.

Sie dienten gleichzeitig als vorzeigbarer Beweis dafür, daß trotz der »berechtigten harten« Bestrafungen der »gefährlichen« Nazi- und Kriegsverbrecher in Waldheim bis zum Schluß nach dem Grad der individuellen Schuld gesucht worden sei. In Wirklichkeit vergaben die Verantwortlichen die Chance, wenigstens bei den zu vollstreckenden Todesurteilen noch zusätzliche Untersuchungen anzustellen, um sicher zu gehen, daß dieses Strafmaß gerechtfertigt war. Die Möglichkeiten, umfangreicher von der Begnadigung Gebrauch zu machen und die Vollstreckung der Urteile auszusetzen, blieben ungenutzt. Ein Abweichen von den politischen und juristischen Festlegungen für die Waldheimer Prozesse erschien den Verantwortlichen wahrscheinlich als ein nachträgliches Eingeständnis, daß man in Waldheim tatsächlich mit »Kanonen auf Spatzen geschossen« hatte.

Unmittelbar nachdem in Dresden in der Nacht vom 2. zum 3. November 1950 die Entscheidungen darüber gefallen waren, welche Urteile zu vollstrecken sind, begannen die Maßnahmen, um diese zu realisieren. Die Kanzlei des Ministerpräsidenten informierte am 3. November den Generalstaatsanwalt des Landes Sachsen, damit dieser die weiteren Schritte zum schnellen Vollzug der Urteile in die Wege leitete.[31] Was nun geschah, läßt sich mit den gefundenen Akten nicht in allen Einzelheiten rekonstruieren. Der Verfasser hält sich an das ihm vorliegende Material, um nicht allen bisherigen Darstellungen eine neue, gleichfalls nicht zu belegende, Variante hinzuzufügen.[32]

In der Strafvollzugsanstalt Waldheim verfügte die Leitung offensichtlich schon vorher über Informationen, daß die Todesstrafen Anfang November vollstreckt werden sollten. Einige Maßnahmen dafür hatte sie in die Wege geleitet. Dazu gehörte die Vorbereitung der Richtstätte. Im neuen Zellenhaus im Kellergeschoß machte man einen Teil mit einer Holz- und Strohverkleidung schalldicht.[33] Auch die Särge bestellte die Anstaltsleitung rechtzeitig in der Tischlerei der Strafanstalt Torgau. Alles lief unter strengster Geheimhaltung ab.

Der Resttransport der Särge erfolgte erst am Abend des 4. November 1950.[34] Es liegt die Vermutung nahe, daß ein Teil der Hingerichteten erst in der Nacht vom 4. zum 5. November nach Döbeln ins Krematorium zur Verbrennung gebracht wurde. Der Leiter der Strafanstalt in Waldheim meldete telefonisch nach Berlin, daß die Verbrennungen in 24 Stunden in zwei Schichten vollzogen würden und daß die Aktion am 5. November um 22.30 Uhr abgeschlossen sei.[35]

Was sich zwischen der Vorbereitung des Raumes und der Verbrennung in Waldheim ereignete, konnte bisher nicht vollständig rekonstruiert werden. Fest steht, daß als erste Gruppe um 1.40 Uhr E. Kendzia, um 1.45 Uhr G. Wischer und um 1.47 Uhr K. Hentschel hingerichtet wurden. Nach Pausen von etwa 15 bis 20 Minuten kamen dann die nächsten Dreiergruppen an die Reihe. Als letztes Urteil vollstreckte man das von F. Heinicke um 5.30 Uhr.

Außer bei den fünf Begnadigten gab es zwei weitere Todesurteile, deren Vollzug nicht erfolgte. Der zum Tode Verurteilte R. Rummler war am 2. November um 13.00 Uhr nach viertägiger Krankheit an Pneumonie verstorben. Bei W. Lehne sollte eine Auslieferung an die Regierung der Tschechoslowakischen Republik erfolgen, was am 15. November auch geschah.[36] Diese Informationen ergeben sich aus dem Gesamtvollstreckungsprotokoll. (Dok. 5/3)

An der Hinrichtung nahmen 25 Personen teil, wie aus der Schweigeverpflichtung zu ersehen ist. Welche Funktion oder

Aufgabe jeder erfüllte, vermerkte das Schriftstück nicht. Es soll auch ein sowjetischer Offizier anwesend gewesen sein, was aber aus dem Dokument ebenfalls nicht hervorging.[37] Die 24 einzelnen Vollstreckungsprotokolle tragen die Unterschriften von S. Walke, Leiter der Strafanstalt Waldheim, H. Hentschel, Generalstaatsanwalt des Landes Sachsen, und VP-Inspekteur K. Gertich, Leiter der HA HS. Sie enthalten wie das Gesamtvollstreckungsprotokoll Angaben über die Uhrzeit und die Dauer der einzelnen Hinrichtungen. In jedem Einzelprotokoll steht der Name des Scharfrichters, H. Engelmann aus Berlin-Köpenick. Die Namen seiner beiden Gehilfen oder Mithenker, K. Engelmann und F. Teschner, stehen auf einer zusätzlichen Schweigeverpflichtung.[38]

Wie die Hinrichtung erfolgte, kann ebenfalls nicht eindeutig mit den vorhandenen Akten belegt werden. Dem Verfasser sind drei Versionen bekannt. G. Finn schrieb in seinem Buch »Die politischen Häftlinge der Sowjetzone«: »Man stellte den Todeskandidaten auf einen Stuhl, legte ihm die Schlinge um den Hals und stieß den Stuhl weg. Dem Delinquenten wurden nicht die Augen verbunden, so daß er die Leichen der vor ihm Hingerichteten sah, die in einer Ecke des Kellers lagen und nur notdürftig verdeckt waren.«[39] Er stützte sich dabei u.a. auf Informationen von K. Gertich, der als VP-Inspekteur und Leiter der HA HS maßgeblich an der Vorbereitung und Durchführung der Aktion in Waldheim beteiligt war. K. Gertich flüchtete 1951 in die BRD. Allerdings läßt ein Blick auf die Örtlichkeiten im neuen Zellenhaus Zweifel an dieser Version aufkommen, da die Kellerräume zu niedrig sind, um die der Hinrichtung wie beschrieben zu praktizieren.

Die zweite Version über die Art der Hinrichtungen in Waldheim tauchte Mitte der 70er Jahre auf. Es sollte danach eine Garrotte verwendet worden sein. Es handelt sich dabei um eine besonders in Spanien praktizierte Vollstreckung der Todesstrafe. Der Delinquent wird an einen Pfahl gebunden und mittels eines um den Hals gelegten sowie an dem Pfahl befestigten Halseisens erwürgt.[40] Beweise dafür, daß es so gemacht wurde, gibt es nicht.[41]

Auch für die dritte Version des Geschehens in der Nacht vom 3. zum 4. November 1950 fanden sich bisher keine Dokumente. In Waldheim soll alles für die Hinrichtung mit dem Strang vorbereitet gewesen sein. Als der Scharfrichter den Raum im Keller mit der geringen Höhe sah, mußte er feststellen, daß man nicht wie vorgesehen verfahren konnte. Die notwendige Fallhöhe zum Strangulieren war nicht gegeben. Um die Hinrichtungen nicht noch einmal verschieben zu müssen, entschloß man sich zum Erdrosseln mit den Händen oder einem Strick. Wie alles tatsächlich ablief, könnte wohl nur noch jemand beschreiben, der dabei war.[42]

Belegbar ist, was die Vollstreckung der Todesurteile kostete. Die Scharfrichter bekamen 8400 DM und es gab weitere Unkosten in Höhe von 291,94 DM. Dazu gehörten u.a. zwei Flaschen Branntwein, Zigaretten sowie die Ausgaben für das Frühstück nach der Hinrichtung für die offiziellen Teilnehmer.[43] Die Unterlagen enthalten keine Hinweise, ob jemand etwas essen konnte nach dem, was er in den Morgenstunden des 4. November gerade gesehen hatte.

Letztendlich ist die Art und Weise der Vollstreckung der Todesurteile unerheblich für die Bewertung des Geschehens. Ob einer der Hingerichteten die Todesstrafe verdient hat oder nicht, das in Waldheim verhängte Todesurteil kam in einem Prozeß zustande, der unrechtmäßig war. Es bestand die Möglichkeit zur Überprüfung dieser Urteile, was man aber unterließ, um keine Zweifel an den vielen anderen ebenso zu bewertenden Urteilen heraufzubeschwören. Aus manchem Täter, einigen wenigen im Sinne des Strafrechts Schuldigen, vielen zu Schuldigen Gemachten oder gar Unschuldigen wurden damit letztlich Opfer.

Nachdem die Hinrichtungen erfolgt waren, gab es nicht mehr viel zu erledigen. Ein Arzt füllte die 24 Totenscheine aus, auf denen als Todesursache einheitlich »Herz- und Kreislaufinsuffizienz« stand.[44] Die Angehörigen der Hingerichteten erfuhren erst im Dezember 1950 oder im Januar 1951 von der Vollstreckung der Urteile (Dok. 5/4), Sterbeurkunden stellten dann die zuständigen Standesämter aus. Im Gefangenenverzeichnis der Vollzugsanstalt vermerkte man bei allen Hingerichteten, daß sie entlassen worden seien.

Die strenge Geheimhaltung aller Vorgänge um die Vollstreckung der Todesurteile und die nachträgliche Verschleierung sind Beweise dafür, daß die Verantwortlichen bewußt etwas verbergen wollten. Wie alles was mit der Aktion in Waldheim im Zusammenhang stand, sollte auch dies erst einmal schnell in Vergessenheit geraten. Zum Ruhmesblatt der DDR bei der Abrechnung mit den Nazi- und Kriegsverbrechern konnten die Waldheimer Prozesse erst später gemacht werden.

Nach der Verbrennung der Leichen kamen die Urnen zurück nach Waldheim, wo sie einige Jahre auf einem Dachboden standen. Im Januar 1958 brachte man die Urnen wieder nach Döbeln, wo sie einen Platz in dem Gräberfeld bekamen, in dem die Urnen der anderen in Waldheim verstorbenen Häftlinge beigesetzt waren. Die Angehörigen erfuhren damals nicht, wann die Einäscherung eines Verstorbenen erfolgte, und ebenso nicht, wo die Beisetzung erfolgte. Einer der Gründe für dieses Vorgehen resultierte daraus, daß man befürchtete, solche Beerdigungen könnten zu Mißfallensbekundungen und Protesten gegen die DDR und ihre führenden politischen Kräfte genutzt werden.

Anlaß dazu gab ein Begräbnis, das am 6. Juni 1950 in Penzlin, in der Nähe von Neubrandenburg stattgefunden hatte. Die Eltern von K.F. Wendt bekamen ihren in der Vollzugsanstalt Untermaßfeld verstorbenen Sohn zur Bestattung frei. K.F. Wendt gehörte zu den SMT-Verurteilten, die im Januar/Februar 1950 in den Strafvollzug der VP übergeben worden waren. Seine Verhaftung erfolgte Ende 1945/Anfang 1946 wegen Waffenbesitzes und angeblicher Werwolfzugehörigkeit. An der Trauerfeier in Penzlin nahmen spontan etwa 300 Einwohner teil, für die der als sechzehnjähriger Jugendlicher Festgenommene alles andere als ein Verbrecher war.[45] Jeder im Ort kannte ihn und wußte, daß seine Verhaftung und strenge Bestrafung durch die Besatzungsmacht nicht gerechtfertigt sein konnte. Sie sahen in ihm ein Opfer der Willkür der Besatzungsmacht und der DDR-Behörden, die ihn und viele andere seiner Generation weiter als gefährliche Verbrecher festhielten.

Um solche unliebsamen Zwischenfälle auszuschließen, wies der Leiter der HA HS, VP-Inspekteur K. Gertich, am 4. Juli 1950 an, die Beerdigung verstorbener Häftlinge vor Ort vorzunehmen und die Angehörigen nicht zu informieren. Diese Praxis wurde bei SMT- und Waldheim- Verurteilten bis in die Mitte der fünfziger Jahre beibehalten.[46]

Für die überwiegende Mehrheit der Häftlinge, deren Urteile seit dem 15. Juli 1950 als meist langjährige Zuchthaus- oder Gefängnisstrafe »für vollstreckbar erklärt« worden waren, ging danach das eintönige Gefangenendasein weiter. Einen Teil derer, die lebenslänglich oder 25 Jahre Zuchthaus bekommen hatten, verlegte man in die Vollzugsanstalt Brandenburg. Die meisten blieben jedoch vorerst in Waldheim. Nicht wenige Häftlinge aus den älteren Jahrgängen verloren angesichts der bevorstehenden langen Haftzeit ihren Lebensmut. Die Haftbedingungen hatten sich nach der Übernahme durch die VP nicht gebessert. Dennoch gab es auch Unterschiede.[47]

Am schlechtesten erging es denen, die weiter mit vier bis sechs Personen in Zellen leben mußten, die für weit weniger Gefangene angelegt waren. Sie blieben bis auf den täglichen etwa halbstündigen Gänsemarsch um die Rondelle vor dem neuen Zellenhaus eingeschlossen. Während des Rundgangs durfte nicht gesprochen werden und bei schlechtem Wetter verkürzten die Wachtmeister ihn oft. In den kleinen Zellen konnten sich die Insassen kaum bewegen. Wenn sich ein Insasse die Füße vertreten wollte, mußten die anderen auf den Pritschen hocken. Die Zeit vertrieb man sich mit Gesprächen über alle erdenklichen Themen, Rätselraten oder sogar dem Austauschen von Kochrezepten. Trotz gegenseitiger Rücksichtnahme war das Zusammenleben auf engstem Raum auf die Dauer eine große physische und psychische Belastung.

Wie es vielen der Jugendlichen erging, schilderte Günther Richter in seinen Erinnerungen. »Nach der Verurteilung im Sommer 1950 konnten wir monatlich nach vielen Jahren einen begrenzten Brief nach Hause schreiben und ein Päckchen empfangen. Wer in den anstaltseigenen Werkstätten gut arbeitete, bekam ab und zu eine Genehmigung, um ein Sonderpaket zu empfangen. In den Briefen mußten wir natürlich nach Hause schreiben, daß es uns gut geht und sich keiner Sorgen um uns machen braucht, sonst bekamen wir die Briefe zurück. Auch Besuch konnten wir nach der Verurteilung empfangen.

Wir mußten unseren Angehörigen beim Besuchstag natürlich erzählen, daß wir zu Recht verurteilt worden sind. Denn so wurde uns gesagt, in der DDR werde niemand zu Unrecht verurteilt. Und wir seien auch alles kriminelle Häftlinge, denn politische Häftlinge gebe es in der DDR nicht, die gab es nur unter der Nazigewaltherrschaft.

Wir Jugendlichen wurden nach der Verurteilung in einen Jugendraum mit extra Schlafboden zusammengelegt und mußten jeder einen Beruf erlernen. Es bestand die Auswahl des Berufes in den anstaltseigenen Einrichtungen als Möbeltischler, Bautischler, Buchdrucker, Schuster, Koch, Bäcker und Gärtner.

Die separate Zusammenlegung der Jugendlichen, so wurde uns gesagt, wurde durchgeführt, um uns von den alten Nazi- und Sturmführern zu trennen, damit sie uns nicht negativ beeinflussen sollten. Diese Maßnahme wurde aber in etwa nur einem Jahr beibehalten, dann kamen wir wieder zurück in die Zellen zu unseren älteren Leidensgefährten, unter denen wir uns aber wegen ihrer Lebenserfahrungen und auch sonst ganz ›wohl fühlten‹.«[48]

Die Besuche, Briefe und Päckchen halfen den Häftlingen sehr, neue Hoffnungen und Lebensmut zu schöpfen. Die monatlichen Päckchen sicherten eine kleine Ergänzung der eintönigen und knappen Gefängniskost. (Dok. 5/5) Der Entzug dieser Vergünstigungen diente zugleich der Bestrafung und Disziplinierung der Gefangenen. Manche Angehörigen der Wachmannschaften ließen es sich nicht entgehen, jede nur erdenkliche Gelegenheit zu nutzen, die Häftlinge zu drangsalieren und zu demütigen. Dazu gehörte z.B. die Paketausgabe. Ein solches unvergeßliches Ereignis, das viele in ähnlicher

Weise erlebten, beschrieb Helmut Klemke. Nach dem ersten Besuch seiner Mutter händigte ihm einer der Wachtmeister das mitgebrachte Paket aus. Als dieser es geöffnet hatte, spielte sich folgende Szene ab:

»Der Wachtmeister hatte den Inhalt des Paketes mit rigoroser Kaltblütigkeit herausgerissen und auf den Tisch geworfen. Dann nahm er sein Messer und machte sich zuerst an die Wurst. Mit schnellen Schnitten zersäbelte er sie in daumendicke Scheiben, die er dann mit einem Schub des Messers nach rechts auf die Seite drückte. Dann war die Butter dran; sie wurde mittels der Messerspitze von allen Seiten durchstochen, ohne das Papier vorher abzunehmen. Zerdrückt, zerstochen und verschmiert schob er das Butterstück zu den Wurstscheiben, die dadurch ›fettreich veredelt‹ wurden. Als letztes kam der Kuchen an die Reihe. Und hier machte er sich die besondere Freude, ihn nach allen Regeln der Kunst in richtige kleine Würfel zu zerschneiden; nahm auch keine Rücksicht darauf, daß der Kuchen zum Teil recht zerkrümelt wurde.

Ich hatte schon durch Pakete der Kameraden mitbekommen, mit welcher ›Lust‹ sich die ›Polizei des Volkes‹ solchen Gemeinheiten hingab. Trotzdem stieg jetzt die Wut in mir hoch und ich konnte sie nur durch größte Anstrengung unterdrücken. Der Wachtmeister aber schien es doch bemerkt zu haben, denn als ich mein Handtuch und die Eßschüssel auf den Tisch stellte, um Wurst und Butter in die Schüssel und den zerstückelten Kuchen in das Handtuch zu legen, da schob er einfach alles zusammen und forderte mich auf, das Handtuch aufzuhalten. Und dann schürfte er mir alles, Kuchen, Wurstscheiben und Fett, mit einem Wisch auf das von mir gehaltene Handtuch.

Wortlos, und doch den Bauch voll ohnmächtigem Zorn, packte ich das Handtuch an seine vier Zipfel und trug dann den Inhalt meines ›Paketes‹ an meinen Platz.«[49]

Solches gehässiges und menschenverachtendes Verhalten gegenüber den Gefangenen war normal und alltäglich. Allerdings darf in diesem Zusammenhang nicht unerwähnt bleiben, daß es Ausnahmen gab. Einige VP-Angehörige verhielten sich korrekt und machten den Häftlingen das Leben nicht unnötig schwer. Manch einer erwies dem einen oder anderen auch schon einmal eine kleine Gefälligkeit. Alles in allem gingen die Bewacher mit den Gefangenen jedoch in einer Weise um, als müßten diese nicht wie Menschen behandelt werden. Erträglichere Haftbedingungen ergaben sich für alle, die einem Arbeitskommando zugeteilt oder als Kalfaktor eingesetzt waren.

Aber es konnte nur ein Teil der über 3000 Häftlinge zu Arbeiten zur Aufrechterhaltung des Gefängnisbetriebes oder in den Werkstätten Verwendung finden. Zu den beliebtesten Arbeitsbereichen gehörte wegen der zusätzlichen Verpflegungsmöglichkeiten das Küchenkommando. Die Vorteile eines Einsatzes in einem Arbeitskommando bestanden vor allem darin, daß bei der Arbeit die Zeit verging und daß man Zusatzverpflegung bekam. Später gab es sogar begrenzte Möglichkeiten, Rauch- oder Eßwaren einzukaufen.

Bei geringen Vergehen gegen die strenge Hausordnung mußte der Häftling mit empfindlichen Strafen rechnen. Dazu gehörte das Einsperren in eine Dunkelzelle mit tageweisem Entzug der Schlafpritsche und der sowieso schon kargen Mahlzeiten. Für manchen schwachen oder kranken Gefangenen bedeutete diese Strafe Lebensgefahr. (Dok. 5/6) Zu den Gepflogenheiten im Strafvollzug gehörte die Bespitzelung der Häftlinge durch manchen Wachtmeister oder den einen oder anderen mit Vergünstigungen dafür gewonnenen Mitgefangenen. Solche Spitzelresultate fanden Eingang in Beurteilungen oder führten zu Bestrafungen. Auf diese Weise dürfte der Anstaltsleitung in Waldheim z.B. bekannt geworden sein, wer die Schweigestunde am ersten Jahrestag der Hinrichtungen initiierte und wer sich beteiligte. In kaum einer der vom Verfasser eingesehenen Beurteilungen der Häftlinge, die vor Entlassungen oder Verlegungen angefertigt wurden, fehlte der Hinweis auf die »undurchsichtige politische Haltung« zur DDR.

Ob jemand tatsächlich von den Waldheimverurteilten erwartete, daß sie diesem Staat positive Seiten abgewännen? Es wird wohl eher so gewesen sein, daß man in ihnen vor allem Feinde der neuen Ordnung sah, die möglichst lange unter sicherer Kontrolle zu bleiben hatten. Für nicht mehr ganz so gefährlich hielten die Anstaltsleitungen die Kranken, wie aus einer Beurteilung hervorging: »Da er durch sein Gelähmtsein ans Bett gebunden ist, könnte er draußen die demokratische Ordnung nicht schädigen.«[50] Daß es sich nicht bloß um eine schlechte oder ungeschickte Formulierung handelte, belegten der alltägliche Umgang mit den Gefangenen, deren meist rüde Behandlung durch die Bewacher sowie die schlechten Haftbedingungen. Waldheimverurteilte behandelte man im Strafvollzug schlimmer als kriminelle Schwerverbrecher.

Der Vollzug der Haftstrafen der in Waldheim als Nazi- und Kriegsverbrecher verurteilten ehemaligen Internierten der sowjetischen Speziallager war darauf angelegt, jedem Gefangenen auch täglich spüren zu lassen, wofür man ihn hielt. Die bei der Übernahme durch die VP und für die Prozesse vorgegebene politische und juristische Linie blieb für den Vollzug der Strafen weiter bestimmend. Die Strafkammern in Waldheim hatten offiziell ausnahmslos Nazi- und Kriegsverbrecher abgeurteilt und so ging man in den Strafanstalten mit ihnen um. Ohne auf weitere Einzelheiten des Gefangenenalltags eingehen zu können oder zu müssen, belegen die wenigen charakteristischen Beispiele, daß der Vollzug der Haftstrafen wie einc weitere Bestätigung für die gefällten Urteile wirken sollte.

Für zwei der Gefangenen in Waldheim endete die Haftzeit überraschend am 24. Februar 1951. Die Vorgeschichte dieses ungewöhnlichen Ereignisses begann allerdings schon im Sommer 1950. Obwohl sich auch hier nicht alle Einzelheiten und Entscheidungen nachvollziehen lassen, fanden sich einige interessante Details für Vorgänge im Zusammenhang mit den Waldheimer Prozessen. Auf die Aktivitäten des CDU-Vorsitzenden, O. Nuschke, gegen die Waldheimer Prozesse wurde an anderer Stelle eingegangen. Die Aufhebung der Urteile insgesamt konnte angesichts der gesicherten Vormachtstellung der SED nicht gelingen.

Eventuell um seiner Initiative in der Regierung Nachdruck zu verleihen, wandte er sich mit einem Brief am 17. August 1950 an den Ministerpräsidenten O. Grotewohl. Ein gleichlautendes Schreiben ging an den Justizminister M. Fechner. Darin versuchte er den Ministerpräsidenten anhand von 13 konkreten Fällen dafür zu gewinnen, sich um die Vorgänge in Waldheim zu kümmern. Aber der hielt sich zurück und setzte sich sicherheitshalber mit W. Ulbricht in Verbindung, der in Sachen Waldheim die Fäden in der Hand hatte. O. Grotewohl wollte wohl tatsächlich nichts mit dieser Geschichte zu tun haben und überließ dem dafür zuständigen Mann alles weitere.

Der Entwurf der Antwort auf den Brief O. Nuschkes entstand in der Abteilung Staatliche Organe des ZK unter Federführung von P. Hentschel, mit den Vorgängen in Waldheim bestens vertraut. Bevor diese im Namen O. Grotewohls endlich im Oktober 1950 abgeschickt wurde, hatte man sie in Karlshorst durch die zuständige Abteilung der SSK absegnen lassen.[51] Damit bestätigte sich erneut, daß man in Karlshorst zumindest über die Waldheimer Prozesse informiert war und daß dort nach wie vor die Entscheidungen in vielen Fragen getroffen wurden, auch wenn man sich nicht öffentlich und direkt einmischte. Das ablehnende Antwortschreiben entsprach den offiziell verbreiteten Ansichten über die Aktion in Waldheim. Es kam nicht in Frage, auch nur den leisesten Zweifel über die Rechtmäßigkeit der Urteile zuzulassen. (Dok. 5/7)

O. Nuschke ließ nun in den ihm bekannten Fällen nicht locker. Als Ergebnis eines Gespräches zwischen ihm, O. Grotewohl und M. Fechner kam es doch noch zu einer Nachprüfung der benannten Urteile. Das Ergebnis teilte der Justizminister am 5. Dezember 1950 dem Ministerpräsidenten mit. Interessant an diesem Schreiben, von dem leider die Seite 2 fehlt, ist, daß in den geprüften Fällen anerkannt wurde, daß nun Tatsachen vorlagen, die in den Verhandlungen unbeachtet geblieben waren. M. Fechner wies auf die Möglichkeiten hin, eine Begnadigung vorzunehmen. Sie sollte noch im

Dezember 1950 erfolgen. Aber durch das Eingreifen des Ministers für Staatssicherheit wurde sie verhindert.[52]

Vermutlich wollte man nun aber doch keine neuen Aktivitäten des Vorsitzenden der CDU heraufbeschwören. Eventuell in Anlehnung an die Verfahrensweise bei der Begnadigungsaktion durch die Landesregierung in Sachsen entschloß man sich im ZK der SED, O. Nuschke einen Teilerfolg zuzugestehen, in der Hoffnung, daß dann endlich Gras über die ganze Geschichte wachsen kann.

Am 22. Februar 1951 erfolgte die Information des sächsischen Ministerpräsidenten, M. Seydewitz, durch Sonderkurier, daß für H. M. und H.C. S. im Auftrag von O. Grotewohl eine Gnadenentschließung zu treffen sei. Die Anweisung kam direkt vom Chef der Regierungskanzlei in Berlin. Schon am gleichen Tag um 16.30 Uhr trat das Gesamtministerium in Dresden zu seiner 157. Sitzung zusammen und faßte die notwendigen Beschlüsse.[53] Am 24. Februar 1951, einen Tag nach O. Nuschkes Geburtstag, waren beide frei. Bei den anderen elf Personen, für die er sich eingesetzt hatte, blieb erst einmal alles beim Alten. Zwei von ihnen gehörten dann zu den neun Gefangenen, die noch 1952 vor dem 7. Oktober aus der Haft freikamen.

Man mag aus heutiger Sicht zum Wirken von O. Nuschke und anderen Vertretern der Blockparteien stehen, wie man will. In Sachen Waldheimer Prozesse machten sie wenigstens noch Versuche, eigenen Ansichten und Standpunkte durchzusetzen. Der Erfolg ihrer Bemühungen entsprach wohl dem Handlungsspielraum, den sie als führende Politiker einer Blockpartei noch hatten. Vielleicht war es aus ihrer Sicht der Ansatz zur Auseinandersetzung mit der SED mit kleinen Schritten, ohne zu ahnen, wie schnell das zur Disziplinierung und bedingungslosen Unterordnung führen würde. Aber um hier, wie in vielen anderen Einzelfragen, zu fundierten Aussagen zu gelangen, bedarf es weiterer konkreter historischer Forschungen.

Im Frühjahr 1952 begannen die Vorbereitungen zu einigen Gerichtsverfahren, die noch unmittelbar im engen Zusammenhang zu den Waldheimer Prozessen von 1950 standen. Bei den nicht nachlassenden Anfragen und Gnadengesuchen von Angehörigen der in Waldheim Verurteilten und bei den vorbereitenden Überlegungen zu Begnadigungsmöglichkeiten stieß man wohl auf jene Personen, denen 1950 kein Prozeß hatte gemacht werden können. Es handelte sich um die Überlebenden jener 72 Untersuchungshäftlinge, die man als nicht verhandlungs- und vernehmungsfähig eingestuft hatte.

Nun setzten Aktivitäten ein, um auch diese Prozesse nach den bekannten politischen und juristischen Richtlinien zum Abschluß zu bringen. Die meisten dieser Gefangenen befanden sich inzwischen seit fünf bis sechs Jahren in Haft ohne Gerichtsverfahren und ohne rechtskräftiges Urteil. Die Aktion bekam die Tarnbezeichnung Strafverfahren »Gera«. Eine erste Vorbesprechung fand am 17. März 1952 statt. Teilnehmer waren der Generalstaatsanwalt des Landes Sachsen, H. Hentschel, Oberstaatsanwalt R. Krügelstein und Staatsanwalt R. Purkert von der Generalstaatsanwaltschaft der DDR, ein Abteilungsleiter aus der HVDVP sowie ein Hauptabteilungsleiter des MdJ.[54]

Die ursprüngliche Planung sah vor, die Prozesse in Dresden zu veranstalten und nach den Vorgaben für die Verfahren in Waldheim zu arbeiten. In Aussicht standen 40 Verhandlungen, wobei 11 Anklagen vorlagen. Die restlichen Anklageschriften sollten in zwei bis drei Wochen fertig sein. Bei acht Personen war noch nicht abzusehen, ob sie verhandlungsfähig sein würden. Die Auswahl der Richter, Staatsanwälte und Schöffen erfolgte nach gleichen Gesichtspunkten wie 1950 für Waldheim, nur daß nun das MfS dabei mitwirkte und man auf Personen mit Waldheimerfahrung zurückgreifen konnte. Die SSK in Karlshorst bekam eine Information über das Vorhaben.[55]

W. Ulbricht erhielt um den 20. Mai Kenntnis von den Strafverfahren »Gera«, wie eine Aktennotiz vom 23. Mai 1952 bestätigt. Darin vermerkte A. Plenikowski, Leiter der Abteilung Staatliche Verwaltung im ZK, daß nur 11 Personen dem Gericht übergeben werden können. Die anderen 28 galten nach wie vor als verhandlungsunfähig. Bemerkenswert war die Feststellung: »Die Einsichtnahme in die Akten dieser Personen zeigt, daß bei 28 Internierten die Verübung irgendwelcher konkreter Verbrechen durch die Voruntersuchung nicht bewiesen ist. Lediglich eine Angeklagte (Erika J.) hat eingestanden, daß auf ihre Denunziation hin ein ausländischer Arbeiter hingerichtet wurde.«[56]

Das hielt die Verantwortlichen Leute der SED und der Justiz und der VP nicht davon ab, die Gerichtsverfahren dann doch wie gehabt in der Strafvollzugsanstalt Waldheim durchzuführen. Am 26. Mai 1952 bekamen die zuständigen Mitarbeiter im ZK der SED von der Generalstaatsanwaltschaft die Vorschläge, wie in den 28 möglichen Verhandlungen zu verfahren wäre. (Dok. 5/8) Ohne auf die einzelnen Fälle[57] einzugehen, bestätigte sich alles, was schon im Zusammenhang mit den Waldheimer Prozessen festgestellt werden konnte. Vor für zuständig erklärten Gerichten fanden ungesetzliche Verfahren statt. Wieder erfolgte die Verletzung grundlegender Verfassungsrechte wie das Recht auf Verteidigung sowie auf Entscheidungen durch unabhängige Richter. Bei der Verurteilung spielte die Feststellung des Grades der individuellen Schuld ebenfalls keine Rolle. Der abschließende Bericht vom 18. Juni 1952 lieferte dafür anschauliche Beispiele. (Dok. 5/9)

Im Sommer des Jahres 1952 reiften im ZK der SED Entschlüsse heran, die für etwa ein Drittel der in Waldheim Verurteilten das Ende der Haftzeit bringen sollten. Die Ursachen dafür müßten noch einmal eingehender untersucht werden, aber die wesentlichsten Faktoren lassen sich aus den bekannten Archivunterlagen ableiten. In einer Hausmitteilung von W. Ulbricht an A. Plenikowski vom 27. Juli 1952 stellte er die Aufgabe, mit Blick auf den dritten Jahrestag der Gründung der DDR Vorschläge zur Haftbefreiung und Strafminderung von Waldheimverurteilten zu erarbeiten. W. Ulbricht hielt dies für »zweckmäßig und in politischer Hinsicht für vorteilhaft«.[58]

Aus der Hausmitteilung geht hervor, daß eine »Anregung« für diese Maßnahme aus Karlshorst von der SKK kam. Die gerade abgeschlossene »Aktion Gera« machte deutlich, daß kein Sinneswandel zum grundsätzlichen Umgang mit den ehemaligen Internierten vorlag. Offensichtlich hielt man in der

SED-Führung die Zeit für gekommen, nun wie bei der Schließung der sowjetischen Internierungslager im Januar/Februar 1950 einen erneuten »Akt der Großmut« vorzuführen, um das politische Ansehen aufzubessern, das man nun nicht einmal mit der Besatzungsmacht teilen mußte. Damit trat das in Kraft, was bei der Vorbereitung der Waldheimer Prozesse mit zu den Überlegungen gehörte – »strenge Strafen, unabhängig davon, ob sie vollständig verbüßt werden«.

Sich zu einem solchen zweckmäßigen politischen Schritt zu entschließen, resultierte wohl mit aus den nicht nachlassenden Gnadengesuchen der Angehörigen, der wachsenden internationalen Kritik an den Waldheimer Prozessen und wahrscheinlich auch dem Drängen der SKK. Die Erklärungen von Politikern in der BRD zu Waldheim, westliche Presseveröffentlichungen, Aktivitäten der KGU und der Vereinigung freiheitlicher Juristen gegen die sogenannten Nazi- und Kriegsverbrecherprozesse registrierte die SED-Führung und verbuchte sie als feindliche Propaganda. Das Engagement Thomas Manns in einem Brief an W. Ulbricht für einen Gnadenakt für die Verurteilten konnte dieser vielleicht nicht in gleicher Weise ignorieren.[59]

Seinen Brief schloß T. Mann mit den Worten: »Ein Gnadenakt, großzügig und summarisch, wie diese Massenaburteilungen von Waldheim es in hohem Grade waren, das wäre eine solche gesegnete Geste, eine Friedenstat. Nutzen Sie Ihre Macht, um diesen Gnadenakt herbeizuführen! Darum bittet, das rät Ihnen ein alter Mann, in dessen Denken und Dichten die Idee der Gnade längst bestimmend hineinwirkt. Das deutsche Wort ›gnadenlos‹ hat einen eigentümlich doppelten Sinn. Es bedeutet zugleich ›unbarmherzig‹ und ›unbegnadet‹. Unbegnadet ist der starre Wahn, allein die ganze Wahrheit und das Recht auf unerbittliche Grausamkeit zu besitzen. Wer aber Gnade übt, der wird Gnade finden.«[60]

Eine Antwort W. Ulbrichts ist nicht bekannt. Es gibt auch keine Belege dafür, welche Wirkung dieser Brief von Ende Juni/Anfang Juli 1951 hatte. Letztlich führten wohl viele Überlegungen und Gesichtspunkte in der SED-Führung dazu, sich zu einem größeren Gnadenakt durchzuringen. Am 5. August 1952 befaßte sich das Politbüro unter anderem mit dem Tagesordnungspunkt: »Überprüfung der in Waldheim verurteilten Nazi- und Kriegsverbrecher an Hand der Akten zwecks Entlassung aus der Haft oder Verminderung der Strafen für einzelne Kategorien.«[61]

Die wichtigsten Festlegungen bestanden darin, unter Leitung des MfS eine Kommission zu bilden, die eine Überprüfung der Waldheimakten vornehmen sollte. Darin sollten auch Vertreter der Generalstaatsanwaltschaft des MdI und des MdJ mitarbeiten. Die Kommission entschied darüber, wer seine Strafe unvermindert behielt, wer eine Strafminderung bekam und wem Strafbefreiung zugebilligt wurde. Schon am 11. September 1952 lag das Ergebnis der Überprüfung von 3014 Akten vor. Schnelle Verurteilungen vertrugen offensichtlich auch eine schnelle Überprüfung.

Die sieben Kommissionsmitglieder, darunter drei mit Waldheimerfahrung, schlugen vor, 993 Strafen unverändert zu lassen, 1024 Strafen herabzumindern und 997 Verurteilte von der weiteren Verbüßung der Strafe völlig zu befreien. Wovon sie sich bei ihren Entscheidungen leiten ließen, ist schwer nachvollziehbar. Zur Entlassung kamen nicht nur Verurteilte mit kleineren Strafen zwischen 4 und 10 Jahren. Aus dieser Kategorie mußten einige weiter ihre Strafen verbüßen, und viele zu mehr als 15 Jahren Verurteilte kamen frei. 761 der Entlassenen hatten Strafen von 10 Jahren Zuchthaus und mehr, darunter 48 mit 20 Jahren, einer mit 22 Jahren, fünf mit 25 Jahren und zwei mit lebenslänglich. Am 30. September 1952 bestätigte die SKK die Vorschläge der Kommission bis auf drei Ausnahmen. Einer der zur Entlassung vorgeschlagenen und zwei Strafminderungen wurden nicht genehmigt. Einer dieser beiden war der in diesem Buch zitierte H. Klemke, der allerdings erst nach mehr als 40 Jahren durch den Verfasser davon erfuhr.

Am 6. Oktober 1950 begannen dann die Entlassungen in Waldheim. Jeder zu Entlassende wurde darüber belehrt, daß er über Angelegenheiten, welche die Strafvollzugsanstalt betreffen, nicht zu sprechen hat. Rudolf Hinrichs beschrieb seine damalige Situation: »Völlig mittellos entlassen, nur mit seinem Anzug, ein Paar Schuhen und einem Mantel als Habe, mit zehn Jahren Ehrverlust bestraft und ohne abgeschlossene Berufsausbildung stand ich vor dem Nichts. Mit 10,79 Mark Arbeitslosenunterstützung in der Woche und wenig Aussicht auf Arbeit für einen Exsträfling begann meine Freiheit.«[62]

Auch die in die BRD Entlassenen wurden nicht sofort mit offenen Armen empfangen. Bei einer Verurteilung wegen Verbrechen gegen die Menschlichkeit mit einer hohen Zuchthausstrafe bedurfte es einiger Anstrengungen, die Anerkennung als politischer Häftling zu erlangen. Der Waldheimer Kameradschaftskreis leistete hier über viele Jahre eine verdienstvolle Arbeit, aber dies wäre ein neues Kapitel. Diejenigen, die aus den unterschiedlichsten Gründen in der DDR blieben, mußten mehr als vierzig Jahre schweigen, bis sie überhaupt erst einmal über ihre Zeit in den Lagern und die Verurteilung in Waldheim ungestraft sprechen durften. Über viele Jahre blieben sie und ihre Familien der Überwachung durch das MfS ausgesetzt und nicht wenige konnten sich in ihrer beruflichen Entwicklung nie voll entfalten. Auch diese Dinge zu beleuchten, würde mehr Raum beanspruchen, als in einem Buch zur Verfügung steht.

Für diejenigen, die nur eine Strafminderung bekamen oder deren Strafmaß nicht verändert wurde, ging das Leben hinter Zuchthausmauern weiter. Die nächste größere Entlassungswelle erfolgte vom 10. bis zum 15. Juli 1954, bei der etwa 920 Waldheimverurteilte die Freiheit erhielten. Weitere rund 660 Personen entließ man am 30./31. Dezember 1955. Mit dem letzten größeren Schub am 28. April 1956 kamen noch einmal ungefähr 220 Waldheimer »201er« frei. Außerhalb der größeren Aktionen erfolgten auch einige Entlassungen zwischen Oktober 1952 und April 1956, wo die verhängten Strafen durch Strafminderungen oder normal abgelaufen waren.

Nach dem 28. April 1955 befanden sich noch etwa 30 Personen der Waldheimverurteilten in Haft. Eine der letzten Entlassungen erfolgte wahrscheinlich am 18. Dezember 1963 und am 12. August 1965 verstarb der einzige bis dahin noch im

Zuchthaus verbliebene Waldheimverurteilte. Wie er starben fast 470 der Waldheimer »201er«, ohne jemals die Freiheit wiederzuerlangen. Viele von ihnen liegen nebeneinander auf dem Gräberfeld des Döbelner Friedhofes am Krematorium. Auch der Tod machte keine Unterschiede zwischen unschuldigen Opfern und den wenigen, die in Waldheim als Täter vor Gericht standen.

Gerechtigkeit bekamen alle nicht, weder die Überlebenden noch die Toten. Den wenigen heute noch Lebenden oder deren Angehörigen bleibt die Möglichkeit der Kassation der Urteile. Die verlorenen Jahre, die gesundheitlichen Schäden und das ertragene Leid kann ihnen niemand zurückgeben. Sollen sie wenigstens als Opfer des stalinistischen Terrors in der DDR die ihnen gebührende Entschädigung und Achtung durch die Gesellschaft erhalten.

Mehr als vierzig Jahre mußten vergehen, um auf der Grundlage von Archivdokumenten die Vorbereitung und Durchführung der sogenannten Waldheimer Nazi- und Kriegsverbrecherprozesse von 1950 als historisches Ereignis darzustellen. Das damalige Geschehen ist ein anschauliches Beispiel dafür, wie schon in der Gründungsphase der ehemaligen DDR die SED-Führung ihre diktatorischen Machtpositionen vor allem auch in der Polizei und der Justiz sicherte und ausbaute, um sie letztlich rigoros als Instrumente zur Sicherung ihrer politischen Vorherrschaft einzusetzen. Was bei den Unrechtsprozessen vor Sondergerichten mit Schnellverfahren in Waldheim ausprobiert und praktiziert wurde, prägte seitdem in der DDR den Umgang mit politischen Gegnern oder unbequemen Andersdenkern.

Dabei schreckte die herrschende politische Kraft weder vor dem Mißbrauch des Antifaschismus noch vor der Verletzung selbstverkündeter rechtsstaatlicher Prinzipien zurück. Die Waldheimer Prozesse sind ein anschauliches Beispiel dafür, wie stalinistischer Terror in der DDR funktionierte und skrupellos von der SED-Führung eingesetzt wurde. Wer in das unerbittliche Räderwerk dieses totalitären stalinistischen Machtapparates geriet und sein Opfer wurde, mußte am eigenen Leibe verspüren, was heute als historisches Geschehen nachgelesen werden kann. Ob man aus der Geschichte Lehren ziehen kann, scheint fragwürdig, aber Anregung zum Nachdenken über unser Woher und Wohin sollte sie sein.

1 Vgl. SAD, LRS, Min.- Präs., 1578
2 Alle Gnadengesuche befanden sich in den Aktenbeständen des Sekretariats der Generalstaatsanwaltschaft der DDR – BAP, P-3, 622. Sie trugen keine Vermerke, daß sie irgendwo eingesehen oder bearbeitet wurden. Durch Juristen müßte festgestellt werden, ob nicht auch in Sachen Begnadigung Rechtsverletzungen begangen wurden.
3 BAP, P-3, 622
4 BAP, P-3, 622
5 Ebenda
6 R. Ahlers wurde von der 5. Kleinen Strafkammer am 13. Mai 1950 zu 15 Jahren Zuchthaus und den üblichen Sühnemaßnahmen verurteilt. In der Urteilsbegründung stand, daß er sich als »überzeugter Anhänger der nat. soz. Gewaltherrschaft offen bekannt und durch Einsetzen seines persönlichen Ansehens im kulturellem Leben wesentlich zur Stärkung und Erhaltung der nat. soz. Gewaltherrschaft beigetragen« hat. Sein »Verbrechen« bestand darin, daß er seiner schriftstellerischen Tätigkeit nachgegangen war und Romane sowie Erzählungen verfaßte, die dem damaligen Geschmack entsprachen.
7 Vgl. SAD, LRS, MdI, 4573
8 SAD, LRS, Min.-Präs., 1578
9 Ebenda
10 Ebenda
11 Ebenda
12 Vgl. H. Brandt, Hinter den Kulissen..., a.a.O.
13 SAD, LRS, Min.-Präs., 1579
14 Ebenda
15 Vgl. ebenda
16 Vgl. SAD, LRS, Min.-Präs., 1578
17 Abschluß der Nazi- und Kriegsverbrecherprozesse. In: ND, 14. September 1950
18 Ebenda
19 Die Unrechtmäßigkeit der Strafkammern in Waldheim als Sondergerichte resultierte insbesondere aus den Verstößen gegen:
- Artikel 134 der Verfassung der DDR
- Kontrollratsproklamation Nr. 3 Artikel III
- Ausführungsbestimmungen Nr. 3 zum Befehl 201 der SMAD in Verbindung mit J 8 der StPO
- J 153 Gerichtsverfassungsgesetz.

Vgl. u.a. Die Waldheimer Geheimprozesse..., a.a.O., S. 5 oder K. W. Fricke, Geschichte und Legende der Waldheimer Prozesse..., a.a.O., S. 1174 ff.
20 Abschluß der Nazi- und Kriegsverbrecherprozesse..., a.a.O.
21 Vgl. VAMdI, 39706, vgl. Anmerkung 2 Kapitel 1.
22 Vgl. ebenda
23 Vgl. ebenda
24 Diese Informationen bestätigte ein ehemaliger Mitarbeiter des Strafvollzuges in Brandenburg, den der Verfasser im Juli 1991 über das Wald-

heimarchiv befragte. Neben den Waldheimakten befanden sich dort auch 5484 sogenannte »Sachstandberichte« der von sowjetischen Militärtribunalen Verurteilten. VAMdI, 39706. Um was es sich dabei konkret handelt, kann der Verfasser nicht sagen, da diese Unterlagen mit den anderen Akten bisher nicht gefunden wurden.

25 Trotz gemeinsamer Bemühungen der zuständigen Mitarbeiterin im BAP, M. Fruth, sowie der Leiterin der Außenstelle Berlin des BAP, Dr. S. Mühl-Benninghaus, wurden lange keine konkreten Hinweise und Spuren über den Verbleib der Akten gefunden. Es lag die Vermutung nahe, daß diese Bestände Ende der 80er Jahre aus Gründen der weiteren Geheimhaltung vom MdI an das MfS überstellt wurden. Inzwischen sind diese Akten in einem Archiv in Berlin aufgefunden worden. Sei werden nach der archivarischen Aufbereitung auch für die historische Forschung zugänglich. An den grundsätzlichen Aussagen zur Vorbereitung und Durchführung der Prozesse wird sich nichts ändern.

26 Seit dem III. Parteitag der SED vom 20. bis 24. Juli 1950 eingeführte Leitungsorgane, die Entscheidungen zwischen den Parteitagen treffen durften. W. Ulbricht war zum Generalsekretär gewählt worden und hatte damit seinen Einfluß auf das ZK und das Politbüro zementiert. Er war der mächtigste Mann in der Parteispitze.

27 Vgl. SAD, LRS, Min.-Präs., 1578 oder ZPA J IV 2/2/116

28 BAP, P-3, 622. Siehe auch HSD, LRS, Min.-Präs., 1578

29 SAD, LRS, Min.-Präs., 1578. Beim Schreiben der Erklärung hat sich wahrscheinlich ein Fehler eingeschlichen. Es muß »147.« Sitzung heißen. In anderen Fassungen wurde der Fehler korrigiert.

30 Vgl. ebenda

31 Vgl. VAMdI, 39742 oder SAD, LRS, Min.-Präs., 1578

32 Bei meinen Ausführungen zu diesem Komplex stütze ich mich auf die von mir dazu gefundenen Akten, auf Gespräche mit ehemaligen Häftlingen sowie ihre Erinnerungsberichte, bisherige Darstellungen in Büchern und Artikeln sowie eigene Eindrücke bei einer Besichtigung des neuen Zellenhauses.

33 Widersprüchliche Aussagen gab es heute nach mehr als vierzig Jahren schon darüber, ob dies in der linken oder rechten Kellerseite geschah.

34 Vgl. VAMdI, 39742

35 Vgl. ebenda

36 Vgl. BAP, AB Kartei

37 Der Verfasser hält dies für möglich. Ihm ist aus den Akten bekannt, daß die Vollstreckung von Todesstrafen von den zuständigen Organen der SMAD in Karlshorst bestätigt werden mußte und bei anderen Hinrichtungen Vertreter der SMAD teilnahmen. Vgl. u.a. BAP, P-1, 353; P-1, 360; P-1, 820

38 In zahlreichen anderen Darstellungen oder Pressebeiträgen wurden immer wieder andere Personen als Henker von Waldheim benannt, die dort in der Anstalt tätig waren. Manchmal war der Betreffende bei der Hinrichtung anwesend, wie z.B. der ehemalige Leiter Operativ, VP-Rat J. Protze. Der auch manchmal als Henker von Waldheim benannte Leiter des neuen Zellenhauses, Schönfelder, gehörte nicht zu den 25 Personen, die in jener Nacht anwesend waren. Beiden war allerdings

gemeinsal, daß sie bei den Gefangenen wegen ihrer herrschsüchtigen und überheblichen Art verhaßt waren. Es gibt wahrscheinlich keinen Waldheimverurteilten, der sich nicht negativ an diese Personen erinnert.

39 G, Finn, Die politischen Häftlinge..., a.a.O., S. 90

40 Vgl. F. Göhler, Wurde eine Garrotte verwendet? In: Bundesnachrichtenblatt des Waldheim-Kameradschaftskreises, Nr. 48, April 1974

41 Bei einem Besuch in der Strafvollzugsanstalt wurde dem Verfasser eine Skizze gezeigt, die von einem ehemaligen Häftling stammt, dem man nach den Hinrichtungen eine solche Vorrichtung wie die Garrotte im Keller des neuen Zellenhauses zur Einschüchterung gezeigt haben soll. Warum hätte man allerdings damals jemanden, der nicht zu den zum Tode Verurteilten gehörte, etwas zeigen sollen, was der strengsten Geheimhaltung unterlag?

42 Einer der wenigen noch lebenden Zeugen, der damalige Leiter Operativ im Zuchthaus Waldheim, VP-Rat J. Protze, wird keine Angaben machen, um sich nicht selbst zu belasten, was die Teilnahme an den Hinrichtungen betrifft. Eine weitere Quelle wäre der Bericht eines der begnadigten Todeskandidaten, der irrtümlich erst zur Hinrichtung geführt worden sein soll. Dieser Bericht befindet sich im Besitz von F. Göhler, ehemaligem Bundesbeauftragten des Waldheim-Kameradschaftskreises. Er konnte sich nicht entschließen, diesen Bericht für eine Veröffentlichung freizugeben. Vgl. F. Göhler, Geschichte und Legende der Waldheimer Prozesse. In: Bundesnachrichtenblatt des Waldheim-Kameradschaftskreises, Nr. 66, Januar 1981. Der Verfasser bekam von F. Göhler Material für diese Publikation zur Verfügung gestellt. Den erwähnten Bericht behielt er trotz Nachfragens unter Verschluß, was der Verfasser respektiert und seinen Dank an F. Göhler nicht schmälert.

43 Vgl. VAMdI, 39742.

44 Vgl. B. Prieß, Unschuldig in den Todeslagern der NKWD, Calw 1991

45 Vgl. BAP, P-1, 3275

46 Vgl. ZAMdI, 11/1602

47 Die Ausführungen zum Gefangenenalltag stützen sich auf Informationen aus zahlreichen Erinnerungsberichten und Gesprächen mit ehemaligen Waldheimverurteilten. Es war nicht möglich, alle Einzelheiten des Gefangenenalltags zu zeigen. In dieser Publikation soll nur auf einige typische Dinge hingewiesen werden, die die Waldheimverurteilten betreffen und belegen, daß auch nach den Prozessen alles im Strafvollzug getan wurde, sie wie Nazi- und Kriegsverbrecher zu behandeln. Die Art des Strafvollzuges sollte die gefällten Urteile bestätigen.

48 Erinnerungen Günther Richter. Quelle beim Autor

49 Erinnerungen H. Klemke. Quelle beim Autor

50 BAP, AB, StVE K 228 A.3

51 Vgl. ZPA IV 2/13/431

52 Vgl. BAP, AB, StVE 3298

53 Vgl. SAD, LRS. Min.-Präs. 1587

54 Vgl. ZPA IV 2/13/427

55 Vgl. ebenda

56 Ebenda
57 Eine umfassendere Darstellung erfolgte von R. Beckert in einem Artikel in der Zeitschrift Neue Justiz. R. Beckert, Halbe Wahrheiten über Waldheimer Prozesse? In: NJ, 7/91, S. 301 ff.
58 Vgl. ZPA IV 2/13/427
59 T. Mann, Ein unbekannter Brief an Walter Ulbricht. In: Neue Rundschau, 2/1990, S.5 ff.
60 Ebenda, S.11
61 Vgl. ZAMdI, 11/695
62 R. Hinrichs, Ich war unschuldig in einem KZ – mußte jahrzehntelang schweigen. In: Elbland-Bote, 23/1990

Dokumente

Verzeichnis der Dokumente

5/1 Vermögenseinzug R. Ahlers
April bis November 1950
BAP, AB, ZB II 4354 A. 10

5/2 Beschluß Politbüro des ZK zu Todesurteile Waldheim
31. Oktober 1950
SAD, LRS, Min.-Präs., 1578

5/3 Beschlüsse des Gesamtministeriums in der 146. Sitzung
2. November 1950
SAD, LRS, Min.-Präs., 1578

5/4 Benachrichtigung der Ehefrau über die Ablehnung des Gnadengesuches von P. Müller
9. Dezember 1950
BAP, P-3, 622

5/5 Antrag auf Besuchserlaubnis, Besuchserlaubnisschein, Erlaubnisschein für ein Paket, Briefbeispiel
1950
BAP, AB, StVE K 142 A.
Quelle Brief beim Autor

5/6 Beispiel für Hausstrafe E. Zürzow
1951
BAP, AB, StVE k 181 A. 2 StVE Bautzen W 2614/50 K 19

5/7 Entwurf Antwort O. Grotewohl an O. Nuschke (Auszug)
September/Oktober 1950
ZPA IV 2/13/431

5/8 Abschluß der Strafverfahren »Gera«
26. Mai 1952
ZPA IV 12/13/427

5/9 Bericht über Strafverfahren »Gera«
18. Juni 1952
ZPA IV 2/13/427

5/1

Landesregierung Mecklenburg
Ministerium des Innern
II. A. Amt zum Schutze des
Volkseigentums

Schwerin, den 21.Okt.

An den
Rat der Stadt bzw. des Kreises
Dezernat: Innere Verwaltung
Schutz des Volkseigentums
in Wismar

Betr.: Vermögenseinzug nach Befehl 201

Laut Mitteilung des Landgerichtes Chemnitz wurde der:
Ahlers, Rudolf geb. 24. 8. 89 in Neu-Brandenburg
in Bad Kleinen b. Schwerin wohnhaft.

wegen Vergehens gegen die Kontrollrats-Direktive 38 zur Einziehung seines Vermögens rechtskräftig verurteilt.

In der Vermögenserklärung gibt der Verurteilte an:
Einfamilien-Haus 21000,– 1 Wohnzimmer, 1 Schlafzimmer, 1 Küche
Bankkonto Mecklenburger Band Bad Kleinen 10 000.–

zu besitzen.

Der angeführte Vermögensbesitz ist einzuziehen, Mobiliar und sonstige Einrichtungsgegenstände sind zu verkaufen und der Verkaufserlös dem Landeshaushalt zu überweisen.
Bei Grundbesitz ist die genaue Bezeichnung des Objektes (Grundstück, Betrieb, Wohnhaus) anzugeben. Ebenfalls sind die Handelsregister- und Grundbuchauszüge einzusenden und uns der Verwertungvorschlag für das Objekt zu unterbreiten.
Ist in der Vermögenserklärung des Verurteilten der Vermerk:

»kein Vermögen vorhanden«

angegeben, so ist von dort eine genaue Überprüfung der Vermögensverhältnisse des Verurteilten durchzuführen und bei einer evtl. Verschleierung oder Verlagerung von Vermögenswerten sind diese zu erfassen und einzuziehen. Die für den Lebensunterhalt unbedingt benötigten Gebrauchsgegenstände sind dem Verurteilten zu belassen.

Es ist erforderlich, bis spätestens 5. Nov. 1950 eine genaue Aufstellung über die eingezogenen Vermögenswerte und deren Verwertung nach hier einzureichen.

Im Auftrage
(Schmidt)
Oberreferent.

Der Rat des Kreises Wismar
Dezernat Innere Verwaltung
Abt.: Volkseigentum.
II.s.–Jhden.

Wismar, den 3. November 1950
Bauhofstrasse 1.

Betr.: Befehl 201.

Nach Angaben des inzwischen abgeurteilten

Rudolf Ahlers, Bad Kleinen, geb. 24.8.89

hat derselbe bei der dortigen Bank ein Konto (Uraltkonto?) in Höhe von etwa 10.000.–M.

Wir bitten, dieses Konto für jedermann zu sperren, bis die Landesregierung Ministerium für Finanzen, Schwerin, anderweitig darüber verfügt.

Ferner bitten wir die genaue Höhe des Kontos nach hierher bekannt zu geben.

Im Auftrage:

An die
Deutsche Notenbank
Wismar i/Meckl.

Bad Kleinen, den 2.11.1950

An den Rat des Kreises Wismar

Wismar

Aus dem Vermögen des Herrn Rudolf Ahler, Bad Kleinen, wurden heute folgende Möbelstücke eingeschätzt und wie folgt bewertet:

1 Bücherregal		DM 5,00
1 Schlafzimmerschrank		DM 80,00
1 Küchenbufett		DM 40,00
1 Küchentisch		DM 8,00
1 Kommode		DM 20,00
1 Bettstelle mit Matratze		DM 35,00
1 Schreibtisch		DM 50,00
1 Stuhl mit Brettsitz		DM 7,00
1 Sessel mit Ripsbezug		DM 10,00
	Summe:	DM255,00–

Tischlermeister   Bürgermeister

Der Rat des Kreises Wismar Wismar, den 4. November 1950
Dezernat Innere Verwaltung
Abt. Schutz d. Volkseigentums.
IX.c..-Jhden.

Protokoll

über das Vermögen des Herrn

Rudolf Ahlers, Bad Kleinen, geb. 24.8.89.

Am 1. November 1950 wurde das nachstehende Vermögen des Herrn Ahlers in Bad Kleinen sichergestellt und dem Rat der Gemeinde Bad Kleinen freuhänderisch übertragen/:

1 villenartiges Mehrfamilienhaus guter baulicher Zustand
Grundbuchamt Wismar Grundbuch Bad Kleinen Blatt 102
eingetragen Rudolf Ahlers, Bad Kleinen
Wert des Grundstücks mit kl. Hausgarten etwa 22.000,– DM.

Belastungen: 9.000,– eingetragene Hypotheken. Ferner sind im Grundbuch weitere 2.000,– und 2.700,– Hypotheken eingetragen, welche aber bereits zurückgezahlt und löschungsfähig sind.

1 Uralt-Sparkonto im Werte von etwa 10.000.– bei der Deutschen Notenbank in Wismar. Dieses Konto wurde lt. Anlage gesperrt.

Von dem im Urteil aufgeführten Möbiliar ist nur noch das in der Anlage verzeichnete Möbiliar vorhanden. Dasselbe wurde abgeschätzt und der gegenwärtige Wert beträgt 255,- DM.
Das übrige im Urteil aufgeführte Möbiliar ist durch die Ereignisse im Jahre 1945 verloren gegangen. Das Haus war lange Zeit von der seinerzeitigen Besatzungsmacht belegt.

Bezgl. des Möbiliars stellt die im Hause wohnhafte Tochter den Antrag auf kostenlose Überlassung des Möbiliars, da die Mutter (Ehefrau) bereits verstorben und sie daher Erbe geworden ist. Die Tochter ist verheiratet und das Möbiliar ist in Gebrauch genommen.
Falls eine kostenlose Überlassung nicht möglich sein sollte, bittet die Tochter um käufliche Überlassung.

Wismar, den 4. November 1950.
im Auftrage/:

5/2

Beschluß des Politbüros des ZK vom 31. Oktober 1950

Behandelt:
Todesurteile in Waldheim:

Beschlossen:
1) Dem Ministerpräsidenten von Sachsen wird vorgeschlagen, die Frage noch einmal im Kabinett zu behandeln, damit entsprechend den Wünschen der LDP-Vertreter einige Gnadengesuche überprüft werden können, damit eine Einstimmigkeit des Beschlusses erzielt wird.

2) Die Vollstreckung der Todesstrafe soll entsprechend den Bestimmungen über den Strafvollzug erfolgen.

3) Über die Stellung der Regierung ist in der Presse ausführlich zu berichten, wobei die Verbrechen der Verurteilten, besonders für die westdeutsche Bevölkerung bekannt gemacht werden sollen.

4) Das Politbüro hält es für statthaft einigen Gnadengesuchen stattzugeben.

5/3

Kanzlei des Ministerpräsidenten
des Landes Sachsen
Präs. 3 A 1 2478/50

Dresden A 50, 3. November 1950

An den
Herrn Generalstaatsanwalt
des Landes Sachsen
Dresden A 24
Bergstraße 25

Sehr geehrter Herr Generalstaatsanwalt!

Das Gesamtministerium hat in seiner 146. Sitzung am 2. November 1950 die nachstehenden Beschlüsse gefasst:

a) Den Gnadengesuchen für

1.) den am 8.1.1898 in Dresden geborenen
Dr.jur. Johannes August Eberhardt *Müller*,
der am 25. Mai 1950 durch Urteil der 4. Großen Strafkammer nach Befehl Nr. 201 des Landgerichts Chemnitz wegen Verbrechen nach KRDir. Nr. 38 und KRG. Nr. 10 zum Tode verurteilt wurde,

2.) den am 6.6.1895 in Oberlungwitz Krs. Chemnitz geborenen
Johannes Friedrich *Hommel*,
der am 9. Juni 1950 durch Urteil der 7. Großen Strafkammer nach Befehl Nr. 201 des Landgerichts Chemnitz wegen Verbrechen nach KRDir. Nr. 38 und KRG. Nr. 10 zum Tode verurteilt wurde,

3.) den am 20.4.1904 in Meerane geborenen
Werner Paul *Zieger*,
der am 2. Juni 1950 durch Urteil der 7. Großen Strafkammer nach Befehl Nr. 201 des Landgerichts Chemnitz wegen Verbrechen nach KRDir. Nr. 38 und KRG. Nr. 10 zum Tode verurteilt wurde,

4.) den am 4.5.1902 in Marienberg i. Sa. geborenen
Horst Franz *Hunger*,
der am 5. Mai 1950 durch Urteil der 9. Großen Strafkammer nach Befehl Nr. 201 des Landgerichts Chemnitz wegen Verbrechen nach KRDir. Nr. 38 und KRG. Nr. 10 zum Tode verurteilt wurde,

5.) den am 1.11.1913 in Berlin geborenen

Herbert Willi *Knöffler*,

der am 13. Juni 1950 durch Urteil der 9. Großen Strafkammer nach Befehl Nr. 201 des Landgerichts Chemnitz wegen Verbrechen nach KRDir. Nr. 38 und KRG. Nr. 10 zum Tode verurteilt wurde, wird dahingehend entsprochen, daß die ausgesprochenen Todesstrafen in lebenslängliche Freiheitsstrafen umgewandelt werden.

b) Die Gnadengesuche für

1.) den am 1.10.1912 in Mühlhausen i. Thür. geborenen

Horst Friedrich *Rechenbach*,

der am 13. Juni 1950 durch Urteil der 11. Großen Strafkammer nach Befehl Nr. 201 des Landgerichts Chemnitz wegen Verbrechen nach KRDir. Nr. 38 und KRG. Nr. 10 zum Tode verurteilt wurde,

2.) den am 29.9.1896 in Zella-Mehlis (Thür.) geborenen

Kuno Albin *Schneider*,

der am 10. Juni 1950 durch Urteil der 9. Großen Strafkammer nach Befehl Nr. 201 des Landgerichts Chemnitz wegen Verbrechen nach KRDir. Nr. 38 und KRG. Nr. 10 zum Tode verurteilt wurde,

3.) den am 4.1.1899 in Laubegast-Dresden geborenen

Martin Friedrich *Beyerlein*,

der am 23. Juni 1950 durch Urteil der 7. Großen Strafkammer nach Befehl Nr. 201 des Landgerichts Chemnitz wegen Verbrechen nach KRDir. Nr. 38 und KRG. Nr. 10 zum Tode verurteilt wurde,

4.) den am 22.10.1897 in Atzendorf Krs. Calbe/Saale, geborenen

Karl Friedrich *Steinberg*,

der am 9. Juni 1950 durch Urteil der 7. Großen Strafkammer nach Befehl Nr. 201 des Landgerichts Chemnitz wegen Verbrechen nach KRDir. Nr. 38 und KRG. Nr. 10 zum Tode verurteilt wurde,

5.) den am 15.6.1908 in Chemnitz geborenen

Arthur Albert *May*,

der am 12. Mai 1950 durch Urteil der 6. Großen Strafkammer nach Befehl Nr. 201 des Landgerichts Chemnitz wegen Verbrechen nach KRDir. Nr. 38 und KRG. Nr. 10 zum Tode verurteilt wurde,

6.) den am 2.4.1893 in Breslau geborenen

Ernst Karl *Kendzia*,

der am 13. Mai 1950 durch Urteil der 7. Großen Strafkammer nach Befehl Nr. 201 des Landgerichts Chemnitz wegen Verbrechen nach KRDir. Nr. 38 und KRG. Nr. 10 zum Tode verurteilt wurde,

7.) den am 18.11.1906 in Oberzetzscha Krs. Altenburg i. Thür. geborenen

Hellmut Friedheim *Peitsch*,

der am 27. Juni 1950 durch Urteil der 4. Großen Strafkammer nach Befehl Nr. 201 des Landgerichts Chemnitz wegen Verbrechen nach KRDir. Nr. 38 und KRG. Nr. 10 zum Tode verurteilt wurde,

8.) den am 19.3.1891 in Magdeburg geborenen

Walter Wilhelm *Lehne*,

der am 12. Mai 1950 durch Urteil der 2. Großen Strafkammer nach Befehl Nr. 201 des Landgerichts Chemnitz wegen Verbrechen nach KRDir. Nr. 38 und KRG. Nr. 10 zum Tode verurteilt wurde,

9.) den am 7.1.1921 in Aue i. Sa. geborenen

Helmut *Uhlig*,

der am 2. Juni 1950 durch Urteil der 6. Großen Strafkammer nach Befehl Nr. 201 des Landgerichts Chemnitz wegen Verbrechen nach KRDir. Nr. 38 und KRG. Nr. 10 zum Tode verurteilt wurde,

10.) den am 19.7.1890 in Krummenhagen Krs. Franzburg geborenen

Reinhold Otto Albert *Rummler*,

der am 24. Mai 1950 durch Urteil der 9. Großen Strafkammer nach Befehl Nr. 201 des Landgerichts Chemnitz wegen Verbrechen nach KRDir. Nr. 38 und KRG. Nr. 10 zum Tode verurteilt wurde,

11.) den am 29.6.1908 in Untersuhl i. Thür. geborenen

Paul *Coijanovic*,

der am 3. Juni 1950 durch Urteil der 9. Großen Strafkammer nach Befehl Nr. 201 des Landgerichts Chemnitz wegen Verbrechen nach KRDir. Nr. 38 und KRG. Nr. 10 zum Tode verurteilt wurde,

12.) den am 30.7.1896 in Wiessweinen Krs. Ragnitz geborenen

Friedrich *Duda*,

der am 22. Mai 1950 durch Urteil der 9. Großen Strafkammer nach Befehl Nr. 201 des Landgerichts Chemnitz wegen Verbrechen nach KRDir. Nr. 38 und KRG. Nr. 10 zum Tode verurteilt wurde,

13.) den am 15.9.1903 in Dresden geborenen

Heinz Martin *Rosenmüller*,

der am 24. Mai 1950 durch Urteil der 3. Großen Strafkammer nach Befehl Nr. 201 des Landgerichts Chemnitz wegen Verbrechen nach KRDir. Nr. 38 und KRG. Nr. 10 zum Tode verurteilt wurde,

14.) den am 10.3.1885 in Crimmitzschau Krs. Zwickau geborenen
Walter Karl *Schmidt,*
der am 9. Juni 1950 durch Urteil der 7. Großen Strafkammer nach Befehl Nr. 201 des Landgerichts Chemnitz wegen Verbrechen nach KRDir. Nr. 38 und KRG. Nr. 10 zum Tode verurteilt wurde,

15.) den am 13.5.1882 in Kaiserslautern geborenen
Herrmann Erhard *Hahn,*
der am 7. Juli 1950 durch Urteil der 9. Großen Strafkammer nach Befehl Nr. 201 des Landgerichts Chemnitz wegen Verbrechen nach KRDir. Nr. 38 und KRG. Nr. 10 zum Tode verurteilt wurde,

16.) den am 1.2.1903 in Berlin geborenen
Gerhard Hans Kurt Julius *Wischer,*
der am 23. Juni 1950 durch Urteil der 7. Großen Strafkammer nach Befehl Nr. 201 des Landgerichts Chemnitz wegen Verbrechen nach KRDir. Nr. 38 und KRG. Nr. 10 zum Tode verurteilt wurde,

17.) den am 8.1.1894 in Kreuzburg/O.S. geborenen
Carl Erhardt *Geppert,*
der am 16. Mai 1950 durch Urteil der 6. Großen Strafkammer nach Befehl Nr. 201 des Landgerichts Chemnitz wegen Verbrechen nach KRDir. Nr. 38 und KRG. Nr. 10 zum Tode verurteilt wurde,

18.) den am 30.1.1905 in Hartha b. Dresden geborenen
Erich Willy *Pietzsch,*
der am 6. Mai 1950 durch Urteil der 2. Großen Strafkammer nach Befehl Nr. 201 des Landgerichts Chemnitz wegen Verbrechen nach KRDir. Nr. 38 und KRG. Nr. 10 zum Tode verurteilt wurde,

19.) den am 27.5.1892 in Delitzsch geborenen
Paul *Müller,*
der am 10. Juni 1950 durch Urteil der 9. Großen Strafkammer nach Befehl Nr. 201 des Landgerichts Chemnitz wegen Verbrechen nach KRDir. Nr. 38 und KRG. Nr. 10 zum Tode verurteilt wurde,

20.) den am 4.8.1889 in Stralsund geborenen
Rudolf Wilhelm Karl Hans *Niejahr,*
der am 9. Mai 1950 durch Urteil der 7. Großen Strafkammer nach Befehl Nr. 201 des Landgerichts Chemnitz wegen Verbrechen nach KRDir. Nr. 38 und KRG. Nr. 10 zum Tode verurteilt wurde,

21.) den am 26.6.1885 in Oppeln/O.S. geborenen
Heinrich *Koplowitz,*
der am 10. Mai 1950 durch Urteil der 11. Großen Strafkammer nach Befehl Nr. 201 des Landgerichts Chemnitz wegen Verbrechen nach KRDir. Nr. 38 und KRG. Nr. 10 zum Tode verurteilt wurde,

22.) den am 15.3.1892 in Leipzig geborenen
Alfred Robert *Herzog,*
der am 13. Juni 1950 durch Urteil der 11. Großen Strafkammer nach Befehl Nr. 201 des Landgerichts Chemnitz wegen Verbrechen nach KRDir. Nr. 38 und KRG. Nr. 10 zum Tode verurteilt wurde,

23.) den am 17.11.1906 in Leipzig geborenen
Ernst Karl Johann *Heinicker,*
der am 21. Juni 1950 durch Urteil der 11. Großen Strafkammer nach Befehl Nr. 201 des Landgerichts Chemnitz wegen Verbrechen nach KRDir. Nr. 38 und KRG. Nr. 10 zum Tode verurteilt wurde,

24.) den am 5.9.1891 in Neustadt Krs. Pirna geborenen
Kurt Johann *Hentschel,*
der am 22. Juni 1950 durch Urteil der 9. Großen Strafkammer nach Befehl Nr. 201 des Landgerichts Chemnitz wegen Verbrechen nach KRDir. Nr. 38 und KRG. Nr. 10 zum Tode verurteilt wurde,

25.) den am 7.6.1892 in Chemnitz geborenen
Friedrich *Heinicke,*
der am 9. Juni 1950 durch Urteil der 6. Großen Strafkammer nach Befehl Nr. 201 des Landgerichts Chemnitz wegen Verbrechen nach KRDir. Nr. 38 und KRG. Nr. 10 zum Tode verurteilt wurde,

werden abgelehnt und damit Gnadenerweise versagt.

c) Es wird abgelehnt, von dem Begnadigungsrecht
für den am 20.3.1899 in Jüterbog geborenen
Friedrich Wilhelm *Klitzke,*
der am 20. Mai 1950 durch Urteil der 4. Großen Strafkammer nach Befehl Nr. 201 des Landgerichts Chemnitz wegen Verbrechen nach KRDir. Nr. 38 und KRG. Nr. 10 zum Tode verurteilt worden und für den kein Gnadengesuch eingegangen ist,
Gebrauch zu machen.

Sie werden ersucht, umgehend festzustellen, ob die Regierung der Tschechoslowakischen Republik gegen den unter b Nr. 8 obenangeführten Walter Wilhelm *Lehne* ein Verfahren eingeleitet und seine Auslieferung verlangt hat oder ob mit einem derartigen Antrag zu rechnen ist.

Chef der Kanzlei des Ministerpräsidenten

5/4

Der Generalstaatsanwalt im Lande Sachsen
Einschreiben!

(10a) Dresden A 24, am 9. Dezember 1950

Frau
Anna Müller
Altranstädt Krs. Merseburg
Lindenstr. 15

Nachdem das Urteil der 9. Grossen Strafkammer nach Befehl Nr. 201 des Landgerichts Chemnitz, durch das Ihr am 27.5.1892 in Delitzsch geborener Ehemann

Paul M ü l l e r

wegen Verbrechen nach KRDir. Nr. 38 und KRG. Nr. 10 zum Tode verurteilt wurde, rechtskräftig geworden war, hat die Sächsische Landesregierung beschlossen, das vorliegende Gnadengesuch abzulehnen und von seinem Begnadigungsrecht keinen Gebrauch zu machen.

Nach der daraufhin am 4.11.1950 erfolgten Vollstreckung des Urteils fand die Einäscherung und Beisetzung statt.

Der Generalstaatsanwalt im Lande Sachsen
I.V.:
(W.)
Erster Staatsanwalt

5/5

Dieser Erlaubnisschein ist dem Paket wieder beizulegen!

Erlaubnisschein für ein Paket

Registrier-Nr. des Gutscheines: 09/03338

für Monat: März Nr. 1

Auf Grund der guten Führung des Strafgefangenen wird die Zusendung eines Monatspakets gestattet. Das Paket kann enthalten:

500 g Fett (Butter, Schmalz oder Margarine), 250 g Käse, 250 g Speck, 500 g Wurst, 500 g Kristall- od. Würfelzucker; für den Rest: Obst, Zwiebeln, Markenkeks in Original-Verpackung. — Das Gewicht der Lebensmittel darf 3 kg netto nicht übersteigen. Falls eins der vorgenannten Lebensmittel nicht vorhanden, kann die fehlende Menge durch Obst, Zwiebeln oder Markenkeks in Originalpackung ergänzt werden.

Das Paket darf nicht enthalten: Backwaren aller Art (außer Markenkeks in Original-Verpackung), Genußmittel, Tabakwaren jeder Art, Süßwaren (außer Kristall oder Würfelzucker), sogenannte Stärkungsmittel, Medikamente, Toiletten-Gegenstände, Geld, Briefmarken. — Post oder Fotos dürfen ebenfalls nicht beigelegt werden.

Ein Inhaltsverzeichnis über die gesandten Lebensmittel ist in das Paket einzulegen.

Die Verpackung der Lebensmittel darf nicht in Dosen, Büchsen, Einweckgläsern erfolgen. Außerdem dürfen darin keine Metallgegenstände (Nadeln u. ä.) enthalten sein.

1563

Wenn Sie Wert darauf legen, daß die Lebensmittel rasch an Ihren Angehörigen ausgehändigt werden sollen, so halten Sie sich bitte unbedingt an vorstehende Richtlinien. Senden Sie nicht mehr als 3 kg netto, damit wir nicht gezwungen sind, das Paket zurückzusenden oder gar die Erlaubnis für weitere Pakete verweigern zu müssen. Sie vermeiden sich selbst Ärger und Unkosten und Ihrem Angehörigen Verdruß.

SV 37
VP 00 8.52

Seife und Zahnputzmittel werden von seiten der Anstalt ausgegeben.

Der Leiter der Anstalt

5/6

Verantwortliche Vernehmung

Es erscheint der – die Strafgefangene Zürzow, Ernst, geb. am 8.9.1890 und gibt auf Befragen, mit dem Gegenstand der Vernehmung vertraut gemacht und zur Wahrheit ermahnt, folgendes an:

Zur Person:

Zürzow, Ernst, geb. am 8.9.1890 in Würzburg

Letzter Wohnort:	Blankenburg Rübeländer Str. 7
Beruf:	Eisenbahn Oberinspekteur

Zur Sache:

Ich gebe zu, zusätzlich noch ein paar Fußlappen in meinen Besitz gehabt zu haben; ich gab diese Fußlappen nicht ab und benutzte sie mit.

Geschlossen:

Strafvollzugsanstalt Waldheim
Dienststelle   Waldheim,den 5.1.1952

Hausstrafverfügung

1. Zu den Personalakten

2. Zur Eintragung in das Strafbuch   Strafbuch Nr. ...

Tatbestand:

Der Strafgefangene *Zürzow,* verheimlichte ein paar Fußlappen.

Straftenor

Zürzow, Ernst   8.9.90   Gefangenen-Nr.: 711

ist wegen Verstoßes gegen die Hausordnung gemäß § 115 Abs. I,1 mit 12 Tagen verschärften Arrest bestraft worden.

Begründung:

Verstoss gegen die Hausordnung

Diese Bestrafung ist dem – der Obengenannten am 5.1.1952 durch den VP.-Mstr. *Graichen*   bekanntgegeben worden.

(Walke, Anstaltsl. VP.-Kommandeur)

5/7

Entwurf

Deutsche Demokratische Republik Berlin, den ...
Der Ministerpräsident

Streng vertraulich!

Herrn
....

Betrifft: Verurteilung von Nazi- und Kriegsverbrechern durch das Landgericht Chemnitz.
Bezug: Ihr Schreiben vom 17.8.1950.

Sehr geehrter ....!

Die in Ihrem Schreiben vom 17.8. dargelegte Auffassung über die Behandlung und Aburteilung der den staatlichen Organen der Deutschen Demokratischen Republik aus dem Gewahrsam der sowjetischen Organe übergebenen Nazi- und Kriegsverbrecher gaben mir Veranlassung, eine Prüfung vorzunehmen.

Das Ergebnis der von mir eingeleiteten Prüfung ergibt folgende grundsätzliche Feststellungen:

1. Es entspricht nicht den Tatsachen, daß ein ordnungsgemäßer Strafvollzug in der Strafanstalt Waldheim nicht gewährleistet ist und das Kranke und gesunde Verurteilte in gemeinsamen Zellen ihre Strafe verbüßen. In der Strafanstalt Waldheim ist bekanntlich ein Krankenhaus mit allen dazugehörenden Einrichtungen vorhanden.

2. Die Öffentlichkeit war zu den Prozessen gegen die Kriegs- und Naziverbrecher zugelassen. Es wurden Einlaßkarten für die Besucher der einzelnen Strafkammern verabfolgt. Es ist verständlich, daß die Zahl der Einlaßkarten beschränkt war, da die Räumlichkeiten der Prozessgebäude für die 20 Strafkammern äußerst bemessen waren.

3. Mit der Durchführung der Gerichtsverfahren waren nicht Volksrichter beauftragt, die in ihrer »Weltfremdheit die Mentalität der Hitlerzeit« nicht gekannt oder nicht berücksichtigt haben, sondern Volksrichter, die bereits in mehrjähriger praktischer Tätigkeit als Richter oder Staatsanwalt unter Beweis gestellt haben, daß sie die demokratische Gesetzlichkeit richtig anzuwenden verstehen.

4. Der Vorschlag, einen Prüfungsausschuß durch den Ministerrat einzusetzen, der die ergangenen Urteile nachprüft, die beteiligten Staatsanwälte, Richter sowie die geschäftsführenden Angestellten vernehmen soll, muss als verfassungswidrig abgelehnt werden. Bekanntlich heißt es im Artikel 127 der Verfassung:

»Die Richter sind in ihrer Rechtsprechung unabhängig und nur der Verfassung und dem Gesetz unterworfen.«

Die Verfahren sind von ordnungsgemäßen Strafkammern des Landgerichts Chemnitz und vom Revisionssenat des OLG. Dresden auf der Grundlage des Kontrollratsgesetzes Nr. 10 und der Direktive Nr. 38 durchgeführt.
Gegen die Verfassung oder gegen die Gesetze ist vom Landgericht Chemnitz oder von einem Richter nicht verstoßen worden, so daß eine Nachprüfung der erfolgten Rechtsprechung in der vorgeschlagenen Form unmöglich ist.

Soweit meine Feststellungen zu den in Ihrem Schreiben dargelegten Auffassungen.

5/8

Berlin N4, Den 26. 5. 1952

DER GENERALSTAATSANWALT
DER DEUTSCHEN DEMOKRATISCHEN REPUBLIK

An das Zentralkomitee
der Sozialistischen Einheitspartei Deutschlands
– z. Hd. d. Gen. Spank –
Berlin N 54
Wilhelm Pieck Str. 1

Betr.: Abschluß des Strafverfahrens »Gera«.

Im Strafverfahren »Gera« befinden sich in der Strafanstalt B. noch 11 Beschuldigte, in der Strafanstalt W. noch 27 Beschuldigte, deren Aburteilung ich wie folgt vorschlage:

I. Strafanstalt B.292 305

1) A., Adolf
Der Beschuldigte war seit 1937 Mitglied der NSDAP und von 1935 bis 1937 Mitglied der SA. Seit 1944 war er Prokurist in der Zellwoll-AG in Schwarza/Thüringen. Wie sich aus dem Entlassungsschreiben der Zellwoll-AG ergibt, hat der Beschuldigte für den flüchtigen Dr. Sudeck SD-Dienste geleistet.
Der Beschuldigte hat im Westen Verwandte und wird voraussichtlich nach seiner Entlassung nach Westdeutschland gehen.
Ich halte ein Strafmaß von 7 Jahren Zuchthaus unter Anrechnung der erlittenen Haft für ausreichend.

2) J., Erika
Die Beschuldigte hat im Jahre 1942 einen Ostarbeiter, welcher auf dem elterlichen Hof als Zwangsarbeiter beschäftigt war, bei der Polizei angezeigt, weil er sie bei einer gemeinsamen Feldarbeit angeblich vergewaltigen wollte. Obwohl sie sich des Angriffs zu erwehren vermochte, ist sie dennoch zur Polizei gegangen und hat die Anzeige erstattet. Im Verlaufe der Vernehmung durch die Gestapo hat sie auch noch politische Äußerungen des Zwangsarbeiters, wodurch er sein Missfallen an Hitlerischen Massnahmen zum Ausdruck gebracht hatte, offenbart. Ob dieser Ostarbeiter ein Staatsbürger der Sowjetunion oder Polens war, konnte nicht festgestellt werden. Der zur Anzeige gebrachte Ostarbei-

ter wurde einige Wochen später unter Hinzuziehung weiterer Zwangsarbeiter öffentlich gehängt.
Gegen die Beschuldigte ist ein Strafmaß von 10–12 Jahren Zuchthaus unter Anrechnung der erlittenen Haft vorgesehen.

3) G., Friedrich
Der Beschuldigte war seit 1939 Mitglied der NSDAP und Richter am ehemaligen Reichsgericht in Leipzig. Von 1942–1943 war er Mitarbeiter im Kreisrechtsamt der Kreisleitung der NSDAP und Blockleiter.
Gegen den Beschuldigten ist ein Strafmaß von 7 Jahren Zuchthaus unter Anrechnung der bisher erlittenen Haft vorgesehen.

4) H., Wilhelm
Der Beschuldigte war seit 1933 Mitglied der NSDAP und Ortsgruppenleiter in seiner Gemeinde. 1934 verpflichtete er sich schriftlich, für den Sicherheitsdienst zu arbeiten. Er wurde in seiner Gemeinde und in der Umgebung Stützpunktleiter des SD.
Gegen den Beschuldigten ist ein Strafmaß von etwa 7 Jahren Zuchthaus unter Anrechnung der bisher erlittenen Haft vorgesehen.

5) N., Ernst
Der Beschuldigte ist seit 1932 Mitglied der NSDAP und nahm aktiv an Propaganda- und Werbeaktionen teil. Im Februar 1933 wurde er Abteilungsleiter der Kreisrechtsberatungsstelle in Lichtenberg, 1936 war er Kreisamtsleiter und wurde 1944 zum Bezirksbürgermeister in Berlin-Spandau ernannt. Nach dem faschistischen Einmarsch in Polen, an dem er als Gefreiter teilgenommen hatte, wurde er aus der Wehrmacht entlassen und als Stadtrat in Berlin-Lichtenberg eingesetzt. 1940 wurde er erneut eingezogen, und zwar im Range eines Kriegsverwaltungsrates.
(Anmerkung des Verfassers: in weiteren 22 Fällen wurde ähnlich verfahren.)
...

III.
Die vorgetragene Sachbehandlung habe ich mit unseren Freunden besprochen, und diese stimmen der Sachbehandlung zu.
Falls von dort keine Einwendungen erhoben werden, ist beabsichtigt, die Verfahren in dem vorgetragenen Sinne spätestens binnen 3 Wochen zum Abschluß zu bringen.
Die Beschuldigten von Ziff. 24 bis 27 sollen ohne Urteil haftentlassen werden, doch soll vorher an deren Angehörige eine Mitteilung ergehen, damit sich die Angehörigen dieser entlassenen Häftlinge annehmen.

Eine Einweisung der an Schizophrenie erkrankten Häftlinge in eine Heil- und Pflegenanstalt wäre nur dann möglich, wenn sie z. Zt. der Tat bereits an dieser Krankheit gelitten hätten und eine Gefahr für die öffentliche Sicherheit bedeuten würden. Da dies jedoch nicht der Fall ist, kann eine Einweisung in eine Heil- und Pflegeanstalt nicht erfolgen.

Im Interesse der beschleunigten Durchführung der Verfahren liegt es auch, wenn für alle Verfahren Rechtsanwalt Jäger als Offizialverteidiger zugelassen wird.

Ich bitte um baldmöglichste Mitteilung, ob von dortaus irgendwelche Bedenken gegen diese Sachbehandlung bestehen.

Mit sozialistischem Gruß!
In Vertretung:

5/9

An das
Zentralkomitee der Sozialistischen Einheitspartei Deutschlands
z. Hd. der Gen. M. Fuchs
Berlin N 54
Wilh. Pieck Str. 1

Bericht
über die Durchführung der Strafverfahren »Gera«

Seit Anfang Juni 1952 wurden zwecks Durchführung der Verhandlungen Vorbereitungen getroffen, um den reibungslosen Ablauf derselben zu gewährleisten. Es wurde vorgesehen, den Verhandlungssaal in der Strafvollzugsanstalt Waldheim, Hauptgebäude, einzurichten, wodurch die Sicherheit gegeben war, daß keine unbefugten Personen den Ablauf der Verhandlungen stören konnten. ...

Bei der Durchführung der restlichen 36 Verfahren entstanden keine besonderen Schwierigkeiten und es wurde in allen Fällen auf die Einlegung eines Rechtsmittels verzichtet.
In einem Fall war ich der Auffassung, daß der Angeklagte nicht in dem Maße schuldig war, wie es die Kontrollratsdirektive 38 verlangt, so daß meinem Antrag, den Angeklagten mangels Beweises freizugeben, vom Gericht entsprochen wurde.
In einem anderen Fall, und zwar war es der Angeklagte M. sah ich mich veranlaßt, das Verfahren auszusetzen und zwei Zeugen zu laden, da der Angeklagte die ihm zur Last gelegten strafbaren Handlungen ableugnete. Nach dem Erscheinen der Zeugen mußte der Angeklagte zugeben, daß er als Wachmann beim Werkschutz den erschienenen Zeugen T., welcher holländischer Staatsbürger ist, der Gestapo übergeben hatte. Aus diesem Grunde habe ich gegen den Angeklagten eine höhere Freiheitsstrafe beantragt.
Insgesamt wurde gegen 36 Personen verhandelt. In einem Fall erfolgte ein Freispruch mangels Beweises und in zwei Fällen Freispruch mangels Schuld, da den zwei Frauen gemäß ärztlichen Gutachten des Sachverständigen der § 51, Absatz 1 z. Zt. der Tat zugebilligt wurde. In dem Fall gegen den Angeklagten F., welcher im Jahre 1950 sein Gehör verloren hat, wurde schriftlich verhandelt und der Angeklagte mangels Beweises nach KD 38, Art. III A III freigesprochen, jedoch nach Kontrollratsbefehl 2 (unerlaubter Waffenbesitz) zu der Zeit verurteilt, welche er einsaß. Vier Personen sind verstorben, so daß das Verfahren

gegen dieselben eingestellt werden konnte. Von einer Vermögenseinziehung bei diesen Personen wurde abgesehen, da meistens nichts vorhanden ist. In sämtlichen anderen Verfahren, wo eine Verurteilung erfolgte, wurde das Vermögen eingezogen.
Für sämtliche Angeklagten war vom Gericht aus der Rechtsanwalt J. aus Potsdam als Pfichtverteidiger beigeordnet worden. Er hat durch dienstliche Abwesenheit nicht in allen Fällen die Angeklagten in der Hauptverhandlung vertreten können. Zu den kompliziertesten Fällen – wie Dr. A, Erika J. usw. – war er anwesend und hat in seinem Plädoyer jeweils den objektiven und subjektiven Tatbestand festgestellt und dementsprechend auch seine Anträge gestellt. Es sind keine Differenzen irgendwelcher Art aufgetreten.
Die Zuführung der Gefangenen zur Verhandlung sowie deren Abtransport ging ohne Zwischenfall vonstatten, da die Volkspolizei der Strafvollzugsanstalt sich die größte Mühe gab, den reibungslosen Ablauf zu sichern.
Durch Rücksprache mit dem Leiter der Strafvollzugsanstalt, Gen. W., wurde vereinbart, daß die Volkspolizei-Angehörigen, welche dienstfrei hatten, an den Verhandlungen in Zivil teilnehmen konnten. Dadurch war auch gegenüber den Angeklagten die Öffentlichkeit der Verhandlung gewahrt.
Die Angeklagten, welche abgeurteilt waren, kamen jeweils nach der Verhandlung nicht mehr in ihr altes Zimmer bzw. Zelle zurück, sondern sie kamen in einen anderen Raum. Damit wollte ich verhindern, daß die anderen schon 1950 abgeurteilten Gefangenen keine Schwierigkeiten dem Personal gegenüber bereiteten. Dennoch ist es aber innerhalb der Anstalt durchgesickert, daß die jetzt Verurteilten entlassen werden, was eine gewisse Unruhe hervorgerufen hat.
Bezüglich der Entlassung der Verurteilten bin ich der Ansicht, daß keine Schwierigkeiten entstehen werden, da ich der Hauptverwaltung Deutsche Volkspolizei eine Liste mit den vollstreckbaren Ausfertigungen sowie Aufnahme-Ersuchen für die Strafvollstreckung übergeben habe.
In einer Besprechung mit dem Genossen W. bezüglich der zu entlassenden Strafgefangenen erklärte er mir, daß in der Strafvollzugsanstalt W genügend Textilien vorhanden sind, um die zu Entlassenden voll einzukleiden.
Die Kontrolle über die ordnungsmässige Entlassung der Verurteilten behalte ich mir vor und werde nach Abschluß der ganzen Angelegenheit nochmals darüber Bericht erstatten.

Berlin, den 18. Juni 1952
Pur/Schu. (P.)
Staatsanwalt

Nachwort

Als Resümee seiner Arbeit zu den sogenannten Waldheimer Nazi- und Kriegsverbrecherprozessen von 1950 kam der Verfasser zu einigen Überlegungen, die für die weitere Beschäftigung mit dieser Problematik nützlich sein können.

Die bisherige Einschätzung der Waldheimer Prozesse durch Historiker und Juristen der ehemaligen DDR war falsch. Es handelte sich in den meisten Fällen nicht um Prozesse gegen schwerbelastete Nazi- und Kriegsverbrecher. Sie dürfen nicht kritiklos in die Bilanz der DDR bei der Abrechnung mit dem Faschismus einbezogen werden, weil das im Widerspruch zum tatsächlichen Geschehen steht.

Die Prozesse fanden unter direkter Anleitung und Regie der SED-Führung statt. Eine der unmittelbar dafür verantwortlichen Personen war W. Ulbricht. Die Prozesse sind ein anschauliches Beispiel dafür, wie die stalinistische Rechtsauffassung in der Praxis funktionierte. Die SED-Führung erprobte in Waldheim, wie die Justiz zur Sicherung der Machtverhältnisse sowie zur Disziplinierung der politischen Verbündeten und Gegner genutzt werden kann. Es gelang der SED, ihren Führungsanspruch in der Justiz durchzusetzen und ihn in der VP zu festigen. Maßstab für Recht oder Unrecht wurde die von der Führung der SED festgelegte politische Linie, die man mit Hilfe der Parteidisziplin durchdrückte.

Die historische Einschätzung der Waldheimer Prozesse muß im Zusammenhang mit den damaligen politischen Verhältnissen in Deutschland erfolgen. Ihre Durchführung war mit dem Anliegen der führenden politischen Kräfte der gerade gegründeten DDR verbunden, die Schuldigen für die zwischen 1933 und 1945 im Namen Deutschlands begangenen Nazi- und Kriegsverbrechen zur Verantwortung zu ziehen. Zugleich begann der Mißbrauch des Antifaschismus als staatlich verordnete Ideologie zur Unterdrückung und Verurteilung tatsächlicher oder potentieller politischer Gegner. Die Inszenierung der Waldheimer Prozesse sollte den Abschluß der Abrechnung mit den Sympathisanten und Mitgliedern der NSDAP signalisieren. Wer bis dahin nicht vor Gericht stand, hatte nichts mehr zu befürchten, wenn er sich mit der neuen Ordnung arrangierte oder sich wenigstens nicht als Gegner betätigte. Wie man mit den Gegnern zu verfahren gedachte, hatte Waldheim anschaulich demonstriert.

In Waldheim tagten zweckbezogene Ausnahmegerichte, deren Urteile wegen nachgewiesener schwerster verfahrensrechtlicher Verstöße absolut und unheilbar nichtig sind. Es ging in den Prozessen nicht um den Nachweis von Schuld oder Unschuld – wer nach Waldheim kam, war verurteilt, nur die Höhe seiner Strafe galt es noch zu bestimmen.

Seitens der UdSSR und der DDR herrschte im wesentlichen Einklang über die Auflösung der sowjetischen Speziallager und die Durchführung der Prozesse in Waldheim. Beide Seiten versuchten mit der Aktion ihr politisches Ansehen aufzubessern. Obwohl die Hinweise in den Archivalien über das direkte Zusammenwirken dürftig sind, belegen die bisher gefundenen Fakten dies trotzdem recht klar. Es geschah nichts, wovon die sowjetische Seite nicht informiert war und was zugleich deren Billigung fand. Der Versuch, die Waldheimer Prozesse als antifaschistischen Beleg für die Legitimität der DDR als besseren Teil Deutschlands zu nutzen, mißlang.

Nach mehr als 40 Jahren ist es endlich möglich, nicht nur einen Blick hinter die Kulissen der sogenannten Waldheimer Nazi- und Kriegsverbrecherprozesse von 1950 zu werfen. Niemand dürfte heute noch die Augen davor verschließen, daß diese Prozesse nicht nur schlimme Folgen für jene Menschen hatten, die nach mehrjähriger Internierung in sowjetischen Speziallagern von den Machthabern der eben gegründeten DDR in das Zuchthaus Waldheim zur Massenaburteilung gebracht wurden. Heute wird nach und nach durchschaubar, welche Rolle diese Prozesse tatsächlich für die SED-Führung bei der Absicherung und Ausgestaltung der stalinistischen Machtstrukturen spielten. Für alle, die in diesen Prozessen zu

Unrecht als Nazi- und Kriegsverbrecher vor Gericht standen, war und bleibt das damalige Geschehen »der Gipfel der Niederträchtigkeit«, wie ein ehemaliger Waldheimer 201er einmal treffend formulierte.

Abkürzungen

Abschn.	Abschnitt
Art.	Artikel
BDM	Bund Deutscher Mädel
BRD	Bundesrepublik Deutschland
CDU	Christlich-Demokratische Union
DAF	Deutsche Arbeitsfront
DDR	Deutsche Demokratische Republik
DEFA	Deutsche Film – AG
DVP	Deutsche Volkspolizei
FDGB	Freier Deutscher Gewerkschaftsbund
HA	Hauptabteilung
HA HS	Hauptabteilung Haftsachen
HJ	Hitlerjugend
K	Kriminalpolizei
KD	Kontrollratsdirektive
KG	Kontrollratsgesetz
KgU	Kampfbund gegen Unmenschlichkeit
KPD	Kommunistische Partei Deutschlands
LBDVP	Landesbehörde der Deutschen Volkspolizei
LDP	Liberal-Demokratische Partei Deutschlands
MdI	Ministerium des Innern
MdJ	Ministerium für Justiz
MfS	Ministerium für Staatssicherheit
ND	Neues Deutschland
NKWD	Narodnyj kommissariat vnutrennich del – Volkskommissariat für Innere Angelegenheiten
NSDAP	Nationalsozialistische Deutsche Arbeiterpartei
NVA	Nationale Volksarmee
PK	Polit-Kultur (Dienststellung in der VP, Stellvertreter des Kommandeurs für politische Angelegenheiten)
PV	Parteivorstand
SA	Sturmabteilung
SBZ	Sowjetische Besatzungszone
SED	Sozialistische Einheitspartei Deutschlands
SKK	Sowjetische Kontrollkommission
SMAD	Sowjetische Militäradministration in Deutschland
SMT	Sowjetisches Militärtribunal
SPD	Sozialdemokratische Partei Deutschlands
SS	Schutzstaffel der NSDAP
StPO	Strafprozeßordnung
StVA	Strafvollzugsanstalt
StVE	Strafvollzugseinrichtung

SV	Strafvollzug
UdSSR	Union der Sozialistischen Sowjetrepubliken
VP	Volkspolizei
VVN	Vereinigung der Verfolgten des Naziregimes
Ziff.	Ziffer
ZK	Zentralkomitee
ZS	Zentralsekretariat
ZV	Zentralvorstand

Verzeichnis ausgewählter Literatur

Erfaßt wurden vor allem Darstellungen, Aufsätze und Beiträge zu den Waldheimer Prozessen von 1950 in Büchern, Zeitschriften und Zeitungen, verschiedene Erinnerungsberichte, die als Bücher, Broschüren oder als Einzelbeiträge in Zeitschriften und Zeitungen erschienen, sowie einige Arbeiten zur Geschichte des Zuchthauses Waldheim.

Archivmaterial zu den Waldheimer Prozessen, in: Neue Justiz, Heft 9/1991, S. 392–394

Bechler, Margret/Stalmann, Mine, Warten auf Antwort. Ein deutsches Schicksal, München 1978

Beckert, Rudi, Halbe Wahrheiten über Waldheimer Prozesse?, in: Neue Justiz, Heft 7/1991, S. 301–302

Beschluß des Kammergerichts Berlin vom 15. März 1954, 27. GVG § 16; RechtshilfeG v. 2.5.1953 (Nichtigkeit der Waldheimer Urteile), in: Juristische Wochenschrift, Heft 50/1954, S. 1901–1902

Beyerlein, Andrea, Die meisten Unterlagen sind bislang verschollen, Potsdamer Archivarin vermutet sogenannte Waldheim-Akten in der ehemaligen Stasi-Zentrale in Berlin, in: Tagesspiegel, 9. März 1992

Böhm, Christian, Unrecht schafft Unrecht, in: Deutsches Allgemeines Sonntagsblatt, 13. März 1992

Brandt, Helmut, Hinter den Kulissen des Waldheimer Prozesses des Jahres 1950, Brief des ehemaligen Staatssekretärs im sowjetzonalen Justizministerium Dr. Dr. Helmut Brandt, Rechtsanwalt und Notar in Bonn. Mit einem Vorwort des Bundesbeauftragten des Waldheim-Kameradschaftskreises Fritz Göhler, Oberst a.D., Sonderdruck des Waldheim-Kameradschaftskreises, Fehmarn 1965

Bundesnachrichtenblatt des Waldheim-Kameradschaftskreises, Nr. 1 (5.7.1963) bis Nr. 76 (August 1985)

Deckwerth, Sabine, Und draußen ertönten die Kantaten von Bach. Hinter den Mauern von Waldheim wurde ein finsteres Kapitel der DDR-Rechtsgeschichte geschrieben, in: Berliner Zeitung, 17. Januar 1992

Der unschuldige S-Bahnführer, »Fesseln sie mich wieder, hier gibt es kein Recht«, in: Die Welt, 28. Juli 1954

Die Waldheimer Geheimprozesse. Eine Denkschrift des Untersuchungsausschusses Freiheitlicher Juristen der Sowjetzone, Berlin 1950

Die Waldheimer Kriegsverbrecherprozesse. Eine Denkschrift der Kampfgruppe gegen Unmenschlichkeit und des Untersuchungsausschusses freiheitlicher Juristen der Sowjetzone, Berlin 1950

Eisert, Wolfgang, Es sollten potentielle politische Gegner ausgeschaltet werden. Einige Anmerkungen zum ND-Beitrag von Wilfriede Otto über die »Waldheimer Prozesse« von 1950, in: ND, 13./14. Juli 1991

Eisert, Wolfgang, Gerichtsverfahren wie vom Fließband. Die Waldheimer Prozesse von 1950 – bis vor kurzem vergessen, verschwiegen, verdrängt, in: Leipziger Volkszeitung, 3./4. November 1990. Nachdruck in: Sächsische Zeitung, 30. November 1990

Eisert, Wolfgang, Licht bringen in die Waldheimer Prozesse, in: Märkische Volksstimme, 13. Juni 1990

Eisert, Wolfgang, Schnellgericht von Waldheim. 45 Minuten reichten 1950 zum Urteil über Kriegsverbrecher – zwei Jahre später nur halbherzige Rehabilitierung, in: Junge Welt, 3. Juli 1990

Erler, Peter/Otto, Wilfriede/Prieß, Lutz, Sowjetische Internierungslager in der SBZ/DDR 1945 bis 1950, in: Beiträge zur Geschichte der Arbeiterbewegung, Heft 6/1990, S. 723–734

Finn, Gerhard/Fricke, Karl Wilhelm, Bilanz der politischen Verfolgung seit 1945, in: SBZ-Archiv, Heft 7/1965

Finn, Gerhard, Über den unechten Antifaschismus, in: Deutschland-Archiv, Heft 7/1979, S. 736–741, und in: Verfolgt – verhaftet – verurteilt, Demokraten im Widerstand gegen die rote Diktatur – Fakten und Beispiele, Hrsg. Günther Scholz, Berlin/Bonn 1990

Flocken, Jan von/Klonivsky, Michael, Stalins Lager in Deutschland 1945–1950, Dokumentation, Zeugenberichte, Berlin/Frankfurt am Main 1991

Fricke, Karl Wilhelm, Das justitielle Unrecht der Waldheimer Prozesse, in: Neue Justiz, Heft 5/1991, S. 209–210

Fricke, Karl Wilhelm, DDR-Historiker räumt Unrecht der »Waldheimer Prozesse« ein, in: Deutschland-Archiv, Heft 8/1990, S. 1156–1158

Fricke, Karl Wilhelm, Geschichte und Legende der Waldheimer Prozesse, in: Deutschland-Archiv, Heft 11/1980, S. 1172–1183

Fricke, Karl Wilhelm, Opposition und Widerstand in der DDR. Ein politischer Report, Köln 1984

Fricke, Karl Wilhelm, Politik und Justiz in der DDR. Zur Geschichte der politischen Verfolgung 1945–1968, Bericht und Dokumentation, Köln 1979

Gatow, Hanns-Heinz, Vertuschte SED-Verbrechen, Berg 1990

Göhler, Fritz, Das Gesicht der Volkspolizei, in: Der Deutsche Polizeibeamte, Teil I, Heft 7/1956, S. 73–75, und Teil II, Heft 8/August 1956, S. 85–87

Göhler, Fritz, Die Zweihunderteinser. Bericht über den Schicksalsweg der in den Waldheimer Prozessen von April bis Anfang Juli 1950 verurteilten deutschen Frauen und Männer, Essen 1959

Grundlegende Entscheidung des Bezirksgerichts Dresden zur Nichtigkeit der Urteile in den »Waldheimer Prozessen«, in: Neue Justiz, Heft 2/1992, S. 69–70

Habicht, Martin, Zuchthaus Waldheim 1933–1945. Haftbedingungen und antifaschistischer Kampf, Berlin 1988

Heinze, Hildegard, Kriegsverbrecherprozesse in Waldheim, in: Neue Justiz, Heft 7/1950, S. 250

Hornstein, Erika von, Staatsfeinde. Sieben Prozesse in der »DDR«, Köln/Berlin 1963

Kantorowicz, Alfred, Nur wer Gnade übt, wird Gnade finden, in: Die Welt, 15. Juni 1963

Klonovsky, Michael, Die CDU-Revolte gegen Ulbrichts »Nürnberg der DDR«. Im Sommer 1950 zeigte Christdemokrat Otto Nuschke einmal Courage und intervenierte gegen den Justiz-Skandal von Waldheim. Bislang unveröffentlichte Dokumente, in: Der Morgen, 16./17. März 1991

Klonovsky, Michael, Gnadenlose Justiz. Die Waldheimer Prozesse 1950. Unrecht im Namen des Antifaschismus. Urteile waren »absolut nichtig«, in: Der Morgen, 31. März/1. April 1990

Klonovsky, Michael, Nuschkes kurze Courage und Ulbrichts langer Arm. Der Widerstand der Ost-CDU gegen die Willkür der SED-Richter in den Waldheim-Prozessen 1950 leitete deren völlige Gleichschaltung ein, in: Neue Zeit, 11. Januar 1992, oder in: Rheinischer Merkur, 21. Februar 1992 (Nuschke und die Justiz-Farce von Waldheim)

Langen, Claus-Einar, Absolut und unheilbar nichtig. Das Gefängnis Waldheim – wiedergesehen, in: Frankfurter Allgemeine, 3. März 1990

Mann, Thomas, Ein unbekannter Brief an Walter Ulbricht, in: Neue Rundschau, Heft 2/1990, S. 5–11

Metzner, Torsten, Der rote Beelzebub gegen braune Teufel. Bei Waldheimer Prozessen wurden viele Unschuldige verurteilt, in: Ostseezeitung, 28. August 1990

Mezger, Erwin O., Sieben Jahre hinter dem Vorhang, Berlin 1953

Milke, Gertrud, Herr Oberstaatsanwalt, der Sonderfall ..., in: Der Spiegel, 22. November 1950

Natonek, Wolfgang/Pförtner, Kurt, Ihr aber steht im Licht. Eine Dokumentation aus sowjetischem und sowjetzonalem Gewahrsam, Tübingen am Neckar 1962

Niendorf, Jörg, Späte Sühne für das Waldheimer Unrecht. Gegen die ersten beiden Richter, die vor mehr als 40 Jahren politisch motivierte Urteile gesprochen haben, wurde gestern Anklage erhoben, in: Junge Welt, 13. Februar 1992

Neuerbourg, Hans, Die Träume meines Lebens. Das Schicksal der Margarete Bechler, die von ihrem Ehemann, dem späteren DDR-General, für tot erklärt wurde, damit er eine andere Frau heiraten konnte. Weder von ihm noch von ihren beiden Kindern bekam sie je ein Lebenszeichen. Das änderte sich erst, als die Mauer fiel, in: Berliner Zeitung, 15. Juni 1990

Otto, Wilfriede, 142 Fälle pro Tag. In sechs Wochen war alles vorbei. Neues Unrecht begangen, um altes zu sühnen: Die »Waldheimer Prozesse« im Frühjahr 1950, in: Neues Deutschland, 4./5. Mai 1991

Otto, Wilfriede, Die »Waldheimer Prozesse« – altes Erbe und neue Sichten, in: Neue Justiz, Heft 8/1991, S. 355–358

Poulakos, Lola, Die furchtbaren Juristen von Waldheim, in: Hamburger Abendblatt, 6. Mai 1992

Prieß, Benno, Unschuldig in den Todeslagern der NKWD, Torgau, Bautzen, Sachsenhausen, Waldheim, Calw 1991

Protest des Waldheim-Kameradschaftskreises gegen Propst Grübers Unwahrheiten, Brief des Oberamtsrichters a. D Dr. Friedrich Jacobs an Propst Heinrich Grüber, Bericht des Oberst a. D. Fritz Göhler: Propst Grüber provoziert am 2. November einen Aufstand in der Kirche des Zuchthauses Waldheim in Sachsen, Sonderdruck des Waldheim-Kameradschaftskreises, o. O. 1970

Rode, Wilhelm, Die Waldheimer Prozesse, in: Deutsche Richterzeitung, Heft 9/1958

Rode, Wilhelm, J 9b HHG und die Internierten (Waldheimer), Essen 1961

Schönefeld, Bärbel, Die Struktur des Strafvollzuges auf dem Territorium der DDR (1945–1950), in: Beiträge zur Geschichte der Arbeiterbewegung, Heft 6/1990, S. 808–816

Seewald, Berthold, Verschwunden hinter Mauern des Schweigens. Wie Sowjets und SED sich der demokratischen Opposition in der SBZ und DDR entledigten. Eine Tagung in Buchenwald, in: Die Welt, 13. September 1991

Sieben Jahre kahlgeschoren. Menschen im Konzentrationslager. Von einem, der aus Buchenwald und Waldheim davonkam, in: Tag, 2. November 1952

Stern, Joachim R., Und der Westen schweigt. Erlebnisse – Berichte – Dokumente über Mitteldeutschland 1945–1975, Preußisch Oldendorf 1976

Strafvollzugseinrichtung Waldheim, Einblicke – Ausblicke, Hrsg. Arbeitsgruppe Sachsen im Auftrage der Vereinigung der Leiter der Einrichtungen des Strafvollzugs der DDR e.V., Radebeul 1990

Techen, Hans, Brennt da einer? Weihnachtliche Geschichte, erlebt im DDR-KZ-Zuchthaus Waldheim, in: Mitteldeutscher Kurier, Dezember 1981

Techen, Hans, Gedanken eines ehemaligen politischen Häftlings, in: Mitteldeutscher Kurier, Januar 1983

Und sie lebten wie die Sklaven. Neun Jahre im KZ und Zuchthaus der Sowjetzone, in: Die Zeit, 27. Juli 1954

Unrecht als System. Dokumente über planmäßige Rechtsverletzungen im sowjetischen Besatzungsgebiet, hrsg. vom Bundesministerium für gesamtdeutsche Fragen, Bonn 1952

Vierzehn Jahre in Ulbrichts Kerkern. Nr. 1/50 und die 5095 Tage – Notizen aus dem ungeschriebenen Tagebuch eines freigekauften DDR-Häftlings, mitgeteilt von Werner Höfer, in: Zeit, 20. November 1964 und 27. November 1964

Volker, Hagen, Sibirien liegt in Deutschland, Berlin Grunewald 1958

Weber, Hans, Theorie und Praxis der Freiheitsstrafen nach 1945 im Osten Deutschlands, in: Beiträge zur Geschichte der Arbeiterbewegung, Heft 5/1991, S. 607–614

Werkentin, Falco, Scheinjustiz in der frühen DDR. Aus den Regieheften der »Waldheimer Prozesse« des Jahres 1950, in: Kritische Justiz, Heft 3/1991, S. 333–350

Werkentin, Falco, Stalinistische Prozeßführung. In den sogenannten »Waldheimer Prozessen« wollte die DDR konsequenten Antifaschismus demonstrieren: Es wurden Schauprozesse. Die Öffnung der SED/PDS-Akten ermöglicht neue Einsichten, in: die tageszeitung, 7. Oktober 1991

Wieland, Günther, Ahndung von NS-Verbrechern in Ostdeutschland 1945 bis 1990, in: Neue Justiz, Heft 2/1991, S. 49–53

Wir dürfen nicht schweigen. Streiflichter aus den politischen Haftanstalten der Sowjetzone, hrsg. vom Untersuchungsausschuß freiheitlicher Juristen der Sowjetzone, Berlin Zehlendorf, Bund der Verfolgten des Naziregimes, Düsseldorf, Kampfgruppe gegen Unmenschlichkeit, Berlin Nikolassee, o. J. (wahrscheinlich 1952)

Zur Geschichte der Rechtspflege der DDR 1949–1961, von einem Autorenkollektiv unter Leitung von Hilde Benjamin, Berlin 1980

Zwischen Waldheim und Workuta, Erlebnisse politischer Häftlinge 1945–1965, gesammelt von Sigurd Binski mit einer Einleitung von Karl Wilhelm Fricke, Bonn 1967

Zum Tode verurteilt. Die 24 Hinrichtungen des 4. November 1950 und ihre Begründungen. 32 Jahre nach Waldheimer Prozessen kommt Licht in ein dunkles Kapitel, in: Döbelner Allgemeine, 30. April 1992